Niemand ist ausschließlich krank. Jeder Klient und jede Klientin in der Psychotherapie hat eigene Stärken und verfügt auch über positive Erfahrungen und Ressourcen. Diese aufzuspüren, systematisch zu fördern und weiterzuentwickeln, ist Ziel der Positiven Therapie. Das Buch beschäftigt sich mit den Grundlagen und Grundannahmen, auf die sich alle Ansätze der Positiven Psychologie beziehen können. Eine zentrale Rolle spielt hierbei das personzentrierte Konzept von *Carl Rogers*, das jenseits von Behandlungstechnik immer schon den ganzen Menschen in den Blick genommen hat.

Stephen Joseph ist Professor für Psychologie und Seelische Gesundheit am Department für Soziologie der Universität von Nottingham (GB). Sein derzeitiges Arbeitsgebiet sind die Traumaverarbeitung und die Positive Therapie.

P. Alex Linley ist Dozent im Fach Psychologie an der Universität von Leicester (GB) und arbeitet als Direktor des *Centre for Applied Positive Psychology (CAPP)*.

Alle Bücher aus der Reihe ›Leben Lernen‹ finden Sie unter:
www.klett-cotta.de/lebenlernen

Stephen Joseph
P. Alex Linley

Positive Therapie

Grundlagen und psychologische Praxis

Aus dem Englischen von Christoph Trunk

Mit einem Vorwort von Luise Reddemann

Klett-Cotta

Leben Lernen 237

Klett-Cotta
www.klett-cotta.de
Die Originalausgabe erschien unter dem Titel »Positive Therapy. A meta-theory for positive psychological practice«.
© 2006 Stephen Joseph & P. Alex Linley.
Autorisierte Übersetzung der englischen Ausgabe, erschienen im Verlag Routledge, Mitglied der Taylor & Francis Group. All rights reserved.
Für die deutsche Ausgabe
© 2011 by J. G. Cotta'sche Buchhandlung
Nachfolger GmbH, gegr. 1659, Stuttgart
Alle deutschsprachigen Rechte vorbehalten
Printed in Germany
Umschlag: Hemm & Mader, Stuttgart
Titelbild: Henri Matisse: »Purple Cyclamen«
© Henri Matisse/VG Bild-Kunst, 2011
Gesetzt aus der Minion von Kösel, Krugzell
Auf säure- und holzfreiem Werkdruckpapier gedruckt
und gebunden von Kösel, Krugzell
ISBN 978-3-608-89102-7

Bibliografische Information der Deutschen Nationalbibliothek
Die Deutsche Nationalbibliothek verzeichnet diese Publikation in der Deutschen Nationalbibliografie; detaillierte bibliografische Daten sind im Internet über <http://dnb.d-nb.de> abrufbar.

Inhalt

Wir widmen dieses Buch Martin E. P. Seligman,
der den Anstoß zur Bewegung
der Positiven Psychologie gegeben hat,

und

Carl R. Rogers (1902 – 1987),
der den personzentrierten Ansatz begründet hat.

Vorwort zur deutschen Ausgabe

Luise Reddemann

Stichworte wie Positive Psychologie und Positive Therapie sind Reizworte, da sie häufig mit dem Begriff Positives Denken vermischt werden. Die Positive Psychologieforschung bemüht sich mit wissenschaftlichen Mitteln zu zeigen, dass Menschen nach persönlicher Zufriedenheit und nach Glück streben und auch in der Lage sind, dies zu erreichen. Das Streben nach Glück ist in der amerikanischen Verfassung als sinnvoller Wert verankert. Bei diesem Bemühen geht es nicht nur, wie Freud meinte, um Arbeit und Liebe und Akzeptanz »allgemeinen Elends«, sondern um das Erkennen dessen, was bereits geholfen hat, ein »gutes Leben« zu führen. Menschen streben nach dem Verständnis der Positiven Psychologie ganz im Sinne von Aristoteles nach Glück, welches durch Pflege von »Tugenden« erreicht werden könne. Auch bei diesem Gedanken steht Aristoteles Pate.

Glücksempfinden wird als authentisch angesehen und nicht nur als Abwehr.

Das Credo der Positiven Psychologie ist nicht neu. Linley und Joseph stellen in ihrem Buch vor allem Verbindungen zu Carl Rogers her, zu dessen grundsätzlichen Zielen es gehörte, Menschen dabei behilflich zu sein, ein »gutes Leben« zu führen. Dies gelinge nicht in erster Linie durch die Beschäftigung mit Problemen, sondern dadurch, dass bereits vorhandene Möglichkeiten, u. a. auch Charakterstärken, erkannt werden.

Der Ansatz der Positiven Psychologie wird häufig deshalb angegriffen, weil dort angeblich das Schwere und Leidvolle ausgeklammert bleibe. Manch amerikanischer Autor mag zu diesem Missverständnis beigetragen haben, für Joseph und Linley, beide Engländer, gilt das keinesfalls. Sie werden nicht müde hervorzuheben, dass es ihnen sowohl um die Anerkennung des Leidens der Klienten geht wie auch um die Suche nach deren Stärken und deren Wachstumspotential.

Die beiden Autoren beziehen sich auf frühe Quellen einer wachstumsorientierten Psychotherapie, vor allem eben Carl Rogers – ein

9

Autor, der in den deutschen mainstream-Richtungen sicher sträflich übersehen wurde.

Patienten bringen in die Therapie immer auch Stärken mit, meint Bruce Wampold (2010). Sie haben zwar in manchen Bereichen Schwierigkeiten, sind aber durchaus auf anderen Gebieten erfolgreich. »Sogar die Klienten, die am meisten belastet und benachteiligt sind, nutzen ihre Stärken, um ihr Leben zu managen, obwohl sie unter Bedingungen leben, über die die meisten von uns erschrecken würden.« Und Wampold fährt fort, es scheine ihm, dass die Kräfte der psychiatrischen Einrichtungen konspirativ zusammenarbeiten würden, um die Stärken der Klienten in der Therapie nicht zu nutzen. Er fordert eine »Neuorientierung der Therapeuten weg von der Fokussierung auf Symptome und Belastungen hin zu den Stärken der Klienten«. (Übersetzung L. R.)

Joseph und Linley gehen davon aus, dass eine wesentliche therapeutische Aufgabe darin besteht, Klienten (wieder) in Verbindung mit ihrem Selbstwirksamkeitsgefühl, ihren Stärken und ihrer inneren Weisheit zu bringen. Eine Voraussetzung dafür ist, dass wir unser Menschenbild überprüfen. Gehen wir von einem Menschenbild aus, das uns erlaubt, auch beschädigte Menschen als im Wesenskern unbeschädigt sehen zu können, ausgestattet mit Stärken und einem Willen zu wachsen, verfügen wir über eine Grundlage, uns für Ressourcen zu interessieren und uns nicht als einzige Experten des Therapieprozesses zu sehen.

Man kann also die Erkundung von Resilienz und Ressourcen nutzen, um hieraus (noch mehr) Kräfte für die Überwindung von Schwierigkeiten zu gewinnen.

Den Autoren geht es um die Förderung persönlichen Wachstums und nicht um die Förderung sozialer Anpassung. Dazu setzen sie das aus altem Eisen neu geschmiedete Instrument der Positiven Psychologie ein. Da die Positive Psychologie forschungsbasiert ist, erscheint es mir als Gewinn, diesen Ansatz neben anderen therapeutisch zu nutzen.

Vorwort

Die Positive Psychologie ist eine neue Bewegung innerhalb der Psychologie, die den Blick auf die positiven Seiten der menschlichen Erfahrung lenkt und zu verstehen versucht, was das Leben lebenswert macht und wie sich seine dunklen Aspekte von Psychopathologie und psychischem Leid lindern und beheben lassen. Wir haben uns in diesem Buch zum Ziel gesetzt, die Relevanz der Positiven Psychologie für die Psychotherapie zu erkunden. Wir wollen wissen, was die Positive Psychologie zu der Vorstellung beizutragen hat, die wir uns von unserer psychotherapeutischen Arbeit machen. Die Idee einer Positiven Therapie ist für alle von Interesse, die im Berufsfeld der Psychologie tätig sind, ob nun in der klinischen Psychologie, in der Psychotherapie, in der psychologischen Beratung, im Coaching, in der Gesundheitspsychologie und anderen Sektoren des Gesundheitswesens oder in der Sozialarbeit. Unser Buch richtet sich an alle, die Menschen psychologische Unterstützung anbieten. Bislang haben wir nur einige kurze Beiträge zum Thema Positive Therapie veröffentlicht. Die Einladung, dieses Buch zu schreiben, gibt uns nun die Möglichkeit, unsere Ideen detaillierter auszuarbeiten und sie in ausführlicherer Form vorzustellen. Die Gedanken dieses Buchs sind unsere Leidenschaft, und wir hoffen, dass auch Sie sich dafür begeistern können.

Stephen Joseph
P. Alex Linley
Warwick, August 2005

Dank

Unser Dank gilt Carol Kauffman und Richard Worsley für ihre Unterstützung und ihre hilfreichen Ratschläge und Hinweise. Auch die Gespräche mit Tom Patterson über die Theorie der personzentrierten Therapie und der Positiven Psychologie waren uns eine große Hilfe. Wir danken Joanne Forshaw vom Verlag Routledge für die Begeisterung, mit der sie sich für das Projekt einsetzte, und Claire Lipscomb, Dawn Harris und Helen Baxter, die es in seinen späteren Phasen betreut haben.

1. Einführung: Die Bewegung der Positiven Psychologie

Was ist Positive Psychologie? Welche Folgerungen sind aus der Positiven Psychologie für die angewandte Psychologie zu ziehen? Welche Konsequenzen hat sie für die Psychotherapie? In diesem Kapitel wollen wir die erste dieser Fragen beantworten, indem wir die Anfänge der Positiven Psychologie schildern und den Begriff zu definieren versuchen. Wir werden auch kurz auf die zweite Frage eingehen und den Blick auf einige praktische Konsequenzen der Positiven Psychologie richten. In den weiteren Kapiteln werden wir dann genauer untersuchen, was die Positive Psychologie uns zur Psychotherapie zu sagen hat, und nach und nach herausarbeiten, was wir unter »Positiver Therapie« verstehen.

Eine kurze Geschichte der Positiven Psychologie

Als Initialzündung der »Positiven Psychologie«, wie wir sie heute kennen, kann die Rede gelten, die Martin E. P. Seligman 1998 als Präsident der American Psychological Association (APA) hielt (Seligman, 1999). Durch ein Aha-Erlebnis, das er bei der Gartenarbeit mit seiner kleinen Tochter Nikki hatte (Seligman & Csikszentmihalyi, 2000), wurde ihm klar, dass die Psychologie zwei der drei großen Ziele, die sie sich vor dem Zweiten Weltkrieg gesetzt hatte, mittlerweile weitgehend vernachlässigte. Diese Ziele waren: psychische Krankheiten heilen, Menschen zu einem produktiveren und erfüllteren Leben verhelfen, Hochbegabung entdecken und fördern. Durch die Gründung einer psychologischen Abteilung des US-Kriegsveteranenministeriums (im Jahr 1946) und des National Institute of Mental Health (1949) war die Psychologie zu einer Disziplin geworden, die sich vorwiegend mit der Heilung psychischer »Erkrankungen« befasste und von einem ideologischen Krankheits- und Störungsmodell bestimmt war (siehe auch Maddux, Snyder

13

& Lopez, 2004 b). Seitdem hat man sehr viel Zeit und Geld darauf verwendet, die verschiedenen Formen psychischen Leidens zu dokumentieren, beispielsweise in dem von der American Psychiatric Association erstellten *Diagnostischen und statistischen Manual psychischer Störungen* (1980, 1994, 2000). Doch wurde nicht annähernd so viel Energie darauf verwendet, zu ergründen, was das Leben lebenswert macht und mit Freude und Sinn erfüllt. Seligman fasste aufgrund dieser Einsicht den Entschluss, seine APA-Präsidentschaft dafür zu nutzen, in der Psychologie eine Verschiebung hin zu einer stärkeren Ausrichtung auf das Positive in Gang zu setzen (Seligman, 1999).

Der APA-Präsident brachte seine Initiative auf den Weg, indem er seine Ideen bei einer Reihe von Konferenzen Nachwuchswissenschaftlern und etablierten Kollegen vorstellte, die in den folgenden Jahren zu führenden Köpfen in der neuen Bewegung der Positiven Psychologie wurden und sich daran machten, ein Forschungsprogramm der Positiven Psychologie zu entwerfen. Bald darauf, im Januar 2000, erschien eine Sondernummer des *American Psychologist* zur Positiven Psychologie (Seligman & Csikszentmihalyi, 2000), die sich als äußerst einflussreich erweisen sollte. Dieses »Sonderheft zu Glück, Exzellenz und optimalem psychischem Funktionsniveau des Menschen« enthielt Artikel zu den Themen Lebensglück, Entwicklung des Individuums, subjektives Wohlbefinden, Optimismus, Selbstbestimmungstheorie der Motivation, psychische Anpassungsmechanismen, Emotion und Gesundheit, Weisheit, Exzellenz, Kreativität, Begabung und positive Entwicklungsfaktoren bei Jugendlichen und bot somit einen breit gefächerten Überblick über Themen, die man der Positiven Psychologie zurechnete.

Seit diesen Anfängen hat die Positive Psychologie einen ungeheuren Aufschwung erlebt, der sich unter anderem an der Veröffentlichung von drei großen Handbüchern (Linley & Joseph, 2004 a; Peterson & Seligman, 2004; Snyder & Lopez, 2002), von vier einführenden Texten (Bolt, 2004; Carr, 2003; Compton, 2004; Snyder & Lopez, 2006), von mehreren Sammelbänden zu verschiedenen Themen der Positiven Psychologie (z. B. Aspinwall & Staudinger, 2003; Cameron, Dutton & Quinn, 2003; Keyer & Haidt, 2002; Lopez & Snyder, 2003) und von mehr als 15 Sondernummern oder Schwerpunktthemen von Zeitschriften sowie an der Gründung des *Journal of Positive Psychology* ablesen lässt (einen Gesamtüberblick über die Publikationen findet sich in Linley,

Joseph, Harrington & Wood, 2006). Ab 1999 fand jedes Jahr der International Positive Psychology Summit in Washington, D.C. (ab 2007 unter dem Namen Global Well-Being Summit) und alle zwei Jahre eine Konferenz des European Network for Positive Psychology statt. Zudem waren viele weitere Tagungen und Tagungsschwerpunkte der Positiven Psychologie gewidmet.

Die Positive Psychologie hat in den letzten Jahren also eine vielversprechende Entwicklung genommen, doch macht ein kurzer Blick auf die Forschungsliteratur auch deutlich, dass der »Ursprung« der Positiven Psychologie nicht erst im Jahr 1997, 1998, 1999 oder 2000 anzusetzen ist. Zu den Themen der Positiven Psychologie wird schon seit Jahrzehnten geforscht. Wenn man will, kann man hier sogar bis zu den Anfängen der Psychologie selbst zurückgehen, etwa zu den Ausführungen von William James zu »geistigem Gesundsein« (»healthy mindedness«, James, 1902; dt. 1997, S. 119). Außerdem haben die Positive Psychologie und Teile der humanistischen Psychologie, allgemein gesprochen, gemeinsame Wurzeln. Shlien schrieb im Jahr 1956:

> In der Vergangenheit begriff man psychische Gesundheit als ein »Residuum« – als die Abwesenheit von Krankheit. Wir müssen darüber hinausgehen, eine Besserung etwa nur als eine »Angstreduktion« zu beschreiben. Wir müssen sagen, wozu die Person *in der Lage ist*, wenn sich Gesundheit einstellt. In jüngerer Zeit wurden, da sich der Blick nicht mehr so sehr auf die Pathologie verengt, einige Anläufe unternommen, psychische Gesundheit positiv zu definieren. Zu nennen sind hier insbesondere Carl Rogers' Konzept der »psychisch völlig gesunden Person« [»Fully Functioning Person«] und A. Maslows Idee »sich selbst verwirklichender Personen« [»Self-Realizing Persons«].
>
> (Shlien, 1956/2003a, S. 17)

Auch Maslow, einer der Begründer der humanistischen Psychologie, entwarf eine »Positive Psychologie« und plädierte dafür, die Aufmerksamkeit nicht nur auf die negativen, sondern auch auf die positiven Aspekte des menschlichen Erlebens zu richten:

> Bei negativen Aspekten war die Wissenschaft der Psychologie bislang wesentlich erfolgreicher als bei positiven. Sie hat uns viele Einsichten in die Unzulänglichkeiten des Menschen, seine Krankheiten

und seine Verfehlungen eröffnet, aber wenig über seine Potenziale, seine Tugenden, die hohen Ziele, die für ihn erreichbar sind, und seine voll entwickelte psychische Statur gelehrt. Es ist, als habe sich die Psychologie freiwillig auf die Hälfte ihres rechtmäßigen Zuständigkeitsbereichs beschränkt, und zwar auf die dunklere, armseligere Hälfte.

(Maslow, 1954, S. 354; das Zitat stammt aus Kapitel 18, »Toward a Positive Psychology«, das in der zweiten, ins Deutsche übersetzten Ausgabe des Buchs von 1970 nicht mehr enthalten ist.)

Zumindest in ihren Anfängen hat die Positive Psychologie ihre Wurzeln in der humanistischen Psychologie möglicherweise nicht hinreichend gewürdigt, was ihr einige Kritik von dieser Seite eintrug (Taylor, 2001). Die Situation hat sich aber mittlerweile gewandelt, weil die Gemeinsamkeiten zwischen beiden Strömungen zunehmend Beachtung finden. In unseren Publikationen (unter anderem Joseph & Linley, 2004, 2005 a) haben wir zu zeigen versucht, dass die Positive Psychologie aus Theorie, Forschung und Praxis der humanistischen Psychologie vieles lernen kann. Umgekehrt wird nach unserem Eindruck auch immer mehr zur Kenntnis genommen, dass die Forschung zur Positiven Psychologie empirische Daten liefert, die humanistische Ideen aus früheren Jahrzehnten stützen (Patterson & Joseph, 2007; Sheldon & Kasser, 2001). Bei der Anwendung von Erkenntnissen der Positiven Psychologie auf die Therapie kann, wie wir zeigen wollen, der Rückgriff auf die personzentrierte Theorie von Carl Rogers sehr hilfreich sein. Aus der Kombination von Rogers' theoretischen Konzepten mit neueren Forschungsergebnissen der Positiven Psychologie lässt sich ein überzeugendes Modell ableiten, das beschreibt, wie wir am besten mit Menschen arbeiten können, um sowohl ihr Leid zu lindern als auch ihre Entfaltung zu fördern (siehe auch Joseph & Worsley, 2005 a). Dies ist unsere Auffassung von Rolle und Auftrag der Positiven Therapie, die wir im weiteren Verlauf des Buches wesentlich eingehender darlegen möchten. Zuvor ist es jedoch sicherlich sinnvoll, dass wir zunächst die Frage »Was ist Positive Psychologie?« zu klären versuchen.

Was ist Positive Psychologie?

Lassen Sie uns die folgenden Definitionen des Begriffs Positive Psychologie betrachten. Alle stammen aus maßgeblichen Texten zum Thema:

Auf der subjektiven Ebene geht es in der Positiven Psychologie um Erfahrungen, die für das Subjekt eine hohe Wertigkeit haben: Wohlbefinden, Zufriedenheit und Erfüllung von Bedürfnissen (in der Vergangenheit); Hoffnung und Optimismus (beim Blick in die Zukunft); Flow-Erleben und Glück (in der Gegenwart). Auf der individuellen Ebene handelt sie von positiven Eigenschaften des Individuums: von der Fähigkeit zu Liebe und Hingabe, von Mut, zwischenmenschlichen Fertigkeiten, ästhetischem Empfindungsvermögen, Beharrlichkeit, Vergebenkönnen, Originalität, Zukunftsorientierung, Spiritualität, Hochbegabung und Weisheit. Auf der Ebene der Gruppe geht es um die Bürgertugenden und um die Institutionen, die Individuen dazu bewegen, sich mehr für das Kollektiv einzusetzen: Verantwortungsbewusstsein, Fürsorglichkeit, Altruismus, Anstand, Mäßigung, Toleranz und Arbeitsethos.

(Seligman & Csikszentmihalyi, 2000, S. 5)

Was ist Positive Psychologie? Nichts weniger als die wissenschaftliche Untersuchung gewöhnlicher menschlicher Stärken und Tugenden. Die Positive Psychologie wirft einen neuen Blick auf den »Durchschnittsmenschen« und will herausfinden, was funktioniert, was richtig ist und was sich verbessert.

(Sheldon & King, 2001, S. 216)

Positive Psychologie ist die Untersuchung der Rahmenbedingungen und Prozesse, die zum guten Gedeihen oder optimalen Funktionieren von Menschen, Gruppen und Institutionen beitragen.

(Gable & Haidt, 2005, S. 104)

In diesen Definitionen lassen sich zweifellos Kernthemen und weitgehende Überschneidungen ausmachen. Alle heben auf die Untersuchung positiver Erfahrungen ab. Es sind aber durchaus auch Unterschiede in Akzentsetzung und Perspektive zu erkennen. Man könnte die Definitionen dahingehend missverstehen, dass die Positive Psychologie sich ausschließlich mit positiven Erfahrungen befasse. Doch wenn hier Wert auf ein tieferes Verständnis des Positiven gelegt wird, muss das nicht bedeuten, dass das Negative zu wenig Beachtung findet.

> Ziel der Positiven Psychologie ist, eine Verschiebung im Fokus der Psychologie in Gang zu setzen, damit sie sich nicht nur damit beschäftigt, die schlimmsten Dinge im Leben wieder in Ordnung zu bringen, sondern auch mit dem Aufbau positiver Qualitäten.
>
> (Seligman & Csikszentmihalyi, 2000, S. 5)

Aus Sicht der Positiven Psychologie sollte daher in der psychologischen Forschung der Schwerpunkt des Interesses darauf liegen, die gesamte Bandbreite des menschlichen Erlebens zu erfassen, von Verlust, Leiden, Krankheit und Verzweiflung bis hin zu Zusammengehörigkeit, Erfüllung, Gesundheit und Wohlbefinden. Dies ist insbesondere für therapeutische Kontexte bedeutsam. Als Anhänger der Positiven Psychologie vertreten wir die Auffassung, dass die Rolle des Therapeuten oder der Therapeutin sich nicht einfach darin erschöpfen kann, Leid zu lindern und den Klienten von seiner Symptomatik zu befreien, sondern auch das Bemühen einschließen sollte, Wohlbefinden und Erfüllung zu fördern. Diese Vorgehensweise ist nicht nur ein in sich lohnenswertes Ziel, sondern hat auch, als Puffer gegen künftige psychopathologische Entwicklungen, eine vorbeugende Funktion und kann zudem die Genesung von Krankheiten ermöglichen (siehe z. B. Fredrickson, 1998, 2001; Fredrickson & Levenson, 1998).

Laut einem gängigen Missverständnis – das sich in ungerechtfertigten Einwänden äußert – betont die Positive Psychologie das »Positive« auf Kosten des »Negativen« (Held, 2002; Lazarus, 2003). Diese Gegenüberstellung mag zwar naheliegen (zumal an den Begriff *Positive* Psychologie wertende Konnotationen geknüpft sind), doch wir halten sie für verfehlt. In unseren Veröffentlichungen haben wir uns sehr darum bemüht, deutlich zu machen, dass die Positive Psychologie negative Erfahrungen ebenso berücksichtigt wie Positive (z. B. Joseph & Worsley, 2005 a; Linley & Joseph, 2003, 2004 b). Wichtig ist, sich klarzumachen, dass die Positive Psychologie sich für eine ganzheitlichere psychologische Perspektive einsetzt, die sowohl positive als auch negative Erfahrungen einbezieht, sodass der Begriff Positive Psychologie, falls diese

Bewegung Erfolg hat, am Ende einfach überflüssig sein wird, weil sich die gesamte Disziplin der Psychologie gewandelt hat. Deshalb wollen wir hervorheben, dass Ansätze der Positiven Psychologie nicht nur zu Aspekten wie Erfüllung und Glück etwas zu sagen haben, sondern auch zu Trauma und Leid (siehe z. B. Harvey, 2001; Joseph & Linley, 2005 b; Linley, 2003; Tedeschi & Calhoun, 2004) sowie zu existenzpsychologischen Themen (Bretherton & Ørner, 2004). Auf diese Weise ist der etwa von Lazarus (2003) vorgebrachte Einwand zu entkräften, die Theorie der Positiven Psychologie stehe im Zeichen eines naiv gutherzigen Optimismus. Auf diesen Punkt wollen wir in Kapitel 7 noch wesentlich ausführlicher eingehen.

Angewandte Positive Psychologie

Ein großer Teil des Potenzials, das die Positive Psychologie erkennen lässt, betrifft ihre praktische Anwendung. Deshalb konzentriert sich die Aufmerksamkeit derzeit auf die Frage, wo und wie sich die Ideen der Positiven Psychologie praktisch umsetzen lassen (siehe z. B. Linley & Joseph, 2004 a; Peterson & Seligman, 2004, Kap. 28; Seligman, Steen, Park & Peterson, 2005). In einem anderen Zusammenhang haben wir die angewandte Positive Psychologie als »Umsetzung von Forschungsergebnissen der Positiven Psychologie im Dienste der Förderung eines optimalen psychischen Funktionsniveaus« definiert (Linley & Joseph, 2004 b, S. 4) und außerdem andernorts die Fragen, Probleme und Chancen erörtert, die mit der konkreten Umsetzung der Positiven Psychologie verknüpft sind (Linley & Joseph, 2003, 2004 c).

Nach unserer Auffassung ist eine der wichtigsten Entwicklungen, welche die Positive Psychologie in Gang gebracht hat, dass die für den Praktiker wesentlichen Fragen in einem neuen Licht erscheinen. Aus Sicht der Positiven Psychologie kann sich die Rolle des Therapeuten nicht darin erschöpfen, innere Not zu lindern, krankhafte Entwicklungen zu behandeln und Schwachpunkte zu beheben, sondern er sollte auch Wohlbefinden, psychische Gesundheit und persönliche Stärken fördern. In diesem Zusammenhang sind zum Beispiel folgende Themenbereiche zu nennen: Lebensglück als Ziel der Politik (Veenhoven, 2004); der Nutzen nationaler Kennwerte für subjektives Wohlbefinden (Diener & Seligman, 2004; Pavot & Diener, 2004); die Notwendigkeit, behinderte Menschen nicht allein unter dem Aspekt ihrer Behinderung zu sehen, sondern auch das mögliche Optimum ihrer Erfahrungen zu erfassen (Delle Fave & Massimini, 2004); mit Straffälligen in einer Weise arbeiten, die ihren Bedürfnissen und persönlichen Zielen Raum gibt, um so die Rückfallquote deutlich zu senken (Ward & Mann, 2004); das Bestreben, die Ansprüche von Individuum und Gemeinwesen so auszubalancieren, dass ein gutes Leben für alle möglich wird (Myers, 2004); die Chance, mit populationsgestützten Modellen Störungen vorzubeugen und Wohlbefinden zu fördern (Huppert, 2004), so wie das Gesundheitspsychologen und -psychologinnen heute mit ihren populationsgestützten Methoden zu Übergewicht und Rauchen praktizieren. Ansätze dieser Art könnten die Basis für eine Gesellschaft legen, die sich von unserer jetzigen ganz wesentlich unterscheidet, und stimmen darin überein, dass sie das jeweilige Problem aus der Perspektive der Positiven Psychologie angehen.

Der hier angedeutete Themenkatalog ist wesentlich breiter als der, mit dem Therapeuten und Therapeutinnen sich traditionellerweise befasst haben, und wirft einige bedeutsame Fragen auf. Welchen Wertestandpunkt nehmen wir ein, und wer hat die Entscheidung für diese Haltung getroffen? Haben wir sie selbst und aus freien Stücken gewählt, haben wir sie passiv hingenommen, »weil die Dinge nun einmal so sind«, oder wurde sie uns von einer äußeren Instanz aufgezwungen? Was ist unser Auftrag als Praktiker, und wer entscheidet über diesen Auftrag? Wenn wir als Betriebspsychologe oder -psychologin für ein Unternehmen tätig sind, gibt es uns vor, was unser Auftrag ist. Dabei ist durchaus denkbar, dass das Unternehmen Ressourcen nur in das Beheben von Defiziten, nicht aber in den Aufbau persönlicher Stärken investieren will. Für die Angehörigen des Unternehmens ist unter Umständen nicht einsichtig, dass Aspekte wie Lebenszufriedenheit, Wohlbefinden oder persönliche Stärken für ihre Arbeit eine Rolle spielen oder dass die Frage »Was hat das mit mir zu tun?« überhaupt von Belang sein könnte.

Aus der traditionellen Perspektive des Betriebspsychologen mag die Antwort auf diese Frage lauten: »Wenn überhaupt etwas, dann nicht allzu viel.« Wenn man sich aber die Sichtweise der Positiven Psychologie zu eigen macht, derzufolge es nicht nur um die Abwesenheit von Krankheit, sondern auch um optimale Gesundheit, nicht nur um Behandlung und Abmildern von Verletzlichkeit, sondern auch um Vorbeugung und Aufbau von Pufferzonen geht, erscheint die Frage »Was hat das mit mir zu tun?« in einem ganz anderen Licht. Organisationen verändern sich meist nur langsam. Dieser Wandel kann sich auf zwei Wegen vollziehen. Erstens kann er »top-down«, also von oben nach unten, erfolgen, wenn Führungspersönlichkeiten anderen eine neue, bestechende Vision der Zukunft vor Augen halten und damit entsprechende Veränderungen anstoßen. Zweitens kann sich der Wandel »bottom-up«, das heißt von unten nach oben, vollziehen, wenn sich an der Basis Auffassungen und Zielsetzungen allmählich verschieben, in eine neue Richtung entwickeln und so eine Veränderung in der gesamten Ausrichtung der jeweiligen Organisation herbeiführen. Dieser zweite Prozess erfordert viel Zeit und hängt zweifellos auch davon ab, welche Grundhaltung sich ein Betriebspsychologe im Verlauf seiner Ausbildung angeeignet hat.

Wenn die Bewegung der Positiven Psychologie immer weitere Kreise zieht und wächst und gedeiht, wird dies, so hoffen wir, dazu führen, dass die Bewegung verschwindet, weil sie einfach nicht länger notwendig ist. Denn dann werden alle Psychologen und Psychologinnen wissenschaftlich und praktisch-therapeutisch im Sinne der Positiven Psychologie arbeiten und ihren Blickwinkel erweitern, sodass er das gesamte Spektrum unseres Erlebens und unserer Entwicklungsmöglichkeiten umfasst, sowohl innere Not und Funktionsstörungen als auch Wohlbefinden und Erfüllung.

Der Aufbau dieses Buches

In Kapitel 2 werden wir die aus unserer Sicht grundlegende Annahme der Positiven Psychologie umreißen. Die Bewegung der Positiven Psychologie gab uns den Impuls, genauer zu prüfen, welche elementaren Vorstellungen der psychologischen Praxis zugrunde liegen. Unsere Annahmen zum Wesen des Menschen lassen sich im Wesentlichen zwei Lagern zuordnen. Entweder gehen wir davon aus, dass der Mensch von Natur aus von destruktiven Impulsen angetrieben wird, oder wir glauben, dass er von konstruktiven Impulsen motiviert ist. Wir sprechen hier von tief sitzenden Überzeugungen, die uns nicht immer vollends bewusst sein müssen. Stellen wir uns zwei Therapeutinnen vor, die beide jeweils einer Klientin zuhören, die über sich spricht und von dem berichtet, was in ihrem Leben nicht gut gelaufen ist. Auf den ersten Blick mag es so aussehen, als täten beide Therapeutinnen genau dasselbe. Wenn wir aber genauer hinschauen, erweist sich die Ähnlichkeit als oberflächlich: Die eine Therapeutin geht beim Zuhören von der tief verwurzelten Vorstellung aus, Menschen seien von Natur aus destruktiv, und dieser Wesenszug müsse in irgendeiner Weise unter Kontrolle gehalten werden. Die andere Therapeutin orientiert sich beim Zuhören an ihrer Überzeugung, das Wesen des Menschen sei von Grund auf konstruktiv und man müsse es fördern, damit es zur freien Entfaltung kommen kann. Wie ein Therapeut das, was sein Gegenüber sagt, auffasst und verarbeitet, hängt demnach unweigerlich von seinen Grundüberzeugungen ab. Die Unterteilung in zwei Lager ist natürlich eine grobe Vereinfachung, mit der wir aus Gründen der besseren Darstellbarkeit ein wesentlich komplexeres Gefüge von Abstufungen auf zwei Pole reduzieren.

In Kapitel 3 soll es darum gehen, wie sich diese Grundannahmen in der konkreten therapeutischen Arbeit niederschlagen. Wir wollen nicht etwa neue therapeutische Methoden vorstellen, sondern vielmehr überlegen, wie die praktische Arbeit aussieht, wenn ein Therapeut oder eine Therapeutin sich auf das Denkmodell der Positiven Psychologie stützt. Wir befassen uns mit der personzentrierten Theorie von Carl Rogers und beschreiben sie als eine Option, einen Beratungs- und Behandlungsansatz zu entwickeln, der ganz auf der Linie der Positiven Psychologie liegt.

In Kapitel 4 gehen wir der Frage nach, ob es bereits Therapieformen gibt, auf die sich der Begriff Positive Therapie anwenden lässt. Unsere Antwort ist Ja. Die größte Übereinstimmung mit den Forschungsergebnissen der heutigen Positiven Psychologie weisen Therapien auf, die von der theoretischen Prämisse ausgehen, dass in uns ein organismischer Bewertungsprozess und eine Aktualisierungstendenz wirksam sind. Als Beispiel ziehen wir die klientenzentrierte Therapieschule heran. Aus Sicht der modernen Positiven Psychologie ist der von Carl Rogers begründete klientenzentrierte Ansatz eine revolutionäre und radikale Form der therapeutischen Arbeit. Mittlerweile liegt eine Vielzahl von Forschungsbefunden vor, die belegen, wie wichtig die Selbstbestimmung des Klienten ist und dass letztlich nicht die Technik des Therapeuten, sondern die Beziehung zum Klienten den Ausschlag gibt.

In Kapitel 5 erörtern wir, auf welche der bereits existierenden therapeutischen Ansätze der Begriff Positive Therapie im eigentlichen Sinne zutrifft. Wir machen deutlich, dass unsere Annahmen zum Wesen des Menschen eine Plattform für ein breites Spektrum von Therapien bieten, und gehen auf diejenigen Therapieformen, die nach unserer Ansicht weitgehend mit dem Konzept des organismischen Bewertungsprozesses vereinbar sind oder Techniken anbieten, die für prozessorientierte Therapeuten von Interesse sein könnten.

In Kapitel 6 diskutieren wir die Folgerungen, die sich aus dem Modell einer Positiven Therapie für das Verständnis psychopathologischer Prozesse ergeben. Unser eigener Ansatz entspricht den Grundgedanken der Positiven Psychologie, da er sowohl die negativen als auch die positiven Aspekte menschlichen Erlebens einbezieht. Wir machen deutlich, dass die von uns skizzierte Metatheorie mit dem medizinischen Denkmodell unvereinbar ist. Dies hat unter anderem zur Folge, dass wir das medizinische Modell psychischer Störungen ablehnen und stattdessen einen auf der personzentrierten Persönlichkeitstheorie basierenden Ansatz vertreten, der Wohlbefinden als ein Kontinuum beschreibt. Laut der personzentrierten Theorie hängt das Wohlbefinden einer Person davon ab, inwieweit ihre intrinsische Aktualisierungstendenz mit ihrer faktischen Selbstaktualisierung kongruent ist. Ein höherer Grad an Kongruenz schlägt sich in einer Steigerung des Wohlbefindens nieder, ein niedriger in psychopathologischen Prozessen. Laut diesem Modell befindet sich also jeder Mensch an irgendeinem Punkt des Kontinuums zwischen gravierender Psychopathologie und vollständiger Selbstentfaltung. Außerdem wollen wir zeigen, dass eine Metatheorie der Psychopathologie und des Wohlbefindens, die auf dem Begriff der Aktualisierungstendenz gründet, die Auseinandersetzung mit Fragen erlaubt, die sich dem medizinischen Modell entziehen.

In Kapitel 7 wollen wir die Grundgedanken der Positiven Therapie an unserer eigenen Arbeit im Bereich von posttraumatischer Belastung und posttraumatischem Wachstum veranschaulichen. Wir stellen unsere Theorie des Wachstums an Diskrepanzen im organismischen Bewertungsprozess vor. Sie beschreibt, wie eine positiv verlaufende Anpassung an bedrohliche Ereignisse und Situationen zu den Prozessen der Intrusion (Wiedererleben des Traumas) und Vermeidung führt, die zu den typischen Reaktionen der Traumaverarbeitung gehören. Wir zeigen dann, dass sich das »Schließungs-« oder »Vervollständigungsprinzip«, das in den meisten Theorien der Traumaverarbeitung enthalten ist, als ein Aspekt der umfassenderen Aktualisierungstendenz begreifen lässt und dass die Aktualisierungstendenz, wenn sie zum Tragen kommt, eine Steigerung des psychischen Wohlbefindens bewirkt und eine Entwicklung hin zu innerem Wachstum und einem höheren psychischen Funktionsniveau in Gang setzt.

Im Schlusskapitel wird es darum gehen, wie die Positive Therapie unsere Aufmerksamkeit auf den gesellschaftlichen und politischen Kontext der therapeutischen Arbeit lenkt. Einfach gesagt, stehen wir als therapeutisch oder beratend tätige Psychologen und Psychologinnen vor der Wahl, entweder das persönliche Wachstum eines Klienten oder seine Anpassung an das gesellschaftliche Umfeld zu fördern. Manchmal sind beide Ziele ohne Weiteres vereinbar, doch nach unserer Erfahrung liegen sie meistens im Widerstreit miteinander, sodass wir uns als Therapeuten entscheiden müssen: Sollen wir unsere Klienten und Klientinnen in ihrem inneren Wachstum unterstützen oder auf eine Anpassung an ihr soziales Umfeld hinwirken? In der Positiven Therapie, wie wir sie uns vorstellen, steht das innere Wachstum letztlich immer an erster Stelle. Wir glauben, dass in der heutigen Gesellschaft viele Schwierigkeiten, die im Leben der Individuen entstehen, auf gesellschaftlichen Faktoren beruhen und auf den Anforderungen, die das Leben in einer materialistischen Kultur stellt. Deshalb liegt es nicht immer im Interesse unserer Klienten und Klientinnen, dass wir sie in ihrer Anpassung an gesellschaftliche Bedingungen unterstützen. Das folgende Beispiel soll dies veranschaulichen:

John, Anfang vierzig, begab sich in Therapie, weil er am Arbeitsplatz mehr Selbstsicherheit entwickeln wollte. Er kam beruflich nicht vorwärts, sagte er, weil er beispielsweise Hemmungen hatte, sich in Besprechungen zu Wort zu melden. In der Therapie begann er auch davon zu sprechen, was ihn an seiner Arbeit störte. Ihm wurde klar, dass das Berufsfeld, in dem er gelandet war, finanziell gesehen zwar durchaus vielversprechend war, ihm aber wenig Freude bereitete und ihm nicht das Gefühl gab, dass er mit seinem Leben etwas Sinnvolles anfing. Kurz gesagt, die Arbeit machte ihm keinen Spaß. Nach dem Studium hatte sich der berufliche Weg, den er eingeschlagen hatte, irgendwie von selbst ergeben. Seine Studienfächer Management und Rechnungswesen hatte er auf Anraten seiner Eltern gewählt, ohne dass sie ihn wirklich interessiert hätten. Eigentlich hätte er an der Universität lieber kreatives Schreiben oder Literatur studiert, weil er immer davon geträumt hatte, sich als Schriftsteller zu versuchen. Er fragte sich, wie sein Leben wohl verlaufen wäre, wenn er diesen Weg genommen hätte. Mit der Zeit entwickelte John nicht nur mehr Selbstbewusstsein, sondern beschäftigte sich auch zunehmend mit der Frage, was für ihn wirklich wichtig war. Er begann darüber nachzudenken, wie er seine Fähigkeiten als Autor entfalten und einsetzen könnte, belegte einen Abendkurs für kreatives Schreiben, machte sich daran, seine Ideen konkret umzusetzen, und reichte eine der Geschichten, die dabei entstanden, bei einem Wettbewerb ein.

Wie dieses Beispiel zeigt, liegt dem Ansatz einer Positiven Therapie, wie wir ihn vertreten, die Vorstellung zugrunde, dass der Impuls zur Veränderung nicht vom Therapeuten, sondern vom Klienten kommt. Die Zielvorstellung Johns war zu Beginn, dass er ein stärkeres Selbstbewusstsein entwickeln wollte, um beruflich voranzukommen, doch im Lauf der Zeit brachte er in der Therapie andere Themen zur Sprache, die mit früheren Entscheidungen in seinem Leben und mit seinem Wunsch, sich im Schreiben zu erproben, zu tun hatten. Der Therapeut sah seine Aufgabe darin, innerhalb von Johns gedanklichem Bezugssystem zu bleiben und sich mit den Themen und Fragen zu befassen, die John selbst aufwarf. Dies war ohne Weiteres möglich, weil der Therapeut in privater Praxis arbeitete. John sah es als ein Zeichen des Erfolgs an, dass er begonnen hatte, »zu sich selbst zu finden«.

Dagegen stehen etwa angestellte Betriebspsychologen oft im Konflikt zwischen den Interessen ihres Klienten oder ihrer Klientin und denen ihres Arbeitgebers. Beispielsweise sieht sich eine Betriebspsychologin möglicherweise in der Pflicht, dem Klienten zu helfen, mit Problemen am Arbeitsplatz besser zurechtzukommen, selbst wenn ihm andere Probleme viel mehr zu schaffen machen. Unter diesen Umständen kann es geschehen, dass die Psychologin, ohne dass ihr dies bewusst wird, einen Klienten wie John von dem Bestreben abzubringen versucht, »zu sich selbst zu finden«, damit er sozusagen beim Thema bleibt und sich damit beschäftigt, was er für sein berufliches Fortkommen tun kann.

Eine ähnliche Situation, die vielleicht noch offenkundiger ist, findet sich im öffentlichen Gesundheitswesen. Psychologen und Psychologinnen, die etwa im britischen National Health Service (NHS) tätig sind, stehen unter einem starken Druck, bei ihrer therapeutischen Arbeit die Form von Effizienz zu zeigen, die von der Verwaltungsebene gewünscht wird, auch wenn dies keineswegs immer im besten Interesse ihrer Klienten und Klientinnen ist. Beispielsweise sollen NHS-Therapeuten die Zahl der Sitzungen meist so niedrig wie möglich halten, weil die Wartelisten lang sind und weil die Politik bestimmte Zielvorgaben gesetzt hat. Dieser Erwartungsdruck kann dazu führen, dass Therapeuten eine Behandlung dann als Erfolg werten, wenn das Verhalten des Klienten im Privat- und Berufsleben ihm selbst und anderen keine Unannehmlichkeiten und Probleme mehr zu bereiten scheint, und nicht etwa dann, wenn er über beste Voraussetzungen verfügt, ein erfülltes Leben zu führen. Eine vom staatlichen Gesundheitssystem abgedeckte Behandlung kann also damit enden, dass der Betreffende, obwohl er hinterher besser »funktioniert«, noch immer bekümmert und zutiefst unglücklich ist. Aus Sicht des NHS besteht therapeutischer Erfolg lediglich darin, dass Klienten und Klientinnen weniger unter ihren Störungssymptomen leiden und sie besser im Griff haben. Im NHS tätige Therapeuten können sich schlicht und einfach nicht zum Ziel setzen, dass ihre Klienten zu einem glücklicheren und erfüllteren Leben finden. Manche Kritiker sind sogar der Ansicht, dass für den NHS tätige klinische Psychologen den Status quo einer dysfunktionalen materialistischen Gesellschaft erhalten helfen, in der man Menschen nur insoweit einen Wert zuerkennt, wie sie als Arbeitskräfte ihren Beitrag zu einer materialistischen Kultur leisten.

Nach unserer Meinung kehren Psychologen diese Interessenskonflikte allzu oft unter den Teppich, sodass sie gar nicht erst bemerkt oder aber geflissentlich übergangen werden. Wir glauben, dass beratend und therapeutisch tätige Psychologen und Psychologinnen nicht als der verlängerte Arm einer gesellschaftlichen Kontrolle fungieren, sondern sich für persönliches Wachstum und gesellschaftlichen Wandel einsetzen sollten. Die Positive Psychologie fordert uns dazu heraus, unsere eigene Position zu diesen Themen zu überdenken. Sie ist implizit politisch, weil sie die Frage stellt, wie wir eine Welt schaffen können, in der Menschen gesünder, glücklicher und erfüllter leben können.

Unser persönlicher Blickwinkel

Für viele Leserinnen und Leser ist das, was wir zu sagen haben, nichts Neues: Psychologen und Berater, die nach den Prinzipien der Existenzpsychologie oder der humanistischen Psychologie arbeiten, und Vertreter der Kritischen Psychologie sind mit Ideen wie den von uns vorgetragenen wohlvertraut (siehe z. B. Proctor, 2005; Sanders, 2005). Wir hoffen, dass die Positive Psychologie diesen Strömungen neuen Auftrieb zu geben vermag, damit wir gemeinsam der Disziplin der Psychologie als ganzer neues Leben einhauchen können.

Wir wünschen uns, dass die Positive Psychologie in der Psychologie zum bestimmenden Denkmodell wird, damit sich alle Psychologen und Psychologinnen ihre Grundideen zu eigen machen und sich der Vorannahmen und Wertvorstellungen bewusst werden, die dem eigenen Tun zugrunde liegen. Da wir uns dafür aussprechen, persönliche Wertvorstellungen offenzulegen – die wissenschaftliche Praxis der Psychologie, wie wir sie verstehen, kann niemals wertneutral sein –, möchten wir unsere eigene berufliche Orientierung kurz darstellen und erläutern, woher unser Interesse an Forschung und Praxis der Positiven Psychologie rührt.

Stephen Joseph ist als approbierter Gesundheitspsychologe tätig und gehört als Senior Practitioner der Gruppe der auf Psychotherapie spezialisierten Mitglieder in der British Psychological Society an. Stephen interessiert sich insbesondere für die Anwendung von Ideen der Positiven Psychologie in den Themenbereichen Gesundheit und Gesellschaft. Alex Linley arbeitet auf dem Feld der angewandten Psychologie mit den Schwerpunkten Förderung psychischer Stärken und Coaching. Wir sind außerdem beide in der universitären Forschung, Lehre und Beratung tätig. Wir glauben, dass uns mit der personzentrierten Persönlichkeitstheorie von Carl Rogers ein ganzheitliches Paradigma zur Verfügung steht, das die negativen wie auch die positiven Aspekte menschlichen Erlebens berücksichtigt und somit den Zielsetzungen der neuen Bewegung der Positiven Psychologie entspricht. Die beruflichen Interessen und therapeutischen Herangehensweisen von uns beiden überschneiden sich weitgehend – doch es gibt auch Unterschiede, auf die wir in diesem Buch hin und wieder eingehen werden.

Wir glauben nicht, dass es eine in sich geschlossene Therapieform gibt, die man Positive Therapie nennen könnte. Mit dem Begriff Positive Therapie meinen wir vielmehr eine Gruppe von therapeutischen Ansätzen, die bestimmte Grundmerkmale gemeinsam haben, insbesondere die Annahme, dass der Klient der beste Experte in eigener Sache ist und die für sein persönliches Wachstum und seine Weiterentwicklung nötigen Ressourcen in sich trägt. Dies ist eine Vorstellung, die wir beide teilen; wir betrachten die personzentrierte Persönlichkeitstheorie als Grundlage unserer Arbeit.

Uns ist bewusst, dass der Begriff personzentriert häufig missverstanden wird, vor allem in den USA, wo viele Psychologen die lange Wirkungsgeschichte dieses Ansatzes nicht kennen, ihn für oberflächlich halten und sich nicht vorstellen können, dass er von bleibendem Wert ist. Ihr Interesse an diesem Buch erlischt vielleicht, sobald sie mitbekommen, dass wir uns auf dieses Denkmodell beziehen. Wir möchten freilich betonen, dass wir dieses Buch auch hätten schreiben können, ohne Carl Rogers und den personzentrierten Ansatz jemals zu erwähnen – denn wie wir zeigen werden, gibt es auch andere beachtenswerte Theorien und Forschungsrichtungen, die unsere Thesen stützen. Würden wir nur diese anführen, könnten die Skeptiker vielleicht mehr Gefallen an unseren Ideen finden. Doch die Anfänge der Positiven Psychologie liegen nun einmal in der humanistischen Psychologie.

Wir betrachten also beide die personzentrierte Persönlichkeitstheorie als unser methodisches Grundgerüst, doch was die praktische therapeutische Arbeit angeht, gibt es doch einige Unterschiede zwischen uns. Positive Therapie ist für uns ein Oberbegriff, unter dem sich vielfältige therapeutische Vorgehensweisen zusammenfassen lassen. Als Psychotherapeut neigt Stephen dem klassischen Ansatz der klientenzentrierten Therapie zu, in dem der Therapeut-Klient-Beziehung zentrale Bedeutung zukommt, während sich Alex, da er als Coach arbeitet, stärker für integrative Ansätze, die auf anderen Aspekten von Psychologie und Psychotherapie aufbauen, und für Beurteilungs- und Interventionstechniken interessiert.

Unser theoretisches Modell einer Positiven Therapie gründet also weitgehend in der personzentrierten Persönlichkeitstheorie, doch in der praktischen Arbeit sind wir offen für eine große Bandbreite von Herangehensweisen. Die Positive Therapie, wie wir sie verstehen, reicht von der klassischen klientenzentrierten Therapie über existenz- und erfahrungspsychologische Ansätze bis hin zu Strategien, in die Techniken der kognitiven Verhaltenstherapie und neuere Entwicklungen der angewandten Positiven Psychologie und des Coaching einfließen. Wie wir zeigen wollen, kommt es nicht darauf an, *was* wir tun, sondern darauf, *wie* wir es tun.

Aufgabe des Therapeuten ist es, stets eine Haltung der Achtung vor der Selbststeuerung und Selbstbestimmung des Klienten zu wahren (Grant, 2004; Levitt, 2005 a). Zur Positiven Therapie sind aus unserer Sicht diejenigen Ansätze zu rechnen, die von der Grundannahme ausgehen, dass der Klient die Lösungen für seine Probleme in sich selbst trägt und dass er, wenn er seine innere Stimme klarer vernehmen lernt, einen Weg finden wird, auf dem er sich weiterentwickeln und größeres Wohlbefinden erreichen kann. Dies ist keine neue Idee, doch wir sind der Meinung, dass sie vom psychologischen Mainstream bislang vernachlässigt und missverstanden wurde. Alle therapeutischen Ansätze, auf die wir näher eingehen werden, bieten Formen therapeutischen Arbeitens an, die sich innerhalb des metatheoretischen Bezugsrahmens der Positiven Psychologie einsetzen lassen.

Uns ist also sehr wohl bewusst, dass wir hier kein unbekanntes Terrain betreten. Die allgemeinen Prinzipien der Positiven Psychologie, die darauf zielen, die Entfaltung von Potenzialen, persönliche Erfüllung, Wachstum, Weiterentwicklung und so weiter zu fördern, sind nicht neu. Dies sind Kernthemen der humanistischen Psychologie, auch wenn das Verhältnis zwischen ihr und der Positiven Psychologie mitunter kontrovers diskutiert worden ist (siehe Greening, 2001; Taylor, 2001). Die humanistische Psychologie ist ein Dach, unter dem viele Ansätze Platz finden. Einige davon lassen sich in unseren Augen nicht der Positiven Psychologie zurechnen. Dennoch gebührt den Ideen von Carl Rogers und anderen bedeutenden Vertretern der humanistischen Psychologie eine zentrale Stellung in der Positiven Psychologie (siehe Joseph & Worsley, 2005 a; Sheldon & Kasser, 2001).

Wir wollen in diesem Buch einen integrativen Therapieansatz entwerfen, der eine Brücke zwischen der Tradition der humanistischen Psychologie und der neuen und faszinierenden Bewegung der Positiven Psychologie schlägt.

2. Vorannahmen und Wertvorstellungen der Positiven Psychologie

Als Mensch zu leben ist nicht möglich ohne eine Vorstellung davon, was Menschsein bedeutet.

(Heelas & Lock, 1981, S. 3)

In diesem Kapitel führen wir aus, dass unser therapeutisches Handeln entscheidend davon abhängt, wie wir über das Wesen des Menschen denken. In der Positiven Therapie kommt es nicht so sehr darauf an, was wir tun, sondern darauf, wie wir es tun. Wir wollen zeigen, wie die Bewegung der Positiven Psychologie die grundlegenden Annahmen zum Wesen des Menschen, von denen unser Berufsstand ausgeht, zum Thema macht. Durch sie wird offenbar, wie sehr der psychologische Mainstream von dem Grundgedanken geprägt ist, der Mensch sei im Kern seines Wesens destruktiv. Wir werden auf die theoretischen Überlegungen von Karen Horney, Carl Rogers und anderen zurückblicken, die besser mit den Vorstellungen der heutigen Positiven Psychologie zu vereinbaren sind, weil sie den Menschen als von konstruktiven Impulsen bestimmt sehen.

Wie wir in Kapitel 1 gesehen haben, wenden westliche Psychologen ihre Aufmerksamkeit seit einigen Jahren den positiven Aspekten menschlichen Erlebens und der Frage zu, wie sie Menschen helfen können, ein höheres Niveau von Gesundheit und Wohlbefinden zu erreichen (siehe z. B. Linley & Joseph, 2004a; Seligman & Csikszentmihalyi, 2000; Snyder & Lopez, 2002). Wir werden zeigen, wie die verschiedenen Ansätze einer Positiven Therapie darauf abzielen, Menschen dabei zu unterstützen, ihr Potenzial möglichst weit auszuschöpfen – ganz gleich, wo sie sich auf dem Funktionsspektrum befinden, das sich von Krankheit und Störung zu Gesundheit und Wohlbefinden erstreckt. Diese Betrachtungsweise steht in scharfem Gegensatz zu der Traditionslinie innerhalb der Psychologie, die Krankheit und Psychopathologie in den Vordergrund rückt. Ein Teil der Psychologen und Psychologinnen hat sich stets für die positiven Aspekte menschlichen Erlebens interessiert, doch bislang verdienen die meisten ihr Geld eher damit, dass sie Menschen helfen, besser mit ihren Problemen zurechtzukommen, als dass sie sie dabei unterstützen, ein erfülltes Leben zu führen. Psychologen sind sehr versiert darin, verschiedene sogenannte psychische Störungen zu behandeln und Menschen zu helfen, eine Verringerung von psychischem Leid und dysfunktionalem Verhalten zu erreichen. Der Ansatz der Positiven Therapie, den wir vertreten, zielt demgegenüber darauf, die Wahrnehmung unseres eigenen Tuns dahingehend zu revolutionieren, dass wir nicht mehr nur auf die Reduktion von psychischem Leid und von Dysfunktionen hinarbeiten, sondern uns auch um die Förderung des Wohlbefindens und eines optimalen psychischen Funktionsniveaus bemühen.

Uns stehen als Therapeuten viele Optionen offen, wie wir auf das reagieren können, was ein Mensch uns sagt. Wir können Ratschläge geben, Fragen stellen, diagnostische Informationen sammeln, beruhigend auf ihn einwirken, einfach nur zuhören, Testverfahren einsetzen oder Deutungen geben – um nur einige der Formen zu nennen, in denen wir ihn dabei unterstützen können, etwas in seinem Leben zu verändern. Ein neuer Klient kommt also zu uns und nimmt uns gegenüber Platz. Was tun wir als Nächstes? Jaqui erzählt uns von einer demütigenden Erfahrung am Arbeitsplatz und fängt dabei an zu kichern. Eine andere Klientin, Frances, berichtet in kühlem und sachlichem Ton davon, wie sie als Kind misshandelt wurde. Eine dritte Klientin, Jennifer, erzählt tränenüberströmt, dass sie sich in ihrer Ehe unglücklich und wie in der Falle fühlt. Wie sollen wir auf diese Klientinnen reagieren? Sollen wir mit Jaqui lachen, falls wir ihrer Geschichte etwas Komisches abgewinnen können? Sollen wir Frances wissen lassen, dass uns auffällt, wie sie von offenbar sehr belastenden Erlebnissen in einem ausgesprochen sachlichen Ton spricht? Sollen wir Jennifer sagen, wie traurig wir ihre Geschichte finden?

Wie wir zeigen wollen, hängt unsere Entscheidung darüber, wie wir reagieren, von unseren Überzeugungen und Grundannahmen zum Wesen des Menschen und zur Funktion einer Psychotherapie ab. Die erste dieser Überzeugungen dreht sich darum, ob wir als Therapeuten eher Wissenschaftler oder eher Künstler sind. Die meisten Psychologen verstehen sich heute vor allem als Wissenschaftler und versuchen therapeutische Methoden anzuwenden, für deren Wirksamkeit, ähnlich wie bei medizinischen Interventionen, ein empirischer Nachweis erbracht wurde. In den letzten Jahren hat aber auch die Vorstellung an Bedeutung gewonnen, dass Psychotherapie nicht einfach mit dem Einnehmen eines Medikaments gleichzusetzen ist, weil sie auch in der Begegnung zweier Menschen besteht und man die Beziehung, die sich zwischen ihnen aufbaut, nicht außer Acht lassen kann. Wir sollten die Ergebnisse der Psychotherapieforschung nicht ignorieren, doch wenn wir begreifen wollen, was in einer Therapie vor sich geht, müssen wir uns klarmachen, dass die empirische Forschung kein vollständiges Bild davon zeichnet und die Psychotherapie auch eine Kunst ist – Ausdruck unserer Fähigkeit, eine intensive Beziehung zu einem anderen Menschen aufzubauen, dabei selbst ganz Mensch zu sein und uns existenziellen Wahrheiten zu stellen, die für uns alle Gültigkeit haben.

Therapie als Kunst und als Wissenschaft

Wir wollen unmissverständlich feststellen, dass wir die Psychologie als eine wissenschaftliche Disziplin betrachten und dass die Positive Psychologie, wie wir sie verstehen, dem Prinzip empirischer Überprüfbarkeit verpflichtet ist. Unsere Vorstellungen von Psychotherapie sind auf empirische Forschungsergebnisse gegründet. Diese haben immer wieder gezeigt, wie wichtig die Therapeut-Klient-Beziehung ist (siehe Bozarth & Motomasa, 2005; Wampold, 2001). Wir sind andererseits aber der Überzeugung, dass die Anwendung empirisch überprüfter Methoden in der direkten Interaktion mit einem anderen Menschen auch eine Kunst ist, und halten eine zwischenmenschliche Beziehung nicht für etwas, das man einfach nach methodischen Regeln »herstellen« kann.

Wir erfahren durch die empirische Forschung zwar etwas über die Zusammenhänge zwischen verschiedenen kognitiven und emotionalen Faktoren oder zwischen therapeutischen Interventionen und psychischen Folgewirkungen, aber nichts darüber, wie wir bei der Anwendung dieser wissenschaftlichen Erkenntnisse am besten mit dem Klienten interagieren sollten. Brodley (2005a) betont, dass Psychotherapie nur in begrenztem Maß eine wissenschaftliche Aktivität sein kann, weil in ihr stets, ob wir uns dessen bewusst sind oder nicht, unsere Einstellungen und Werthaltungen zum Ausdruck kommen. Wir glauben also, dass unser therapeutisches Handeln zweifellos empirisch fundiert sein muss, zugleich aber auch den Charakter einer Kunst hat. Wampold (2001) fasst diese Idee in einen treffenden Vergleich:

> Die musiktheoretischen Grundlagen, auf die der Musiker sich stützt, bleiben für das Konzertpublikum unsichtbar, solange die kompositorischen Grundregeln nicht verletzt werden und die Darbietung dadurch disharmonisch wirkt. In ähnlicher Weise entfaltet der kundige Therapeut, der sich auf psychologische Erkenntnisse und Theorien stützt und von seiner Erfahrung leiten lässt, eine Kunstfertigkeit, mit der er dem Klienten hilft, zu einem sinnerfüllteren und gesünderen Leben zu finden.
>
> (Wampold, 2001, S. 225)

Grundannahmen

Für ein effektives therapeutisches Vorgehen reicht es nicht aus, intellektuell zu erfassen, was in einer Therapie vor sich geht. Umgekehrt ist es zwar wichtig, dass wir über zwischenmenschliche Fertigkeiten verfügen, doch auch das ist, für sich genommen, keine hinreichende Voraussetzung dafür, dass wir mit unserem therapeutischen Tun Wirkung erzielen. Die Kunst des Therapeuten besteht in der geschickten Umsetzung theoretischer Erkenntnisse. Wir werden im Folgenden die Auffassung vertreten, dass die Entscheidungen, die wir bei der Ausübung unserer Kunst treffen, nicht so sehr von Zahlen und Fakten abhängen, sondern letztlich von unseren grundlegenden theoretischen Vorannahmen zum Wesen des Menschen.

Diese Idee ist natürlich nicht neu. Jeder Therapeut weiß, dass es unterschiedliche Therapieschulen gibt, die jeweils auf anderen Grundannahmen zum Wesen des Menschen basieren (einen Überblick über diese Denkmodelle gibt Joseph, 2001). Wir denken aber, dass Techniken der kognitiven Verhaltenstherapie, die sich am medizinischen Denkmodell orientieren, im Mainstream der Psychotherapie mittlerweile derart dominierend sind, dass andere therapeutische Ansätze kaum noch Beachtung finden und daher leicht die Tatsache aus dem Blick gerät, in welchem Maß unser Tun von tief verwurzelten Vorannahmen zum Wesen des Menschen abhängt.

Wir alle hegen derartige Grundüberzeugungen. Manche glauben beispielsweise, dass eine höhere Macht uns alle geschaffen hat und das

Wesen des Menschen einem göttlichen Plan entspringt, während andere davon ausgehen, dass unser Wesen sich dem Wirken evolutionärer Kräfte verdankt und instinktgeleitet ist. Es sei dahingestellt, welche dieser Überzeugungen der Wahrheit näher kommt – Tatsache ist jedenfalls, dass Menschen unterschiedliche Grundüberzeugungen hegen, die einen tief greifenden Einfluss darauf ausüben, wie sie ihr Leben gestalten (siehe Kasten 2.1).

Es wird kaum jemanden geben, der sich nicht irgendwann Gedanken über den Wesenskern des Menschen gemacht und sich gefragt hat, ob wir von Grund auf selbstsüchtig und gierig oder aber freundlich und großzügig sind. Wichtig ist, sich klarzumachen, wie tief verwurzelt und folgenreich derartige Überzeugungen sind. Selbst diejenigen, die

Kasten 2.1: Die eigenen Vorstellungen vom Wesen des Menschen erkunden

Im Folgenden finden Sie einige Aussagen zum Wesen des Menschen. Lesen Sie jede der Aussagen und entscheiden Sie rasch, ob Sie sie für zutreffend halten oder nicht. Überlegen Sie nicht zu lange, sondern reagieren Sie spontan. Antworten Sie einfach so rasch wie möglich und prüfen Sie, ob Ihr Herz zu den folgenden Sätzen Ja oder Nein sagt.

Menschen sind von Natur aus großzügig.
Menschen sind von Natur aus egoistisch.
Menschen sind von Natur aus gierig.
Menschen sind von Natur aus freundlich.
Menschen sind von Natur aus liebevoll.
Menschen sind von Natur aus böse.

Bei manchen sieht die Liste der spontanen Antworten wie folgt aus: Ja, Nein, Nein, Ja, Ja, Nein. Manche reagieren genau umgekehrt: Nein, Ja, Ja, Nein, Nein, Ja. Bei anderen ist das Muster weniger konsistent, aber im Wesentlichen lassen sich die Antworten von Menschen auf die obigen Aussagen in zwei Gruppen einteilen. Die einen haben ein *positives*, die anderen ein *negatives* Bild von der menschlichen Natur. An Ihren spontanen Reaktionen auf die Aussagen können Sie also wahrscheinlich ablesen, ob Sie ein im Wesentlichen positives oder negatives Menschenbild haben.

sich nie bewusst mit der Frage auseinandersetzen, haben sie tief in ihrem Innersten schon für sich beantwortet. Wir alle gehen in unserem Leben zunächst einmal instinktiv davon aus, dass unsere Überzeugungen der Wirklichkeit entsprechen. Wir betrachten die Welt aus unserem individuellen Blickwinkel, und es ist manchmal nicht leicht, sich vorzustellen, dass sie womöglich auch ganz anders ist, als wir sie erleben. Religionsführer, Naturwissenschaftler, Philosophen oder Psychologen vertreten ihre je eigenen Vorstellungen vom Wesen des Menschen, die miteinander im Widerstreit liegen. Diese Ideen sind derart eingefleischt, dass wir sie kaum jemals infrage stellen, doch sie üben weitreichenden Einfluss darauf aus, welche Haltung wir anderen Menschen gegenüber einnehmen und auf welche Beweggründe wir ihr Handeln zurückführen. Als Therapeuten stützen wir uns bei unseren Entscheidungen darüber, wie wir in der Arbeit mit Klienten vorgehen, auf bestimmte Vorannahmen. Diese Vorstellungen sind also prägend für unser gesamtes therapeutisches Tun. Es ist ein wenig verwunderlich – und vielleicht auch besorgniserregend –, dass sich bislang nur wenige von uns wirklich eingehend mit der Frage beschäftigt haben, worin aus ihrer Sicht die Fundamente der menschlichen Natur bestehen. Probieren Sie einmal die Übung in Kasten 2.2 aus, die Ihnen einige Denkanstöße für die Erkundung Ihres eigenen Menschenbilds geben kann.

Problematisch ist dieser Mangel an Reflexion vor allem bei angehenden Psychotherapeuten und klinischen Psychologen, die sich in der Ausbildung oft zwar ein Spektrum verschiedener Techniken aneignen, aber nicht dazu angehalten werden, über ihre Vorannahmen nachzudenken. Um als Therapeut arbeiten zu können, müssen wir zweifellos überzeugt sein, dass Menschen imstande sind, sich zu ändern. Wir sollten uns somit auch unsere Vorstellungen davon, wie Veränderung überhaupt möglich ist, bewusst machen. Von welchen Vorannahmen Therapeuten ausgehen, ist an ihrer Wortwahl abzulesen. Wenn man sie zu ihrer Arbeitsweise befragt, wird der eine davon sprechen, dass er den Klienten dazu zu bewegen versucht, bestimmte Schritte nach vorn zu tun, der andere von seinem Bemühen, die Lebensgeschichte des Klienten zu begreifen, und wieder ein anderer davon, dass er die Symptome des Klienten unter Kontrolle zu bekommen versucht. Jede dieser drei Antworten vermittelt eine Ahnung davon, von welchem Menschenbild der jeweilige Therapeut ausgeht und welch weitreichenden Einfluss es darauf hat, in welcher Weise er Klienten zu helfen versucht.

Wenn ein Therapeut davon spricht, dass er den Klienten zu bestimmten »Schritten nach vorn« zu bewegen versucht, klingt die Vorstellung durch, dass nicht der Klient, sondern der Therapeut der Experte ist, der am besten weiß, welches der richtige Weg für den Klienten ist. Dieses Denkmodell steht in scharfem Kontrast zu therapeutischen Ansätzen, denen zufolge der Klient sein eigener Experte ist, also über sich selbst mehr Informationen hat, als dem Therapeuten zugänglich sein können.

Wenn ein Therapeut davon spricht, dass er die Lebensgeschichte des Klienten zu ergründen versucht, hält er dieses Nachvollziehen offenbar für wesentlich und hilfreich. Diese Denkweise ist unvereinbar mit therapeutischen Ansätzen, laut denen die Betrachtung der Vorgeschichte eines Problems zwar von Nutzen sein kann, um sich ein klareres Bild zu machen, aber keine zwingende Voraussetzung dafür ist, dass der Klient in seinem Leben etwas verändert.

Wenn ein Therapeut davon spricht, wie sich Symptome unter Kontrolle bringen oder »managen« lassen, geht er offenbar davon aus, dass die Probleme des Klienten einer sogenannten psychischen Störung entspringen. Er fasst sie demnach als Abweichung von einem Normbereich auf und nicht als allgemeinmenschliche Lebensprobleme.

Wir möchten betonen, dass jede praktische Umsetzung psychologischer Erkenntnisse auf bestimmten Vorannahmen zum menschlichen Wesen gründet. Diese Vorannahmen treten in der Wortwahl klar zutage, so tiefverwurzelt sie auch sein mögen. Sie spiegeln zudem auch unsere Persönlichkeit und unsere Präferenzen wider, die sich im Laufe der Erfahrungen, die wir im Leben machen, und in der therapeutischen Ausbildung entwickeln. Sie empirisch zu erfassen ist nicht einfach. Wir können sie als Werthaltungen oder moralische Vorstellungen, also als eine Frage der individuellen Ethik, betrachten. Sie bleiben im Allgemeinen unausgesprochen und werden daher von Therapeuten oft unreflektiert übernommen, wenn sie sich in ihrer Ausbildung eine bestimmte Herangehens- und Arbeitsweise aneignen. Die Vorannahmen sind wie ein Status quo, der als selbstverständlich vorausgesetzt und nicht hinterfragt wird. Ihre Herausbildung vollzieht sich jeweils innerhalb bestimmter gesellschaftlicher, kultureller und historischer Rahmenbedingungen (vgl. Marcus & Fischer, 1986; Prilleltensky, 1994). Diese Einbettung in einen Kontext, das heißt die Gebundenheit an einen bestimmten Ort und an eine bestimmte Zeit, führt dazu, dass die Vorannahmen innerhalb eines anderen Kontextes nur bedingt gültig sind. Auf diesen Punkt werden wir später noch zurückkommen. Wenden wir uns aber zunächst den Vorannahmen selbst zu.

Martin Seligman und die Positive Psychologie

Nachdem wir dargelegt haben, dass jeder Therapeut sich bei seiner Arbeit auf meist stillschweigend vorausgesetzte Vorannahmen stützt, möchten wir nun näher erläutern, wie diese Annahmen aussehen. Die Vorstellungen vom Wesen des Menschen lassen sich, wie erwähnt, grob in zwei Gruppen unterteilen: Wir haben entweder ein negativ gefärbtes Bild von der Natur des Menschen und halten sie für im Kern destruktiv, oder wir haben ein positives Bild von ihr und sehen den Menschen als grundsätzlich von konstruktiven Impulsen geleitet. Viele sind der Meinung, dass die Prämissen, von denen die Hauptströmung der Psychologie ausgeht, der ersten Kategorie zuzurechnen sind. Martin Seligman, Vorkämpfer der Positiven Psychologie, schreibt dazu:

Ein großes Hindernis hat bislang dafür gesorgt, dass sich keine Wissenschaft und Praxis positiver Persönlichkeitsmerkmale und positiver innerer Zustände entwickeln konnte: die Überzeugung, dass Tugend und Glück unauthentisch oder epiphänomenal sind, in einem parasitären Verhältnis zu negativen Merkmalen und Zuständen stehen oder sich auf sie reduzieren lassen. Diese Vorstellung von einem »schlechten Kern« des Menschen zieht sich durch das gesamte westliche Denken. Falls es irgendeine Doktrin gibt, deren Sturz die Positive Psychologie anstrebt, dann ist es diese. Ihre Urform ist die Lehre von der Erbsünde. Freud schleppte sie in säkularer Form in die Psychologie des 20. Jahrhunderts ein; im akademischen Milieu ist sie nach wie vor en vogue und fest verwurzelt. Aus Sicht Freuds ist Zivilisation stets nur ein ausgeklügeltes Bollwerk gegen elementare Konflikte der infantilen Sexualität und Aggression.

(Seligman, 2003 a, S. 126)

Die moderne Psychologie ist, wie Seligman (2002, 2003 a) meint, weitgehend von der Doktrin Freuds geprägt, die Hubble und Miller (2004) den »Geist in der Maschine« von Psychologie und Psychotherapie nennen. Die Positive Psychologie legt offen, dass die Psychologie bislang meist von der Vorannahme ausgegangen ist, das Wesen des Menschen sei von seiner Grundausrichtung her negativ und müsse im Zaum gehalten werden (siehe Hubble & Miller, 2004; Maddux, 2002; Maddux et al., 2004 b). Falls das wissenschaftliche Denken des Westens, wie Seligman behauptet, von dieser Vorstellung durchdrungen ist, müssen wir daraus schließen, dass die Psychologie ihre Aufgabe zum großen Teil darin sieht, gleichsam »die verdorbenen Teile herauszuschneiden«.

Allerdings halten Psychologen kaum einmal inne, um darüber nachzudenken, warum und wie sie zu dieser Vorstellung gekommen sind. Ist es denn wahr, dass der Mensch »im Kern schlecht« ist? Wir werden die Auffassung vertreten, dass die empirischen Belege keineswegs in diese Richtung weisen. Es stimmt zwar, dass Menschen einander viel Schmerz und Leid zufügen, doch gibt es dafür andere Erklärungen, die ohne die Prämisse auskommen, der Mensch sei »bis ins Innerste verdorben«.

Wenn die Positive Psychologie die Vorstellung vom »schlechten Kern« ablehnt, wie sieht dann die Alternative aus, die sie anzubieten hat? Eine der zentralen Thesen der Positiven Psychologie ist, dass der Mensch ein Potenzial zum »Guten« in sich trägt und danach strebt, ein »gutes Leben« zu führen. Da wir davon ausgehen, dass wir in unserem Tun gar nicht anders können, als eine Werthaltung einzunehmen und eine moralische Position zu beziehen, sollte das Menschenbild der Positiven Psychologie diesen zentralen Thesen (vom Potenzial zum »Guten« und der Sehnsucht nach einem »guten Leben«) Rechnung tragen. Die Positive Psychologie unternimmt heute große Anstrengungen, ein neues Bild vom Wesen des Menschen zu entwerfen, das diesen Anforderungen genügt. Glücklicherweise existiert in der Psychologie ein reiches Erbe entsprechender Vorstellungen. Ein Blick in die Vergangenheit unserer Zunft zeigt, dass viele der größten psychologischen Denker sich mit den Fragen, die wir uns heute stellen, bereits auseinandergesetzt haben. Eine der ersten, die sich explizit mit unseren Vorannahmen zum Wesen des Menschen befasste, war Karen Horney.

Karen Horney und das sittliche Erfordernis der Evolution

Karen Horney (1951) untersuchte, wie unser Menschenbild unsere Vorstellung von den Voraussetzungen eines guten Lebens (vom »sittlichen Erfordernis der Evolution« [dt. 1975, S. 11]) beeinflusst, und skizzierte drei mögliche Positionen, die wir beim Versuch, den Kern des menschlichen Wesens zu begreifen, einnehmen können. Die erste dieser Grundhaltungen besagt, der Mensch sei von Natur aus sündig oder von primitiven Instinkten geleitet. Sie entspricht der gerade geschilderten Vorstellung von einem »schlechten Kern« des Menschen. Der zweiten Position zufolge umfasst das menschliche Wesen sowohl etwas von Grund auf »Gutes« als auch etwas von Grund auf »Böses«, Sündiges oder Destruktives; die Gesellschaft versucht sicherzustellen, dass die »gute« Seite des Menschen über die »böse« triumphiert. Die dritte Grundhaltung sieht vor, dass dem Menschen konstruktive Entwicklungskräfte innewohnen, die ihn zur Entfaltung seiner Potenziale anleiten. Horney betonte, dass diese dritte Sichtweise *nicht* mit auf der Prämisse gründet, der Mensch sei von Grund auf gut (denn dies würde ein Wissen davon voraussetzen, was gut und was böse ist). Vielmehr gehen nach dieser Auffassung die Wertvorstellungen eines Menschen aus dem Streben hervor, sein Potenzial zu entfalten und sind ihrem Wesen nach konstruktiv und prosozial (weshalb sie sich mit der Vorstellung vom »Guten« decken). Aus dieser dritten Perspektive kommt der Gesellschaft die Aufgabe zu, ein förderliches soziales Umfeld zu kultivieren, das der Selbstverwirklichung ihrer Mitglieder dienlich ist. Horney plädierte dafür, Menschen die Möglichkeit zu verschaffen, dieser Tendenz zur Selbstverwirklichung zu folgen:

Und in dem Maß, in dem wir die neurotische Besessenheit vom Selbst verlieren, indem wir frei werden für unser Wachstum, machen wir uns auch frei dafür, andere zu lieben und an ihnen Anteil zu nehmen. Dann wird es auch unser Wunsch sein, ihnen in ihrer Jugend die Möglichkeit zu ungehindertem Wachstum zu geben und ihnen, wenn sie in ihrer Entwicklung gehemmt sind, in jeder Weise dazu zu verhelfen, sich selbst zu finden und zu verwirklichen. Ob es sich dabei um uns selbst oder um andere handelt – in jedem Fall ist das ideale Ziel die Befreiung und Pflege jener Kräfte, die zur Selbstverwirklichung führen. (Horney, 1951, S. 15 f.; dt. 1975, S. 14)

Carl Rogers und die Aktualisierungstendenz

Es gab neben Horney weitere Psychologen, die zu solchen Schlussfolgerungen gelangten. Als der einflussreichste unter ihnen hat sich Carl Rogers erwiesen (siehe die Biografie, die Thorne, 1992, vorgelegt hat), der vor 50 Jahren dieselben Fragen stellte wie heute die Vertreter der Positiven Psychologie. Wie Seligman, so zog auch Carl Rogers die Grundannahmen der herrschenden Psychologie seiner Zeit in Zweifel und entwickelte eine Theorie, nach der Menschen durch organismische Gegebenheiten dazu motiviert sind, ihr Potenzial zur vollen Entfaltung zu bringen:

Ich habe wenig Sympathie für die ziemlich weit verbreitete Auffassung, dass der Mensch ein von Natur aus unvernünftiges Wesen ist und daher seine Triebregungen, wenn sie nicht kontrolliert würden, zu Selbst- und Fremdzerstörung führten. Das menschliche Verhalten ist ausgesprochen vernünftig und in seiner subtilen und wohlgeordneten Komplexität auf die Ziele orientiert, nach denen der menschliche Organismus strebt.

(Rogers, 1969, S. 29; dt. 1974, S. 281)

Diese Gedanken entsprechen der von Horney beschriebenen dritten Position. Tief in unserem Inneren, sagt Rogers, sind wir Menschen von dem Streben beseelt, uns so weit zu entfalten, wie es uns möglich ist. Diese gerichtete Kraft des Werdens nannte Rogers *Aktualisierungstendenz*:

> Der Begriff bezeichnet die dem Organismus innewohnende Tendenz zur Entwicklung all seiner Möglichkeiten, und zwar so, dass sie der Erhaltung oder Förderung des Organismus dienen. Diese Tendenz beinhaltet nicht nur das, was Maslows Begriff »deficiency needs« umfasst, nämlich die Grundbedürfnisse nach Luft, Nahrung, Wasser u. Ä., sondern darüber hinausgehend auch allgemeinere Aktivitäten. Der Begriff beinhaltet die Tendenz des Organismus zur Differenzierung seiner selbst und seiner Funktionen, er beinhaltet Erweiterung im Sinne von Wachstum, die Steigerung der Effektivität durch den Gebrauch von Werkzeugen und die Ausweitung und Verbesserung durch Reproduktion. Dies meint die Entwicklung hin zu Autonomie und weg von Heteronomie oder der Kontrolle durch äußere Zwänge.

(Rogers, 1959, S. 196; dt. 2009, S. 26)

Rogers stellte sich die grundlegende Ausrichtung der Aktualisierungstendenz so vor, dass sie auf die Entwicklung von Selbstbestimmung, auf Erweiterung von Möglichkeiten, Handlungsfähigkeit und hilfreiches Sozialverhalten zielt. Die Aktualisierungstendenz ist laut Rogers die alleinige naturgegebene Motivationskraft des Menschen, die stets auf konstruktives Wachstum drängt.

> Es ist der Drang, der sich in allem organischen und menschlichen Leben zeigt: sich auszuweiten, auszudehnen, zu entwickeln, autonom zu werden, zu reifen; die Tendenz, alle Fähigkeiten des Organismus in dem Maße auszudrücken und zu aktivieren, in dem solche Aktivierung den Organismus sich entfalten läßt oder das Selbst steigert.

(Rogers, 1961, S. 35; dt. 1973, S. 49)

41

Rogers veranschaulicht diesen Gedanken mit der folgenden Beobachtung:

Vor einigen Monaten stand ich während eines Urlaubswochenendes auf einer Landzunge, von der aus man eine der zerklüfteten Buchten überblickt, die sich an der nordkalifornischen Küste aneinanderreihen. Der Bucht vorgelagert waren einige große Felsklippen, die der vollen Gewalt der großen Brecher des Pazifik ausgeliefert waren, die über sie hereinbrandeten und Berge von Gischt versprühten, bevor sie auf die klippenreiche Küste zurollten. Während ich die Wogen beobachtete, die sich in einiger Entfernung an diesen großen Felsen brachen, bemerkte ich zu meiner Überraschung, daß auf den Felsen Pflanzen wuchsen, die winzigen Palmen glichen. Sie waren nicht mehr als zwei oder drei Fuß hoch und der Gewalt der Brandung unmittelbar ausgesetzt. Durch mein Fernglas stellte ich fest, daß es sich um irgendeine Art von Seegras handelte, Pflanzen, deren schlanker »Stamm« von Blattbüscheln gekrönt war. Als ich in den Intervallen zwischen den Brechern ein Exemplar näher ins Auge faßte, schien es mir unausbleiblich, daß diese zarte, aufrechte, kopfschwere Pflanze von der nächsten Woge geknickt und zerschmettert werden würde. Als die Woge über sie hereinbrach, bog sich der Stamm fast völlig nieder [sic, ohne Komma] und die Blätter wurden durch die Gewalt des Wassers in eine gerade Linie gepreßt, doch sobald die Woge vorübergerollt war, richtete sich die zähe und flexible Pflanze wieder zu ihrer vollen Größe auf. […] Hier in diesem palmenähnlichen Seegras manifestierte sich die Zähigkeit des Lebens, sein Vorwärtsdrängen und seine Fähigkeit, eine unglaublich feindselige Umwelt zu erobern und sich dort nicht nur zu behaupten, sondern sich anzupassen, zu entwickeln und zu verwirklichen.

(Rogers, 1961, S. 1 – 2; dt. 1978, S. 265 f.)

Rogers erläutert an diesem Beispiel seine Auffassung, dass wir bei allen Organismen, ob nun bei Seegras oder beim Menschen, davon ausgehen können, dass sie auf Erhaltung, Ausweitung und Fortpflanzung ausgerichtet sind. Er betrachtet die Aktualisierungstendenz als grundlegende und einzige Motivationskraft des Menschen. Die Aktualisierungstendenz als universelles Motiv weist stets in Richtung Wachstum, Weiterentwicklung und Autonomie des Individuums. In einem Aufsatz zur Aktualisierungstendenz schreibt Rogers:

> Kurz, wir haben es mit einem Organismus zu tun, der immer motiviert, immer »unternehmungslustig«, immer auf der Suche ist. Ich bin daher heute noch stärker als damals, als ich dieses Konzept zum erstenmal vertrat, davon überzeugt, daß es eine zentrale Energiequelle im menschlichen Organismus gibt; daß es sich um eine vertrauenswürdige Funktion des ganzen Organismus und nicht bloß eines Teils davon handelt; und daß man sie sich vielleicht am besten als eine Tendenz zur Erfüllung, zur Selbstverwirklichung, mit anderen Worten, nicht nur zur Erhaltung, sondern zur Entfaltung des Organismus vorstellen sollte.
>
> (Rogers, 1963 a, S. 6; dt. 1978, S. 271)

Das Konzept der Aktualisierungstendenz als Grundannahme zum Wesen des Menschen

Karen Horney und Carl Rogers sind in die Annalen der Psychologie als Verfechter der Idee eingegangen, dass das Wesen des Menschen von einer konstruktiven Ausrichtung bestimmt ist. Weitere bekannte Theoretiker, die das Konzept der Aktualisierungstendenz in der einen oder anderen Form postuliert haben, sind Alfred Adler (1920), Andras Angyal (1941), Kurt Goldstein (1934), Carl Gustav Jung (1971), Abraham Maslow (1968) und Otto Rank (1929).

Wie wir in späteren Kapiteln sehen werden, findet das Konzept heute bei Vertretern der Positiven Psychologie Anklang, so etwa bei Deci und Ryan (2000), die in ihrer Selbstbestimmungstheorie davon ausgehen, dass im Menschen eine intrinsische Motivation zur Erreichung eines optimalen Funktionsniveaus wirksam ist. Der Grundgedanke der Aktualisierungstendenz hat in der Geschichte der Psychologie also eine weit zurückreichende Tradition und findet auch in der zeitgenössischen Positiven Psychologie seinen Widerhall.

Wir haben bereits an anderer Stelle (Linley & Joseph, 2004 c) unsere Hoffnung zum Ausdruck gebracht, dass als Fundament der neuen Wissenschaft der Positiven Psychologie und des übergreifenden Ansatzes, den wir als Positive Therapie bezeichnen, der Grundgedanke der Aktualisierungstendenz dienen kann (Joseph & Linley, 2004, 2005). Sowohl Horney als auch Rogers gehen davon aus, dass das Wesen des Menschen von einer konstruktiven Entwicklungstendenz bestimmt ist und dass diese, falls sie sich in geeigneter Weise Ausdruck verschaffen kann, zum Wohlbefinden des Individuums wie auch seines sozialen Umfelds und der ganzen Gesellschaft hinführt. Die genannten Theorien stimmen auch darin überein, wie sie die Entstehung von Psychopathologie erklären: Zu psychischem Leid kommt es demnach in dem Maße, wie das Individuum den Kontakt zu seiner angeborenen Leitenergie verloren hat.

Das Konzept der Aktualisierungstendenz ist nach unserer Ansicht eine der »großen Ideen« der Psychologie, die allerdings in der zeitgenössischen Psychologie weitgehend in Vergessenheit geraten ist. Wir werden in diesem Buch immer wieder auf die Schlussfolgerung zurückkommen, die sich aus dieser großen Idee für die psychologische Praxis ergibt, nämlich dass der Klient selbst am besten weiß, was für ihn gut ist. Wir kennen natürlich den gängigen Einwand, der da lautet: Wenn der Klient am besten weiß, was für ihn gut ist, warum begibt er sich dann überhaupt in Therapie? Diese Frage entspringt aber einem Missverständnis. Die Theorie besagt nicht etwa, dass es Menschen leichtfällt, den für sie besten Weg im Leben zu artikulieren, sondern vielmehr nur, dass sie mit geeigneter Unterstützung beginnen können, Lösungen für die eigenen Probleme zu erarbeiten. An der Vorgehensweise eines jeden Therapeuten lässt sich ablesen, ob er sich als Experten ansieht, der am besten weiß, was für seinen Klienten gut ist, oder ob er glaubt, dass der beste Experte in diesen Dingen der Klient selbst ist.

Der Klient als bester Experte in eigener Sache

Carl Rogers entwickelte einen Ansatz der psychologischen Praxis, den man als personzentriert bezeichnet und der auf ebendieser Vorstellung gründet, dass jeder Mensch in dem, was ihn selbst betrifft, der beste Experte ist. Dieses allgemeine Prinzip für die Arbeit mit Menschen lässt sich auf eine Vielzahl von Settings mit Individuen, Paaren, Gruppen und Organisationen anwenden. In diesem Buch konzentrieren wir uns auf das therapeutische Setting und die direkte Begegnung zweier Menschen. In Kapitel 4 werden wir uns ausführlicher mit der klientenzentrierten Therapie befassen, während wir hier zunächst nur deutlich machen möchten, wie ein therapeutischer Ansatz, der von der Grundidee der Aktualisierungstendenz ausgeht, notwendigerweise in die Vorstellung mündet, dass der Klient am besten weiß, was für ihn gut ist.

Für Rogers war von zentraler Bedeutung, dass ein Mensch die Realität auf seine jeweils eigene Weise wahrnimmt und dass daher der Blickwinkel, unter dem wir ihn am besten verstehen lernen, sein eigener ist. Ein ähnlicher Gedanke findet sich in der kognitiven Therapie. Auch in der kognitiven Therapie geht man davon aus, dass ein enger Zusammenhang zwischen Form der Realitätswahrnehmung und Psychopathologie besteht; allerdings setzt man nicht notwendigerweise voraus, dass der Klient selbst am besten weiß, welchen Weg er einschlagen soll. Manche kognitiven Verhaltenstherapeuten arbeiten personzentriert, während andere sich stärker am traditionellen medizinischen Denkmodell orientieren. Letztere gehen bei ihrer Arbeit von der Annahme aus, dass sie besser als der Klient selbst wissen, was gut für ihn ist, und versuchen ihn in die Richtung zu lenken, die ihm nach ihrer Auffassung nach am zuträglichsten ist. Sie sehen ihre Aufgabe beispielsweise darin, dem Klienten eine neue Sichtweise der eigenen Situation zu eröffnen, ihm neue Optionen aufzuzeigen, ihn neue Denkmuster zu lehren, ihm Techniken an die Hand zu geben, mit denen er ängstliche Gedanken zu unterbinden vermag, oder ihm Entspannungsverfahren beizubringen, auf die er unter Stress zurückgreifen kann. Dahinter steht die Vorstellung, dass der Klient der Anleitung durch den Therapeuten bedarf, weil er von sich aus nicht wissen kann, welche Entscheidungen er in seinem Leben am besten treffen sollte. Nicht der Klient gilt hier als der beste Experte in den Dingen, die ihn selbst angehen, sondern der Therapeut. Therapeuten, die sich an der Praxis der Medizin orientieren, finden an dieser Vorstellung nichts Befremdliches. Schließlich ist ja auch ein Patient, der sich ein Bein gebrochen hat, auf die Hilfe von Menschen angewiesen, die besser als er selbst wissen, was zu tun ist. Ein großer Teil unserer Arbeit als Psychologen hat aber, wie wir glauben, eigentlich keine Ähnlichkeit mit der Praxis der Medizin, denn unsere Aufgabe besteht darin, einen Menschen darin zu unterstützen, auf seine innere Stimme der Weisheit zu hören. Das heißt, wir betrachten den Klienten als den besten Experten in eigener Sache.

Wenn der Therapeut bei seiner Arbeit von der Annahme ausgeht, dass Menschen tief in ihrem Inneren selbst wissen, was für sie am besten ist, sieht er seinen Auftrag darin, den Klienten beim Vernehmen der eigenen inneren Stimme zu unterstützen. Wie wir zeigen werden, geben uns die Ideen von Carl Rogers ein profundes und revolutionäres Handlungsmodell für die berufliche Praxis an die Hand (siehe Bozarth, 1998). Brazier schreibt dazu:

> Das Fundament von Rogers' Anschauung war die Idee, dass der Mensch ein lebendiger, erfahrender Organismus ist, dessen Grundantrieben man trauen kann. Auch heute noch fällt es den meisten Menschen schwer, zu erkennen, wie revolutionär diese einfache Idee ist. Erst wenn wir uns klarzumachen beginnen, wie viel von unserer Energie wir in der modernen Gesellschaft darauf verwenden, Strukturen aufzubauen und aufrechtzuerhalten, deren Hauptziel in der Ausschaltung des (gefährlichen) menschlichen Elements aus zwischenmenschlichen Interaktionen besteht, bekommen wir eine Ahnung davon, wie radikal Rogers' Entwurf war und noch immer ist.
>
> (Brazier, 1993, S. 7 f.)

Kritik am medizinischen Krankheitsmodell

Die Grundideen von Carl Rogers und der von ihm begründete personzentrierte Ansatz haben unter Beratern und Psychotherapeuten viele Anhänger, werden aber von der Psychologie als Berufsstand weitgehend ignoriert, missverstanden und gering geschätzt (siehe Joseph, 2003 a). Hierfür sind verschiedene Gründe denkbar. Einer davon geht auf die Frühgeschichte der klinischen Psychologie zurück (Maddux et al., 2004 b). Die Ausbildung klinischer Psychologen fand damals in psychiatrischen Kliniken unter der Anleitung von Psychiatern statt, die ihrerseits eine medizinisch und psychoanalytisch orientierte Ausbildung durchlaufen hatten, sodass das noch in den Anfängen steckende Berufsfeld der klinischen Psychologie von der Krankheitsideologie des medizinischen Denkmodells durchdrungen wurde. In den USA entstanden nach dem Zweiten Weltkrieg, als man die psychologische Abteilung des Kriegsveteranenministeriums aufbaute, Ausbildungszentren für klinische Psychologen und Leitlinien für ihre Tätigkeit, die ebenfalls tief in der Tradition der Psychiatrie verwurzelt waren. Außerdem flossen dort nach der Gründung des National Institute of Mental Health viele Millionen Dollar in die Erforschung und Behandlung psychischer Krankheiten, wodurch sich die genannten Tendenzen der damaligen klinischen Psychologie noch weiter verfestigten (Maddux et al., 2004b). Zusammengenommen führten diese Entwicklungen dazu, dass der Berufsstand der klinischen Psychologen an Renommee gewann. Voraussetzung dafür war jedoch, dass er die Krankheitsideologie des medizinischen Denkmodells übernahm und damit durch Unterordnung unter die Leitdisziplin Psychiatrie die Kontinuität wahrte (Maddux et al., 2004b). Die klinische Psychologie entwickelte sich somit im Großen und Ganzen zu einem Berufsfeld, das nicht danach strebt, Potenziale zu fördern, sondern, wie Brazier (1993) das ausdrückt, das gefährliche menschliche Element auszuschalten bemüht ist.

Wir sind der Ansicht, dass das medizinische Denkmodell und die damit verknüpfte Krankheitsideologie sich schlicht und einfach nicht dazu eignen, über das psychische Leid von Menschen zu reflektieren, und dass Therapeuten, die sich das medizinische Modell und seine Krankheitsideologie zu eigen machen, ihren Klienten Schaden zufügen und sie in ihren Möglichkeiten einer optimalen Entwicklung behindern (siehe Sanders, 2005). Uns ist allerdings auch bewusst, dass das medizinische Modell unter Psychologen mittlerweile weithin akzeptiert ist und es deshalb noch einige Zeit dauern wird, bis sich die klinische Psychologie davon zu lösen vermag und sich an einem Bezugssystem ausrichtet, das ein produktiveres Verständnis von Psychopathologie und Wohlbefinden ermöglicht. Bestrebungen in dieser Richtung sind jedoch bereits erkennbar (Maddux et al., 2004b). Wie wir in Kapitel 6 zeigen werden, kommen aus der Positiven Psychologie starke Impulse, die auf die Entstehung einer »positiven klinischen Psychologie« drängen und ein neues Bild von Psychopathologie und Wohlbefinden zeichnen (Maddux et al., 2004b; Peterson & Seligman, 2003). Diese Modelle einer positiven klinischen Psychologie stellen ein neues Paradigma für die klinische Psychologie dar, das im Einklang mit dem von uns beschriebenen metatheoretischen Konzept der Aktualisierungstendenz steht und die Chance eröffnet, die Ideen der personzentrierten Theorie, der Positiven Psychologie und der dominierenden Strömung der klinischen Psychologie zusammenzuführen (siehe Kapitel 6). Es erfüllt uns mit großer Zuversicht, dass viele jüngere Mitglieder unserer Zunft Interesse an den neuen Ideen der Positiven Psychologie zeigen, und wir blicken daher voller Hoffnung in die Zukunft. Die Ideen von Carl Rogers sind, wie wir glauben, mit dem Heraufkommen der Positiven Psychologie sozusagen erwachsen geworden. Nach unserem Eindruck hat es eine belebende Wirkung auf unseren Berufsstand, dass die Positive Psychologie uns dazu herausfordert, die eigenen Vorannahmen zum Wesen des Menschen kritisch zu hinterfragen, insbesondere das medizinische Modell auf den Prüfstand zu stellen und die Aktualisierungstendenz als entscheidende Triebkraft einer optimalen menschlichen Entwicklung in Betracht zu ziehen. Wir werden diese Themen in Kapitel 6 erneut aufgreifen, wenn wir unser Verständnis von Psychopathologie umreißen.

Was ist Wohlbefinden?

Wir wollen im Weiteren zeigen, dass die Annahme einer dem Menschen innewohnenden Aktualisierungstendenz das Fundament der Positiven Therapie bildet. Zunächst aber müssen wir uns mit der Frage befassen, was aus Sicht der Positiven Psychologie denn eigentlich gute und wünschenswerte Ziele sind. Oft bleiben unsere Vorstellungen davon, was wir für gut und wünschenswert halten, unausgesprochen. Wir halten es für unabdingbar, dass wir uns auch diese Vorstellungen bewusst machen.

Die impliziten Wertannahmen der Positiven Psychologie schlagen sich in den Maßstäben nieder, anhand deren wir bestimmte Ziele als gut und wünschenswert einstufen. Sobald sich der Fokus von der Ebene der Grundlagenforschung hin zur Praxis der Positiven Psychologie und damit von der reinen Deskription auf die Regeln therapeutischen Handelns verlagert, üben diese Wertannahmen maßgeblichen Einfluss auf die konkreten Entscheidungen aus, die wir bei unseren Interventionen und unseren Bemühungen, den Klienten in seiner Entwicklung zu fördern, zu treffen haben. Wir wollen noch einmal darauf hinweisen, dass sich die Positive Psychologie in diesem Punkt keineswegs von anderen Feldern der angewandten Psychologie unterscheidet. Ebenso wie die klinische Psychologie, die beratende Psychologie oder die Arbeits-, Berufs- und Organisationspsychologie operieren auch die Positive Psychologie und die Positive Therapie von (üblicherweise stillschweigend vorausgesetzten) Wertepositionen aus. Wir wollen dies hier jedoch explizit und damit der Überprüfung, Kritik und Revision zugänglich machen.

Seligman (z. B. Seligman, 2002; Seligman & Csikszentmihalyi, 2000) definiert Glück und Wohlbefinden als die »erwünschten Resultate« (das heißt die wertgeschätzten Güter) der Positiven Psychologie. Man könnte das so verstehen, dass in einer Wertehierarchie der Positiven Psychologie Glück und Wohlbefinden stets an oberster Stelle stünden. Wir gehen aber davon aus, dass Seligman das nicht notwendigerweise so gemeint hat, und werden dies im Folgenden begründen. Dazu müssen wir uns zunächst Gedanken darüber machen, was wir eigentlich mit dem Begriff Wohlbefinden meinen.

Diese Definitionsbemühungen sind von zentraler Bedeutung. Denn wäre »Glück« als eine Zielsetzung der Positiven Psychologie und Positiven Therapie denkbar, wenn »Glücklichsein« voraussetzt, dass wir andere Menschen ausnutzen? Natürlich nicht. Seligman und Csikszentmihalyi (2000) ziehen in diesem Zusammenhang den Begriff des »kollektiven Wohlbefindens« heran. Die Werteposition der Positiven Psychologie impliziert also, dass Glück und Wohlbefinden eines Individuums nicht auf Kosten und zum Schaden anderer erreicht werden sollten. Denn wie sollten wir sonst entscheiden, wer ein Anrecht auf Glück hat und wem die Rolle zufällt, für das Glück des anderen zu leiden? Es geht hier um die erste von drei Beschreibungsebenen der Positiven Psychologie, nämlich um subjektiv als angenehm erlebte Erfahrungen. Nicht alle dieser subjektiv angenehmen Erfahrungen erweisen sich als vereinbar mit der dritten Ebene, die positive zwischenmenschliche Tugenden wie Anstand, Toleranz und Verantwortungsbewusstsein umfasst und Grenzen setzt, die unser individuelles Glück unter Umständen mindern. Wie wir Glück definieren, ist also von entscheidender Bedeutung. Eine wesentliche Unterscheidung ist dabei die zwischen dem psychischen Wohlbefinden und dem subjektiven Wohlbefinden.

Psychisches Wohlbefinden und subjektives Wohlbefinden
Die Kategorien des psychischen und des subjektiven Wohlbefindens leiten sich aus zwei allgemeinen philosophischen Betrachtungsweisen ab, nämlich der eudämonischen und der hedonischen Ethik (siehe Ryan & Deci, 2001). Die Art von Wohlbefinden, die Horney und Rogers

meinen, entspricht eher dem psychischen als dem subjektiven Wohlbefinden. In der psychologischen Literatur finden sich etliche Autoren, die eine Unterscheidung zwischen beiden Kategorien entweder mit empirischen Methoden (Compton, Smith, Cornish & Qualls, 1996; Keyes, Shmotkin & Ryff, 2002; McGregor & Little, 1998; Ryff, 1989; Waterman, 1993) oder auf theoretischer Ebene (Ryan & Deci, 2001; Ryff & Singer, 1996) treffen. Für die Positive Psychologie und insbesondere für die angewandte Positive Psychologie und die Positive Therapie ergeben sich aus dieser Unterscheidung wichtige Folgerungen.

Wenn man Glück mit dem wissenschaftlichen Begriff des subjektiven Wohlbefindens gleichsetzt, ist damit die Summe von Lebenszufriedenheit und Affektbilanz (das heißt des Saldos von positiven Affekten minus negativen Affekten) gemeint. Seligman und Csikszentmihalyi (2000) sprechen in diesem Zusammenhang vom »Kalkül des Wohlbefindens«: Was können wir tun, um auf Dauer glücklicher zu sein? Kahneman (1999) stellt allerdings fest, dass eine solche Steigerung des Glücks weitgehend unmöglich sein dürfte. (Sheldon & Lyubomirsky, 2004, vertreten einen gegensätzlichen Standpunkt, und Seligman et al., 2005, verweisen auf vorläufige Forschungsdaten, aus denen hervorgeht, dass Glück sich steigern lässt.) Doch was wäre, wenn die Positive Psychologie sich bislang mit der falschen Art von Glückszuständen beschäftigt hat? Einiges spricht dafür, dass Steigerungen des Glücks nicht aufrechtzuerhalten sind, wenn wir in der »hedonistischen Tretmühle« gefangen sind (Brickman & Campbell, 1971). Diese These wird durch zahlreiche empirische Daten gestützt.

Die Kategorie des psychischen Wohlbefindens (von Keyes et al., 2002, definiert als »sich auf die existenziellen Herausforderungen des Lebens einlassen«) umfasst einen wesentlich weiteren Bedeutungshorizont. Mit ihr lässt sich auch besser beschreiben, wie ein mit dem organismischen Bewertungsprozess kongruentes Handeln die Entfaltung positiver psychischer Funktionen ermöglicht – ein Thema, auf das wir in Kapitel 3 näher eingehen wollen.

Aus der Unterscheidung der zwei Arten von Wohlbefinden ergeben sich wichtige Schlussfolgerungen für die Positive Psychologie und die Positive Therapie. Erstens lässt sich, wie wir bereits angedeutet haben, dem »Kalkül des Wohlbefindens« nicht entnehmen, wie Glück sich dauerhaft und nachhaltig steigern lässt; vielmehr weisen viele Forschungsdaten auf die Kurzlebigkeit und Flüchtigkeit von Erfahrungen des subjektiven Wohlbefindens hin (Kahneman, 1999). Außerdem geht es in den bereits angeführten Studien von Sheldon und Lyubomirsky (2004), die sich mit nachhaltigen Steigerungen des Glücksgefühls befassen, und von Seligman und seinen Kollegen (2005) nach unserer Ansicht eher um Aktivitäten, die das psychische Wohlbefinden betreffen (nämlich um das Ausdrücken von Dankbarkeit und um Akte der Freundlichkeit), als um solche, die mit dem Konzept eines rein subjektiven Wohlbefindens zu fassen sind. Zwar korrelieren die zwei Arten des Wohlbefindens im Allgemeinen geringfügig miteinander (Compton et al., 1996; Keyes et al., 2002; Waterman, 1993), doch lässt sich daraus nicht ableiten, dass sie weitgehend deckungsgleich wären. Es ist wichtig, klar zu unterscheiden zwischen Menschen, die viel Genuss und Vergnügen erleben, ohne dass ihr Leben erfüllt wäre (hohes subjektives Wohlbefinden, niedriges psychisches Wohlbefinden), und Menschen, die nach außen hin nicht glücklich erscheinen mögen, aber ein sinnerfülltes Leben führen, selbst wenn sie beispielsweise unter einer chronischen Krankheit leiden (niedriges subjektives Wohlbefinden, hohes psychisches Wohlbefinden). Keyes et al. (2002) zufolge fallen diese beiden Gruppen sozusagen »durch das Raster«, weil bei ihnen die sonst übliche Korrelation zwischen subjektivem und psychischem Wohlbefinden nicht feststellbar ist. Man kann die zwei Gruppen auch unter der Perspektive von Seligmans (2002) Theorie des authentischen Glücks betrachten: Materielle Genüsse können das Leben eines Menschen angenehm machen, ohne dass er Erfüllung findet und sich entfalten kann (hohes subjektives Wohlbefinden, niedriges psychisches Wohlbefinden). Dagegen können sich im Leben eines Menschen, der sich in den Dienst von etwas stellt, das größer als er selbst ist, Freude und Sinnerfüllung miteinander verbinden (hohes subjektives Wohlbefinden, hohes psychisches Wohlbefinden).

Praktische Folgerungen aus der Unterscheidung von subjektivem und psychischem Wohlbefinden

Die Unterscheidung zwischen subjektivem und psychischem Wohlbefinden hat erhebliche Konsequenzen für die Praxis. Bestünde das Ziel der angewandten Positiven Psychologie und der Positiven Therapie in der Steigerung des subjektiven Wohlbefindens, würde daraus folgen, dass wir auf das Erleben möglichst vieler Momente mit angenehmen Affekten und das Vermeiden negativer Affekte hinarbeiten sollten. Dann wäre davon auszugehen, dass es sinnvoll ist, momentane Zustände des Genusses durch Konsum und Luxus immer weiter zu steigern. Die Forschung zeigt aber eindeutig, dass diese Strategie verfehlt ist: Reichtum, gesteigerter Materialismus und mehr Besitztümer sind denkbar ungeeignete Mittel, um glücklicher zu werden (Csikszentmihalyi, 1999; Kasser, 2002; Myers, 2000). Oft haben sie sogar den umgekehrten Effekt und führen zu psychischem Missbehagen (Kasser, 2004; Kasser & Ryan, 1993, 1996) und höheren ökologischen Folgekosten, das heißt langfristig gesehen zu einer Verschlechterung der Umweltbedingungen, von denen unser Wohlbefinden und unser Überleben abhängen (Sheldon & McGregor, 2000). Umgekehrt können wir den Schluss ziehen, dass das psychische Wohlbefinden, im Gegensatz zum subjektiven Wohlbefinden, von den Problemen, die aus dem »Kalkül des Wohlbefindens« erwachsen, nicht geschmälert werden kann. Es kann nicht in der hedonistischen Tretmühle untergehen. Das psychische Wohlbefinden ist eher ein fortlaufender Prozess als ein umschriebener momentaner Zustand, wohingegen das subjektive Wohlbefinden seinem Wesen nach durch das Maß an Lust und Genuss begrenzt ist, das wir in einem flüchtigen Augenblick zu erleben imstande sind.

Das ausschließliche Streben nach subjektivem Wohlbefinden (also nach dem, was üblicherweise unter »Glück« verstanden wird) scheint ein vergebliches und in sich widersprüchliches Unterfangen zu sein. Für die Positive Psychologie ist das psychische Wohlbefinden, das der von Horney und Rogers beschriebenen konstruktiven psychischen Funktionsweise entspricht, eine wesentlich geeignetere Zielvorstellung. Ihr Konzept geht nicht von einem isoliert zu betrachtenden Individuum aus, sondern sieht den Einzelnen als eingebettet in sein soziales Umfeld und die jeweilige Kultur.

Psychisches Wohlbefinden, wie wir es im Rahmen unseres Modells der Positiven Therapie begreifen, ist ebenso sehr auf das kollektive wie auf das individuelle Wohlbefinden bezogen. Für die angewandte Positive Psychologie steht es somit an der Spitze ihrer Wertehierarchie, doch ohne dass eine Einschränkung von Ziviltugenden wie Toleranz, Gemeinsinn und Verantwortungsbewusstsein bedeuten würde. Überhaupt ist psychisches Wohlbefinden, so glauben wir, nur in einem Kontext möglich, in dem die »erstrebten Güter« der dritten Ebene der Positiven Psychologie, nämlich positive Institutionen und Ziviltugenden, respektiert werden. Ähnliche Gedanken finden sich auch bei Sternberg (1998), der von der überpersönlichen Dimension der Weisheit spricht, bei Baltes, der den mit der Weisheit einhergehenden Werterelativismus beschreibt (z. B. Baltes & Staudinger, 2000; Baltes, Gluck & Kunzmann, 2002), oder bei Kekes (1995), der auf die Widrigkeiten hinweist, die den Weg zum guten Leben beständig erschweren (Zufall, Konflikt und Pluralismus von Wertevorstellungen).

Wenn wir Wohlbefinden in dieser Weise als erwünschtes Ergebnis einer Positiven Psychologie umreißen und explizit machen, lässt sich der Begriff besser in ein umfassendes Konzept der Ziele von angewandter Positiver Psychologie und Positiver Therapie einordnen. Die Ziele erscheinen uns dann nicht länger widersprüchlich und potenziell unvereinbar, und wir können ihre Wechselbeziehungen untereinander leichter durchdringen und dokumentieren. Kurz gesagt ist bei einem Streben nach immer intensiverem subjektivem Wohlbefinden die Wahrscheinlichkeit groß, dass ihm auf der Ebene von Individuum, Gesellschaft und Umwelt die Nachhaltigkeit abgeht (Kahneman, 1999; Sheldon & McGregor, 2000). Dagegen ist das Streben nach einer Steigerung des psychischen Wohlbefindens, so glauben wir, ein grundlegender Zug des Menschseins. Rogers (1961) schrieb über das »gute Leben«:

Mir scheint, das gute Leben ist nichts Statisches. Es ist kein Zustand der Tugend, der Zufriedenheit, des Nirwana oder des Glücks, kein Zustand, in dem der einzelne angepaßt, erfüllt oder aktualisiert ist. […]
Das gute Leben ist ein Prozeß, kein Daseins-Zustand.
Es ist eine Richtung, kein Ziel.
Die Richtung […] wird vom gesamten Organismus gewählt, sofern die psychische Freiheit vorhanden ist, sich in *jede* Richtung zu entwickeln.

Die Aktualisierungstendenz setzt in jedem Menschen Impulse, die zu Weiterentwicklung, Erfüllung und Integration hindrängen. Sie ist zweifellos, wie wir bereits dargelegt haben, keine egoistische und destruktive, sondern eine konstruktive soziale Kraft. Wenn wir von Glück und Wohlbefinden als erwünschten Ergebnissen der angewandten Positiven Psychologie und der Positiven Therapie sprechen, sollten wir uns daher im Klaren sein, dass wir damit psychisches Wohlbefinden, inneres Wachstum oder Erfüllung meinen und nicht etwa flüchtige Sinnesfreuden.

Ein integratives Bild vom Wesen des Menschen

Nachdem wir die zwei Vorstellungen von Wohlbefinden voneinander abgegrenzt und ihre Konsequenzen für Theorie und Praxis der Positiven Therapie erörtert haben, möchten wir noch einmal betonen, dass die Positive Psychologie eine integrative Sichtweise voraussetzt, welche die positiven wie auch die negativen Aspekte menschlichen Erlebens umfasst. Wir möchten auf keinen Fall den Eindruck erwecken, die Positive Therapie sei nur etwas für Menschen mit Luxusproblemen – die »besorgten Gesunden« – und nur für diejenigen von Interesse, die eigentlich »recht gut« zurechtkommen, aber wollen, dass es »noch runder läuft«. Wie wir in Kapitel 6 zeigen werden, haben wir ein völlig anderes Bild von der Positiven Therapie. Die Positive Psychologie strebt eine Integration der positiven und negativen Aspekte der menschlichen Existenz an, das heißt der positiven emotionalen und negativen emotionalen Erfahrungen, die unausweichliche Bestandteile des Menschseins sind (Linley & Joseph, 2003). Wir möchten Kummer und Leid also nicht negieren oder ausblenden, sondern sie in ein vollständiges Bild von den psychischen Funktionen des Menschen einordnen. Wie Larsen, Hemenover, Norris und Cacioppo (2003) darlegen, sind die Gehirnsysteme, die positiven und negativen Emotionen zugrunde liegen, zwar klar voneinander abgegrenzt, können aber auch gemeinsam mobilisiert werden. Eine solche Koaktivierung empfinden wir unter Umständen als instabil, unangenehm und disharmonisch, doch ist sie möglicherweise der Schlüssel zur Verarbeitung und Überwindung stark belastender Situationen. Kurz gesagt sind wir gefordert, uns Widrigkeiten nicht nur zu stellen, sondern sie auch zu akzeptieren und ihnen einen Sinn zu verleihen.

Die Überlegungen von Ryff und Singer (2003) gehen in eine ähnliche Richtung. Sie legen dar, dass ein gutes Leben anstrengend und voller Herausforderungen ist und durch Einsatz und Engagement entsteht. Ein Leben wäre also nur dann ein gutes Leben zu nennen, wenn es nicht von Bequemlichkeit und Vergnügen, sondern von einem aktiven und entschlossenen Bemühen gekennzeichnet ist, Hindernisse zu überwinden sowie im Bewusstsein unserer Sterblichkeit zu leben und das Leben umso mehr zu schätzen. Aus diesem Grund sprechen wir (z. B. in Linley & Joseph, 2002 a, 2002 b, 2002 c) gern vom posttraumatischen inneren Wachstum als der »Apotheose der Positiven Psychologie«. Posttraumatisches Wachstum ist ein exemplarisches Beispiel für das psychische Wohlbefinden, das die Positive Psychologie anstrebt, weil es sich innerhalb eines von Leid und Widrigkeiten geprägten Kontextes vollzieht, der jede Kritik an einem angeblich »blauäugigen Theoretisieren« der Positiven Psychologie ins Leere laufen lässt (vergleiche Linley & Joseph, 2004 c; Linley, Joseph, Cooper, Harris & Meyer, 2003). Am Beispiel des posttraumatischen Wachstums haben wir aufgezeigt, wie eine Integration von positiven und negativen Aspekten des Erlebens möglich ist, wie eine Haltung der Hoffnung aussehen kann, bei der wir die Augen nicht vor der Wirklichkeit der menschlichen Existenz und vor unserer Sterblichkeit verschließen, und wie aus dem Ringen mit einem Trauma als ein positives Resultat Weisheit entstehen kann (Linley, 2003). Trotz alledem bleibt in uns das Verlangen wach, weiterzugehen, weiterzuwachsen und aus dem, was wir haben, das Beste zu machen (Linley, 2000; Linley & Joseph, 2002 a, 2002 b, 2002 c).

Die Positive Psychologie und das Wesen der Erkenntnis

Die Positive Psychologie hält uns dazu an, unsere elementaren Vorannahmen über das Wesen des Menschen zu reflektieren; die Positive Therapie fordert uns heraus, darüber nachzudenken, inwieweit wir unsere Profession als Kunst oder als Wissenschaft verstehen. Die Positive Psychologie schärft außerdem auch unser Bewusstsein für Fragen zur Epistemologie und zum Wesen der Erkenntnis. Seligman (siehe z. B. Seligman, 2001) hat von Beginn an sicherzustellen versucht, dass die Positive Psychologie auf einer soliden empirischen Grundlage fußt. Wir befürworten diese Haltung und sind uns völlig darin einig, dass wissenschaftliche Fundierung ein Kennzeichen von Forschung und Praxis der Positiven Psychologie sein sollte. Zu betonen ist aber auch, dass wir uns im Klaren darüber sein sollten, welcher Ebene die Fragen, die wir stellen, eigentlich zuzuordnen sind. Bei der Reflexion über die Vorannahmen zum Wesen des Menschen, von denen wir in unserem Tun ausgehen, landen wir zwangsläufig bei Fragen zu Wertvorstellungen (die immer relativ sind) und zu Moral und Ethik (die persönliche Entscheidungen fordern). Bei keiner der betreffenden Haltungen lässt sich wissenschaftlich nachweisen, ob sie nun richtig oder falsch sind, denn sie stellen keine empirischen Sachverhalte dar, sondern spiegeln vielmehr den Blickwinkel wider, für den wir uns entschieden haben. Die empirische Methode hat uns vieles gelehrt und sorgt dafür, dass nicht Mutmaßungen und Anekdoten an die Stelle eines methodischen Vorgehens treten, doch wir müssen uns im Klaren darüber sein, dass sie nicht für alles eine Erklärung liefern kann. Manche Probleme lassen sich einfach nicht auf empirisch entscheidbare und den Regeln der experimentellen Methodik genügende Fragestellungen reduzieren.

Die Positive Psychologie und die Grenzen der Empirie
All dies ändert freilich nichts daran, dass Weiterentwicklungen unseres methodischen und statistischen Instrumentariums uns mittlerweile in die Lage versetzen, auf bestimmte wichtige Fragen Antworten von einer zuvor unerreichbaren empirischen Differenziertheit zu geben. Es liegt uns also fern, die Tatsache, dass manche Fragen nicht auf empirischem Weg zu klären sind, als Entschuldigung für »schlechte Wissenschaft« vorzuschieben. Wir möchten lediglich darauf hinweisen, dass sich nicht alle Fragen, die für uns von Interesse sind, mithilfe empirischer Methoden untersuchen lassen und dass wir daher für eine Vielzahl von Forschungsmethoden aufgeschlossen sein und Stellenwert und Nutzen einer jeden sorgfältig abwägen sollten.

So haben beispielsweise neuere Entwicklungen in der Methodik des Experience Sampling (etwa: Erlebensstichprobe) und der Tagebuchforschung dazu geführt, dass Selbsteinschätzungs-Daten an Validität gewonnen haben. Das wachsende Repertoire der qualitativen Methoden (wie interpretative phänomenologische Analyse, gegenstandsverankerte Theoriebildung oder Diskursanalyse) gewährt uns Einblicke in Aspekte des menschlichen Erlebens, die wir mit direktiven Fragebogen oder unter künstlichen Laborbedingungen nicht hätten gewinnen können. (Ein Beispiel dafür ist die bei Larsen et al., 2003, beschriebene Koaktivierung von positiven und negativen Affekten, die erst durch den Einsatz eines Experience-Sampling-Verfahrens entdeckt wurde.)

Die Positive Psychologie konzentriert sich zu einem großen Teil auf das menschliche Erleben. Rathunde (2001) weist darauf hin, wie lehrreich für heutige Forscher die »Hinwendung zur Erfahrung« ist, die

Pioniere der Psychologie wie Dewey, James und Maslow vollzogen, als sie die Aufmerksamkeit auf das unmittelbare subjektive Erleben richteten und zu verstehen versuchten, was ein erfülltes menschliches Leben auszeichnet. Rathunde, der in der positivistischen Tradition steht und eine größere Objektivität der Psychologie anstrebt, gibt zu bedenken, dass ein großer Schatz an Daten zum subjektiven Erleben des Menschen ohne triftigen Grund aus dem psychologischen Diskurs verbannt worden sei. Auch wir würden es für höchst bedauerlich halten, wenn sich diese Tendenz ungebrochen fortsetzen sollte.

Die Fragen, die Theorie und Praxis der Positiven Psychologie aufwerfen, mögen zum Teil außerhalb der Reichweite der experimentellen Designs und Möglichkeiten liegen, die uns derzeit zur Verfügung stehen. Dies sollte uns aber nicht dazu verleiten, solche Fragen als belanglos abzutun. Wir sollten uns vielmehr bemühen, sie auf die bestmögliche Weise zu klären. Wir sollten unser Tun nicht daran ausrichten, welche Fragen am besten zu den verfügbaren wissenschaftlichen Methoden passen, sondern umgekehrt überlegen, welche Methoden, ob nun streng empirisch oder nicht, sich am besten dazu eignen, den uns interessierenden Fragen nachzugehen. Auch wenn das Ergründen dieser Fragen keineswegs einfach ist, sind sie für die künftige Praxis von Positiver Psychologie und positiver Therapie doch von zentraler Bedeutung.

Zusammenfassung

Wir haben in diesem Kapitel einige Themen behandelt, die nach unserer Ansicht eine wesentliche Rolle für die Praxis der Positiven Psychologie und der Positiven Therapie spielen. Sie fordern uns als Psychologen und Praktiker dazu heraus, darüber zu reflektieren, in welcher Weise wir mit Klienten arbeiten und, was ebenso wichtig ist, warum wir auf diese Weise mit ihnen arbeiten. Ein bedeutsamer Aspekt für uns als Therapeuten ist dabei, ob wir Psychotherapie eher als Kunst oder als Wissenschaft begreifen und wie sich dieses Selbstverständnis in unserer Vorgehensweise niederschlägt.

Wir haben drei unterschiedliche Positionen beschrieben, in die sich unsere Vorannahmen zum Wesen des Menschen grob unterteilen lassen: Der Mensch ist von destruktiven Impulsen angetrieben, die in

Schach gehalten werden müssen; der Mensch ist von destruktiven wie auch von konstruktiven Impulsen beseelt, die wir zum einen unter Kontrolle halten und zum anderen fördern sollten; das Wesen des Menschen ist ganz von positiven und konstruktiven Tendenzen bestimmt, die auf die Verwirklichung seiner Potenziale hinwirken. Wie wir dargelegt haben, liegt der Positiven Psychologie und der Positiven Therapie das letztgenannte Menschenbild zugrunde. Wir haben darauf hingewiesen, dass sich diese Grundgedanken auf das Werk von Carl Rogers und seine personzentrierte Theorie zurückverfolgen lassen, denen wir uns in Kapitel 3 gleich ausführlicher widmen werden.

Schließlich haben wir uns mit einigen Fragen befasst, die für die Positive Psychologie und die Praxis der Positiven Therapie von großer Dringlichkeit sind: Was sind die erwünschten Ergebnisse oder wertgeschätzten Güter der Positiven Psychologie? Worin unterscheiden sich subjektives und psychisches Wohlbefinden, und welche Folgerungen ergeben sich aus diesen Konzepten für die Praxis? Wir haben auch betont, wie wichtig die unvoreingenommene Reflexion über diese Themen ist, dass ein Bedarf für ein integratives Modell der menschlichen Existenz besteht und dass wir uns über die epistemologischen Grenzen einer wissenschaftlichen Positiven Psychologie und einer empirisch begründeten Positiven Therapie im Klaren sein müssen. Damit sind philosophische Fragen angerissen, auf die es keine einfachen Antworten geben kann. Es geht uns lediglich darum, das Bewusstsein für diese Fragen und für ihre praktischen Konsequenzen in der Positiven Therapie zu schärfen, damit wir in der Lage sind, uns aktiv damit auseinanderzusetzen, was sie für unsere konkrete Arbeit mit unseren Klienten bedeuten. Im nächsten Kapitel greifen wir diese Themen wieder auf und gehen ausführlicher auf die Grundgedanken von Carl Rogers und seiner personzentrierten Theorie ein, um deutlich zu machen, dass sein therapeutischer Ansatz für die heutige Positive Therapie ein tragfähiges theoretisches Fundament darstellt sowie ihr ein reiches Erbe bietet, aus dem sie schöpfen kann.

3. Organismischer Bewertungsprozess und personzentrierte Theorien

Wie wir in Kapitel 2 dargelegt haben, vollzieht sich das Tun eines Therapeuten, ob er nun Hinweise und Ratschläge gibt, deutet, Rückhalt bietet, zuhört, Fragen stellt oder was auch immer, vor dem Hintergrund der Vorstellung, die er vom Wesen des Menschen hat. In Kapitel 2 haben wir begonnen zu verdeutlichen, wie unterschiedlich die Paradigmen sein können, denen Therapeuten folgen, je nachdem, von welchen Grundannahmen über die menschliche Natur sie ausgehen. Außerdem haben wir zu zeigen begonnen, dass sich das Menschenbild eines Therapeuten zwangsläufig darin niederschlägt, wie er die Kunst der Therapie betreibt. Betrachten wir noch einmal zwei Therapeuten, wie sie ihrem Klienten zuhören. Ein außenstehender Betrachter kann den Eindruck haben, als würden beide in derselben Weise zuhören. Doch je nach den Grundannahmen, auf die sie sich stützen, ist ihr Zuhören vielleicht von ganz unterschiedlicher Art. Falls das Wesen des Menschen im Wesentlichen von destruktiven Impulsen bestimmt ist, kommt dem Therapeuten die Rolle zu, dem Individuum dabei zu helfen, diese Impulse im Zaum zu halten. Sind dagegen konstruktive Impulse für die menschliche Natur prägend, wird die Aufgabe darin bestehen, Hemmnisse aus dem Weg zu räumen, die den Impulsen im Weg stehen. Das Zuhören der beiden Therapeuten kann demnach von höchst unterschiedlicher Art sein.

In diesem Kapitel wollen wir nun ausführlicher auf die personzentrierte Persönlichkeitstheorie von Rogers (1959) eingehen. Wir werden insbesondere das Konzept des organismischen Bewertungsprozesses betrachten, das heißt einer angeborenen Fähigkeit des Menschen, zu erkennen, was für ihn wesentlich und Voraussetzung für ein erfülltes Leben ist. Außerdem werden wir die zeitgenössische Psychologie unter die Lupe nehmen, um aktuelle Strömungen in ihr aufzuzeigen, die in der personzentrierten Theorie wurzeln. Hier wird auch deutlich werden, dass neuere Forschungsergebnisse die grundlegenden Prämissen der personzentrierten Persönlichkeitstheorie untermauern.

Carl Rogers und der personzentrierte Ansatz

Ehe wir die personzentrierte Theorie skizzieren, zunächst ein paar Worte zu ihrem Begründer Carl Rogers. Bekannt ist er heute vor allem dafür, dass er das Feld der psychologischen Beratung erschlossen hat, doch von seiner Ausbildung her war er Psychologe. Er war auch einmal Präsident der American Psychological Association. Zu den frühesten seiner vielen bedeutenden Leistungen zählt, dass er als Pionier den Weg für die systematische Psychotherapieforschung bahnte. Er war der erste Psychologe, der Tonaufzeichnungen von Therapiesitzungen für die Forschung verwendete (Rogers, 1942). Durch das Abhören dieser Aufnahmen war es Rogers und seinen Kollegen als Ersten möglich, empirisch zu überprüfen, was während einer Therapie wirklich vor sich ging.

Rogers war zeit seines Lebens als Autor sehr produktiv und publizierte zahlreiche Fachartikel und Bücher, von denen etliche auch heute noch viel gelesen werden. In seinem Buch *Client-Centered Therapy* (1951; dt. Die *klient-bezogene Gesprächstherapie*, 1973) begann Rogers, seine Vorstellungen von Beratung und Psychotherapie zu entwerfen. Er verwendete die Begriffe Beratung (counselling) und Psychotherapie synonym. Den Begriff Beratung hatte er zu Beginn seiner Laufbahn nur deshalb eingeführt, weil Psychiater Einwände gegen seine Verwendung des Begriffs Psychotherapie erhoben hatten. Da man die Psychotherapie damals als Domäne der Psychiatrie und Medizin betrachtete, durfte das, was Rogers als Psychologe betrieb, nicht als Psychotherapie gelten. Dies sehen wir heutzutage natürlich anders, und so können Psychologen als Berater wie auch als Psychotherapeuten tätig sein. Auch heute noch bringen manche den Ausdruck Beratung vor allem mit klientenzentrierter Therapie und den Ausdruck Psychotherapie mit der Psychoanalyse in Verbindung. In diesem Buch aber werden wir sie, wie dies im Rahmen des personzentrierten Ansatzes üblich ist, synonym gebrauchen.

Nach der Veröffentlichung von *Client-Centered Therapy* legte Rogers in verschiedenen Aufsätzen seine Vorstellungen ausführlicher dar und arbeitete seine Persönlichkeits- und Therapietheorie weiter aus (Rogers, 1957, 1959). Im Lauf der Jahre übertrug er seine in der therapeutischen Arbeit entwickelten Ideen auf andere Bereiche wie Pädagogik, Konfliktlösung und die Arbeit in Encountergruppen (siehe Thorne,

1992). An die Stelle des Begriffs klientenzentriert trat der Ausdruck personzentriert, der andeutete, dass der Anwendungsbereich des Denkmodells sich erweitert hatte. Beide Begriffe werden oft synonym verwendet, wobei manche den Ausdruck klientenzentriert lieber nur für die therapeutische Arbeit verwenden und von personzentriert sprechen, wenn das darüber hinausgehende Anwendungsspektrum der Theorie gemeint ist. Beim Lesen der Schriften von Rogers zur breiteren Anwendung der personzentrierten Theorie sind die Querverbindungen zur Positiven Psychologie offenkundig (siehe Barrett-Lennard, 1998; Kirschenbaum & Henderson, 1989). Manchmal wird die klientenzentrierte Therapie auch als rogerianische Therapie bezeichnet. Rogers lehnte diesen Ausdruck aber ab, weil er keine Schule von Therapeuten begründen wollte, die ihn nachzuahmen versuchten, und sich stattdessen Therapeuten wünschte, die innerhalb des personzentrierten Ansatzes zu ihrer je eigenen Arbeitsweise finden.

Während sich die Entwicklung der klientenzentrierten Richtung zu Anfang in starkem Maße aus wissenschaftlichen Forschungsergebnissen speiste, entfernte sich Rogers in seiner späteren Arbeit vom Umfeld der akademischen Psychologie, was dazu führte, dass der personzentrierte Ansatz in der Forschung weniger Beachtung fand. Gemeint sind hier die 1960er- und 1970er-Jahre, die Hoch-Zeit der Encountergruppen. Deshalb denken viele, wenn sie den Begriff personzentrierte Psychologie hören, eher an jene Zeit als an die frühere, stärker akademisch geprägte Phase, die nach wie vor das eigentliche Fundament der Theorie bildet (Rogers, 1957, 1959). Wir sehen die personzentrierte Theorie als eine Theorie der menschlichen Natur, die über die Jahrzehnte hinweg die gleiche geblieben ist, während sie in immer neuen Kontexten Anwendung fand, was nach unserer Meinung für die bleibende Tragfähigkeit ihrer zentralen Aussagen spricht. Sowohl die frühe klientenzentrierte Bewegung, die in ein wissenschaftliches Milieu eingebettet war, als auch die späteren Traditionslinien des personzentrierten Ansatzes und der Encountergruppen können auf ihre je eigene Weise Gültigkeit beanspruchen, und wir können von diesen Strömungen vieles lernen.

Unterdessen fand aber in der akademischen Psychologie der 1970er-Jahre die kognitive Verhaltenstherapie zunehmend Anerkennung und zog das Interesse klinischer Forscher auf sich. Während Vertreter des personzentrierten Ansatzes ihre Aufmerksamkeit dem erfahrungsbasierten Lernen und neuen Lebensformen zuwandten, setzten an Universitäten tätige Psychologen ihre empirischen Forschungsergebnisse in die neuen Methoden der kognitiven Verhaltenstherapie um. Diese eignen sich gut zur »Manualisierung« und für ein Vorgehen nach dem »naturwissenschaftlichen Modell«; sie lassen sich leicht in eine Art »Rezeptsammlung« für die therapeutische Praxis überführen, also in eine Vorgehensweise, die gut mit den wissenschaftlichen Gütesiegeln der Objektivität und Replizierbarkeit zu vereinbaren ist. Dreh- und Angelpunkt der klientenzentrierten Therapie ist dagegen die therapeutische Beziehung. Weil die Kriterien der Objektivierung und systematischen Replikation auf die Entwicklung einer therapeutischen Beziehung bei Weitem nicht so leicht anzuwenden sind wie auf verhaltenstherapeutische Techniken, tat sich die Psychotherapieforschung jener Zeit mit der klientenzentrierten Therapie erheblich schwerer. Dies führte dazu, dass wissenschaftlich tätige Psychologen sich stärker für die kognitive Verhaltenstherapie und entsprechend weniger für die schwierigere Aufgabe der Erforschung der klientenzentrierten Therapie interessierten. Die Konsequenzen waren offenkundig: Da die kognitive Verhaltenstherapie sich vergleichsweise einfach experimentell überprüfen ließ, blühte die Forschung in diesem Bereich auf, während die wissenschaftliche Untersuchung der klientenzentrierten Therapie ins Hintertreffen geriet. Es ist aber wichtig, sich klarzumachen, dass der daraus resultierende Mangel an empirischen Belegen nicht notwendigerweise bedeutet, dass die klientenzentrierte Therapie unwirksam ist. Dieses Defizit zeigt lediglich, dass die klientenzentrierte Therapie nicht im selben Maße einer empirischen Überprüfung unterzogen wurde wie die kognitive Verhaltenstherapie. Als man vor einigen Jahren in einer Studie die zwei Ansätze systematisch verglich, waren keine Unterschiede in der Wirksamkeit festzustellen (King et al., 2000). Folge der beschriebenen Entwicklung war jedoch, dass der personzentrierte Ansatz in der Forschungsliteratur immer weniger Beachtung fand, bis er in den 1980er- und 1990er-Jahren vielen schließlich nur noch als historische Fußnote in der Entwicklung der Psychologie erschien.

Der personzentrierte Ansatz wurde also in letzter Zeit weniger intensiv beforscht als einige andere Behandlungsmethoden und insbesondere die kognitive Verhaltenstherapie (Bozarth & Brodley, 1984). Die Wahrscheinlichkeit, dass man ihn für Klienten als Behandlungsmethode der Wahl in Erwägung zieht, ist geringer als noch vor einigen Jahrzehnten (siehe auch Bohart, O'Hara & Leitner, 1998). Hinzu kam, dass viele, die dem personzentrierten Ansatz zuneigten, an einer empirischen Überprüfung seiner Wirksamkeit nicht nur wenig Interesse hatten, sondern sie auch für unangebracht hielten und stattdessen phänomenologischen Methoden den Vorzug gaben. In den letzten Jahren haben qualitative Methoden in der Wissenschaft mehr Anerkennung erfahren und werden nun auf eine Stufe mit den quantitativen Methoden gestellt, doch das war nicht immer so. Über den Wert beider Herangehensweisen wurde viele Jahre lang heftig gestritten; in der Psychologie galten qualitative Methoden den quantitativen lange Zeit nicht als gleichwertig. Humanistische Psychologen betonten die Einzigartigkeit des individuellen Erlebens. Die phänomenologischen Methoden, deren sie sich bedienten, wurden von akademischen Psychologen und von Psychiatern oft als unwissenschaftlich abgetan und nicht ernstgenommen (siehe DeCarvalho, 1991). Dies alles trug dazu bei, dass die humanistische Psychologie an Einfluss verlor.

Dennoch erfreut sie sich in Beratung und Psychotherapie weiterhin großer Beliebtheit (siehe Joseph & Worsley, 2005a; Kirschenbaum, 2004; Mearns & Thorne, 1999, 2000; Thorne & Lambers, 1998). Heute können wir erkennen, dass die Bewegung der Positiven Psychologie (Seligman & Csikszentmihalyi, 2000), die großen Wert auf eine wissenschaftliche Fundierung der Praxis legt, und die Positive Therapie ihre Wurzeln in der personzentrierten Persönlichkeitstheorie von Carl Rogers und insbesondere in seinem Entwurf einer klientenzentrierten Therapie haben.

Die personzentrierte Persönlichkeitstheorie

Wir haben die klientenzentrierte Therapie bereits kurz gestreift. Wichtig ist hier, klar zu unterscheiden zwischen der Therapie (der klientenzentrierten Therapie) und der Theorie, auf der sie basiert (der personzentrierten Persönlichkeitstheorie). Wir wollen nun die personzentrierte Persönlichkeitstheorie und einige ihrer zentralen Gedanken eingehender beschreiben.

Das erste und wichtigste Konzept ist das bereits genannte der Aktualisierungstendenz, also die Vorstellung, dass es im Menschen eine alleinige motivationale Kraft gibt, die auf konstruktive Weiterentwicklung zielt. Wie bereits erwähnt, ist gegen die Theorie von Rogers häufig der Einwand zu hören, sie sei allzu optimistisch: Warum handeln Menschen oft derart destruktiv, wenn sie doch angeblich von konstruktiven Impulsen beseelt sind? Die Theorie erklärt dies damit, dass die Aktualisierungstendenz zwar die zentrale treibende Kraft ist, aber von den sogenannten Bewertungsbedingungen durchkreuzt und überlagert wird, mit denen sich das Individuum konfrontiert sieht.

Bewertungsbedingungen

Laut Rogers (1959) existiert eine universelle motivationale Kraft, die auf inneres Wachstum und Weiterentwicklung drängt, von unserem sozialen Umfeld aber weitgehend blockiert wird. Weil das soziale Umfeld durch *bedingte Wertschätzung* gekennzeichnet ist, wird der organismische Bewertungsprozess verfälscht. Nehmen wir als Beispiel für eine Situation, in der Wertschätzung als an Bedingungen geknüpft erlebt wird, ein Mädchen, das die Haltung seiner Eltern ihm gegenüber so interpretiert, dass es in der Schule gut sein müsse, um von ihnen geliebt zu werden. Das bedeutet nicht, dass die Eltern ihm Böses wollen. Vielleicht sorgen sie sich einfach nur um seine Zukunft und wollen, dass es in der Schule gute Noten bekommt, weil sie wissen, dass ihm dann später im Leben mehr Optionen offenstehen werden. Bei dem Kind, das sich danach sehnt, geliebt zu werden, kommt aber die Botschaft an, dass die Eltern es nur lieben, wenn es gut in der Schule ist. Im Extremfall lebt es in Angst vor dem nächsten Schulzeugnis, weil es weiß, dass die Eltern mit ihm schimpfen werden, wenn sie mit seinen Noten nicht zufrieden sind. Es verinnerlicht die Vorstellung, dass man nur geliebt wird, wenn man im Leben Erfolg hat. Dies bezeichnen wir als die *Bewertungsbedingung*, an der das Mädchen sich ausrichtet. Es lernt, sich nur in dem Maße wertzuschätzen, wie es in der Schule und später im Beruf gute Leistungen erbringt. Wenn es erwachsen ist, sind die Eltern vielleicht schon längst gestorben, sodass die Tochter sich nicht mehr bemühen muss, sie zufriedenzustellen. Der Erfolgsdruck ist aber so tief in ihrer Psyche verankert, das sie ihn als Teil ihrer selbst akzeptiert. Die motivationale Kraft der Selbstaktualisierung ist blockiert und überlagert worden, weil das Streben, im Berufsleben voranzukommen, ganz im Vordergrund steht. Anstatt auf ihre innere Stimme zu hören, richtet sich die Frau sozusagen noch immer nach der Stimme der Eltern, die sie als Kind verinnerlicht hat. Wie dieses Beispiel veranschaulicht, wirken Bewertungsbedingungen oft im Verborgenen. Ihre Unmerklichkeit macht sie umso folgenreicher. Wenn uns gar nicht erst bewusst wird, an welchen Bewertungsbedingungen wir uns ausrichten, ist ihr Einfluss viel subtiler und dauerhafter, als es nach außen hin den Anschein haben mag.

Im Zentrum der Theorie steht die Annahme, dass wir ein Bedürfnis nach positiver Wertschätzung haben, und versuchen, sie von unserem sozialen Umfeld zu erhalten. Falls wir die Wertschätzung nur unter bestimmten Bedingungen bekommen können, werden wir uns dennoch um sie bemühen. Die meisten von uns wachsen mit einer Mischung aus bedingter und unbedingter Wertschätzung auf. Wir sehen uns mit verschiedenen Bewertungsbedingungen konfrontiert, die Eltern, andere wichtige Bezugspersonen wie Lehrer oder auch das Fernsehen und andere Medien vorgeben. Wir entnehmen ihnen Botschaften darüber, was im Leben wichtig ist und was wir tun müssen, um uns die Wertschätzung durch andere Menschen zu sichern. Wir introjizieren diese Bewertungsbedingungen und richten uns in unserem Streben nach Selbstaktualisierung in mehr oder weniger starkem Maße an ihnen aus. Keiner von uns kann sich diesen Maßstäben, die sein Umfeld ihm vorgibt, ganz entziehen. Bei manchen Menschen entfalten die Bewertungsbedingungen eine solche Macht, dass die Aktualisierungstendenz völlig durchkreuzt und beiseite gedrängt wird und die Selbstaktualisierung ganz den von außen auferlegten Bewertungsbedingungen folgt.

Wenn die Selbstaktualisierung sehr weit von der Aktualisierungstendenz abweicht, machen sich psychopathologische Prozesse bemerkbar. In Kapitel 1 haben wir von John berichtet, der auf den Rat seiner Eltern hin Management und Rechnungswesen studiert hatte, obwohl es ihn zum Schreiben hinzog. Er folgte der Bewertungsbedingung, dass er in der Schule gut sein musste. Obwohl er im Beruf durchaus Erfolg hatte, spürte er, dass etwas nicht stimmte. Die Arbeit machte ihm keine Freude. Als er anfing, aufmerksamer in sich hineinzuhören, wurde ihm klar, dass er sich an Wertmaßstäben orientierte, die anscheinend nicht seine eigenen, sondern die seiner Eltern waren. Jedenfalls hatte er sich als Kind bestimmte Vorstellungen darüber zu eigen gemacht, was im Leben wichtig ist. Als Erwachsener hatte er stets versucht, diesen Wertvorstellungen aus der Vergangenheit gerecht zu werden. Trotz gewisser Erfolge im Beruf war er mit seinem Leben aber wenig zufrieden, reagierte oft gereizt auf andere Menschen und war gedrückter Stimmung. Er erkannte, dass er die Dinge, die ihm wirklich wichtig waren, als Kind aufgegeben hatte, nämlich den Wunsch nach freiem, kreativem Selbstausdruck, und erinnerte sich an die Freude und Befriedigung, die ihm einst das Schreiben bereitet hatte.

Laut der Theorie verläuft also in einer Umgebung, die dem Individuum Bedingungen für eine Wertschätzung setzt, die Selbstaktualisierung nicht in die Richtung, die seiner Aktualisierungstendenz entspräche, denn das Bedürfnis nach Wertschätzung führt dazu, dass die Selbstaktualisierung sich den Bewertungsbedingungen angleicht:

> Dies ist aus unserer Sicht die grundlegende Entfremdung im Menschen. Er ist nicht er selbst; er ist seinen natürlichen organismischen Bewertungen der Erfahrung untreu. Nur um sich die *Wertschätzung* der anderen zu erhalten, verfälscht er einige wertvolle Erfahrungen und nimmt sie lediglich auf der Ebene der Bewertungen anderer wahr. Jedoch ist dies keine bewusste Entscheidung, sondern eine natürliche, ja tragische Entwicklung während der Kindheit.
>
> (Rogers, 1959, S. 226; dt. 2009, S. 61 f.)

Ist das soziale Umfeld eines Kindes dagegen von *bedingungsloser Wertschätzung* bestimmt, dann lernt es – so die personzentrierte Theorie –, dass andere Menschen es stets ohne Wenn und Aber wertschätzen werden. Anstatt auf andere zu hören, um herauszufinden, was es tun muss, damit es von ihnen geliebt wird, lernt es in sich selbst hineinzuhören. In einem solchen Fall können wir sagen, dass Selbstaktualisierung und Aktualisierungstendenz ineinandergreifen und übereinstimmen (siehe Rogers, 1963 a, S. 20; dt. 1978, S. 276; dazu auch Ford, 1991).

Die meisten von uns erfahren in ihrer Kindheit aber selten unbedingte Wertschätzung und zum größten Teil nur bedingte Wertschätzung. John lernt, dass er sich seinen Eltern zuliebe in der Schule anstrengen sollte, weil er andernfalls ihre Wertschätzung verliert. Ihm muss dabei nicht bewusst werden, warum er so fleißig ist. Er hat die Wertvorstellungen seiner Eltern als Introjekt aufgenommen und ist deshalb nur mit sich zufrieden, wenn er Erfolge vorweisen kann.

Jeder von uns versucht im Streben nach Wertschätzung den für ihn

spezifischen Bewertungsbedingungen gerecht zu werden und beispielsweise hart zu arbeiten, es anderen recht zu machen oder stark zu sein.
Wenn zum Beispiel Eltern auf das Schreien ihres Babys mit Liebes-
entzug reagieren, interpretiert es das als: »Ich darf nicht schreien, sonst
werde ich nicht geliebt.« Kurz gesagt sind Bewertungsbedingungen, wie
Rogers sie beschreibt, die Botschaften anderer Menschen und der Gesellschaft, die wir uns einverleiben und an denen wir ablesen, wie wir
uns am besten verhalten sollen, um akzeptiert und gemocht zu werden
(siehe Tabelle 3.1). Infolgedessen lernen wir, bestimmte Erfahrungen
zu verzerren und zu verleugnen, damit sie in unser Selbstbild hinein-
passen, und schlagen in der Selbstaktualisierung einen Weg ein, der
nicht unserer Akualisierungstendenz, sondern unseren Bewertungsbedingungen entspricht.

Wenn wir uns klarmachen, an welchen Bewertungsbedingungen
wir uns orientieren, erweitert das unseren Handlungsspielraum. Eine
einfache Übung dazu finden Sie in Kasten 3.1. Sie ist natürlich je nach
Klient zu modifizieren, unter anderem, weil nicht jeder mit Vater und
Mutter aufgewachsen ist. Man kann die Übung auch als Teil eines
Gruppentrainings einsetzen und die Teilnehmer in kleinen Gruppen
arbeiten lassen, in denen sie miteinander über ihre Bewertungsbedingungen und ihre davon geprägten Erfahrungen sprechen.

Das Entscheidende bei der Übung ist, dass der jeweilige Klient an
die zentralen Bezugspersonen seiner Kindheit denkt, damit er an die
eigenen tief verwurzelten Vorstellungen davon, was im Leben wichtig
ist, herankommen kann. Dies ist das Thema, um das es hier geht:
Welchen Einfluss haben frühe Erfahrungen mit Bezugspersonen darauf, wie wir heute sind? Weil die Übung manchmal einen äußerst
aufwühlenden Effekt hat, müssen Therapeuten sie mit Bedacht einsetzen.

Tabelle 3.1: Beispiele für Bewertungsbedingungen

- erfolgreich sein
- es anderen recht machen
- Gefühle für sich behalten
- sich Autoritäten unterordnen
- nicht wütend werden
- dankbar für das sein, was man hat
- keinen unnötigen Wirbel machen

Kasten 3.1:   Die eigenen Bewertungsbedingungen erkunden

Zunächst ist es notwendig, dass Sie in einen entspannten Zustand finden.

Dann schließen Sie die Augen und stellen sich vor, wie Sie in das Haus Ihrer Kindheit zurückkehren. Stellen Sie sich vor, wie Sie vor der Eingangstür stehen. Gehen Sie jetzt hinein; stellen Sie sich Ihren Vater vor, wie er dasteht, wie er sich zu Ihnen hindreht und zu Ihnen sagt: »Ganz gleich, was du im Leben tust – du musst immer …« Vervollständigen Sie nun den Satz: Du musst immer … was? Überlegen Sie nicht zu viel und registrieren Sie einfach nur, was Ihnen sogleich in den Sinn kommt.

Stellen Sie sich jetzt vor, dass Sie Ihre Mutter sehen, wie sie dasteht, sich zu Ihnen hindreht und sagt: »Ganz gleich, was du im Leben tust – du musst immer …« Führen Sie den Satz fort: Du musst immer … was?

Die Übung hilft Ihnen, sich über den Einfluss klar zu werden, den Erfahrungen mit den wichtigen Menschen Ihrer Kindheit darauf haben, wie Sie heute sind. Andere Menschen vervollständigen den Satz beispielsweise wie folgt:

Du musst immer

- hart arbeiten, um das zu bekommen, was du möchtest.
- nett zu anderen sein, damit sie nicht böse auf dich sind.
- auf das hören, was andere dir zu sagen haben.
- tun, was man dir sagt.
- vor dem Essen die Hände waschen.
- beten, wenn du willst, dass Gott dich liebt.
- für das dankbar sein, was du hast.
- dein Bestes geben, selbst wenn du die Erwartungen nicht ganz erfüllen kannst.
- anständig sein.
- zurückschlagen und darfst dir nichts gefallen lassen.
- beherrscht sein und darfst nicht vor anderen weinen.
- stark sein.
- deine Eltern lieben, komme, was da wolle.
- daran denken, dass ich dich lieb habe, komme, was da wolle.

Vielleicht fallen Ihnen eigene Sätze ein, die für Sie passen. Vielleicht sind sie einigen in der obigen Liste ähnlich, vielleicht aber auch ganz anders. Viele sind erstaunt, was diese Übung bei ihnen ans Licht bringt. Sie kann eine sehr wirkungsvolle Hilfe dabei sein, sich klar zu werden, von welchen Bedingungen man den eigenen Wert abhängig macht.

Das Konzept der Bewertungsbedingungen mag zwar intuitiv einleuchten, doch ist es auch empirisch belegbar? Die Antwort ist Ja. In Studien mit Jugendlichen stellte man Zusammenhänge fest, die der Theorie von Rogers entsprechen: Jugendliche, bei denen die erlebte Wertschätzung in starkem Maße an Bedingungen geknüpft war, legten Verhaltensweisen an den Tag, die weniger authentisch waren als die von Altergenossen und auf ein »falsches Selbst« schließen ließen (Harter, Marold, Whitesell & Cobbs, 1996); sie fühlten sich unglücklicher und hegten mehr Groll gegen ihre Eltern (Asso, Roth & Deci, 2004). Wie wir sehen werden, gibt es darüber hinaus in der Positiven Psychologie eine Fülle von Studien, die zwar eine andere Begrifflichkeit als die personzentrierte Persönlichkeitstheorie verwenden, aber die Grundidee stützen, dass wir Werthaltungen anderer Menschen verinnerlichen und dass unser Wohlbefinden in starkem Maße davon abhängt, wie tief einerseits dieser Verinnerlichungsprozess reicht und inwieweit wir andererseits in autonomer und authentischer Weise den eigenen Wertvorstellungen und Interessen folgen.

Die voll entwickelte Persönlichkeit
Wie wir gesehen haben, entstehen psychische Fehlanpassungen laut Rogers (1959) dadurch, dass wir Bewertungsbedingungen verinnerlichen. Dagegen verläuft in einem sozialen Umfeld, das von unbedingter Wertschätzung bestimmt ist, die Selbstaktualisierung eines Individuums in einer Richtung, die mit seiner Aktualisierungstendenz im Einklang steht, sodass es zu einem Menschen werden kann, den Rogers als voll entwickelte Persönlichkeit bezeichnet:

Es wird deutlich geworden sein, dass der Begriff *fully functioning person* gleichbedeutend ist mit optimaler psychischer Ausgeglichenheit, optimaler psychischer Reife, völliger Kongruenz, völliger Offenheit gegenüber Erfahrung […].

Weil einige dieser Begriffe möglicherweise statisch anmuten, so als hätte eine Person »diesen Zustand erreicht«, soll hervorgehoben werden, dass alle diese Charakteristika einer Person *Prozess*merkmale sind. Die *fully functioning person* wäre eine Person-im-Prozess, eine sich ständig verändernde Person.

(Rogers, 1959, S. 235; dt. 2009, S. 72) (siehe auch Rogers, 1963 b)

Eine voll entwickelte Person betrachtet alle Aspekte ihrer selbst, also ihre Stärken wie auch ihre Schwächen, mit Akzeptanz und Wertschätzung, ist in der Lage, sich ganz und gar auf die Gegenwart einzulassen, erfährt das Leben als einen offenen, sinnerfüllten Prozess, strebt Authentizität in sich selbst, in anderen und in gesellschaftlichen Organisationen an, legt Wert auf vertrauensvolle zwischenmenschliche Beziehungen, zeigt Mitgefühl gegenüber anderen und ist fähig, ihr Mitgefühl anzunehmen, und erkennt an, dass Veränderung notwendig und unausweichlich ist (siehe Tabelle 3.2, nach Merry, 1999, S. 40).

Die voll entwickelte Persönlichkeit ist allerdings eine Idealvorstellung. Die Selbstaktualisierung eines jeden Menschen verläuft mehr oder

Tabelle 3.2: Merkmale der voll entwickelten Persönlichkeit

- Ist offen für Erfahrungen.
- Wehrt das, was sie erlebt, nicht ab.
- Ist in der Lage, Erfahrungen zutreffend zu interpretieren.
- Hat kein statisches, sondern ein flexibles Selbstkonzept, das für Veränderungen durch Erfahrung offen ist.
- Vertraut auf den eigenen Erfahrungsprozess und entwickelt Wertvorstellungen im Einklang mit ihm.
- Ist nicht abhängig von Bewertungsbedingungen und erlebt unbedingte Selbstwertschätzung.
- Ist fähig, offen auf neue Erfahrungen zu reagieren.
- Lässt sich vom eigenen Bewertungsprozess leiten, indem sie aller ihrer Erfahrungen vollständig gewahr ist, ohne das Bedürfnis zu verspüren, irgendetwas davon zu verleugnen oder verzerrt wahrzunehmen.
- Ist offen für Rückmeldungen aus ihrem Umfeld und nimmt anhand dieses Feedbacks realitätsgerechte Veränderungen vor.
- Lebt in Harmonie mit anderen und erfährt die Bereicherung, die aus der wechselseitigen Wertschätzung erwächst.

weniger inkongruent mit seiner Aktualisierungstendenz. Bei manchen beschränkt sich die Abweichung auf ein Minimum, bei anderen ist sie massiver ausgeprägt. Je mehr wir darum ringen müssen, unsere innere Stimme zu vernehmen, desto mehr trifft auf uns die Aussage zu, dass wir in einem Zustand der Inkongruenz leben. Nach diesem Denkmodell sind die verschiedenen psychologischen Probleme, unter denen wir leiden, jeweils Ausdruck der Verinnerlichung von Wertbedingungen.

Die Theorie besagt im Wesentlichen, dass wir alle tief in unserem Inneren eine Weisheit besitzen, aus der wir ableiten können, wie wir unser Leben am besten gestalten sollten. Der Weg, den wir in unserem Leben am besten gehen sollten, sieht für jeden Menschen anders aus und hängt von den ihn kennzeichnenden Merkmalen, Stärken und Interessen ab. Leider sind nur wenige von uns jemals genau auf dem für sie richtigen Pfad unterwegs. Wir alle kennen Menschen, die sicherlich ein hervorragender Lehrer, ein verständnisvoller Arzt, ein geschickter Tischler oder ein begnadeter Künstler wären, aber aus irgendeinem Grund nie den entsprechenden Weg eingeschlagen haben. Der potenzielle hervorragende Lehrer arbeitet als Verkaufsleiter, der verständnisvolle Arzt als Beamter, der Tischler als Journalist und der begnadete Künstler in der Marketing- und Werbebranche. Sie sind vielleicht auch gut in ihrem Beruf, haben aber dennoch das Gefühl: Was ich da tue, das bin einfach nicht ich selbst. Das kommt natürlich nicht nur im Berufsleben vor, sondern in unserer Kultur ist es der Normalfall, dass wir unser Potenzial und unsere Begabungen nicht wirklich entfalten können.

Die meisten von uns verwirklichen also nur einen Bruchteil von dem, was in ihnen steckt. Wir entwickeln in Kindheit und Jugend ein Bild von uns selbst, das wir der Welt präsentieren. Wir setzen psychische Abwehrmanöver ein, um die Wahrheit über dieses Selbstbild von uns fernzuhalten. Wir verschließen lieber die Augen vor Hinweisen darauf, dass wir nicht so klug, attraktiv, geistreich, gutaussehend oder beliebt sind, wie wir uns gerne sehen würden. Aus diesem Grund lernen wir uns selbst gar nicht richtig kennen. Wir scheuen davor zurück, uns ein präziseres Bild von uns selbst zu machen, weil der Schmerz, den die Selbsterkenntnis verursacht, zu groß ist. In einem bedingungslos akzeptierenden Umfeld aber, in dem wir uns als wertgeschätzt erleben, können wir beginnen, unser Abwehrverhalten aufzugeben und uns der Wahrheit über uns selbst zu stellen. Dies ist die Kernidee der klientenzentrierten Therapie (KZT), auf das wir im nächsten Kapitel zurückkommen werden.

Der organismische Bewertungsprozess

Der Mainstream der Psychologie begegnet dem Konzept der Aktualisierungstendenz, das eine Hauptsäule der personzentrierten Psychologie ist (siehe Bozarth, 1998), mit einiger Skepsis (siehe Ryan, 1995). Die dominierende Psychologie ist, wie wir in Kapitel 2 gesehen haben, eher vom Erbe der Psychoanalyse und von der Vorstellung geprägt, dass der Mensch im Kern schlecht ist (Seligman, 2003 a).

Aus dem Konzept der Aktualisierungstendenz leitet sich, wie bereits erwähnt, die revolutionäre Schlussfolgerung ab, dass nicht sogenannte Experten, sondern wir selbst am besten wissen, welchen Weg wir in unserem Leben am besten einschlagen sollen (Joseph, 2003 a). Die Aufgabe des Therapeuten besteht somit darin, dem Klienten zu helfen, nicht auf den Therapeuten, sondern auf die eigene innere Stimme der Weisheit zu hören.

Rogers (1964) verwendete bei seinen Überlegungen zur inneren Stimme der Weisheit den Ausdruck *organismischer Bewertungsprozess.* Der Begriff meint eine angeborene Fähigkeit des Menschen, zu wissen, was für ihn von Bedeutung und für ein erfülltes Leben notwendig ist. Laut Rogers können wir darauf bauen, dass menschliche Organismen anhand der in ihnen ablaufenden physiologischen Vorgänge erkennen, was sie von ihrer Umwelt benötigen und was für die Selbstaktualisierung der in ihnen angelegten Potenziale das Richtige ist. Maslow sah das ähnlich:

Sie hören auf ihre innere Stimme; sie übernehmen Verantwortung; sie sind aufrichtig; und sie arbeiten hart. Sie finden heraus, wer sie sind und was sie sind, nicht nur im Hinblick auf die Aufgabe, die sie im Leben zu erfüllen haben, sondern auch in Aspekten wie dem, auf welche Weise ihnen die Füße wehtun, wenn sie dieses oder jenes Paar Schuhe tragen, oder dem, ob sie Auberginen mögen oder nicht. ... All dies sind Facetten dessen, was mit dem wahren Selbst gemeint ist.

(Maslow, 1993, S. 49)

Maslow berichtet, wie er seine Studenten dazu anhält, ihrer inneren Stimme auf die Spur zu kommen:

> Ich schlage meinen Studenten manchmal vor, anders vorzugehen als gewohnt, wenn man ihnen ein Glas Wein anbietet und sie fragt, wie er ihnen denn schmecke. Erstens lege ich ihnen nahe, nicht auf das Flaschenetikett zu schauen. Sie werden es dann *nicht* als Anhaltspunkt dafür nutzen, ob von ihnen *erwartet* wird, dass sie den Wein mögen oder nicht. Als Nächstes empfehle ich ihnen, wenn möglich die Augen zu schließen und »still zu werden«. Das versetzt sie in die Lage, nach innen zu schauen und zu versuchen, den Lärm der Welt auszublenden, damit sie den Geschmack des Weins auf der Zunge wirklich kosten und die Aufmerksamkeit ganz auf das »Oberste Gericht« in ihrem Inneren richten können.
>
> (Maslow, 1993, S. 44 f.)

Dies ist eine Übung, die jeder von uns im Alltag ausprobieren kann. Erstrebenswert ist, dass wir diese Haltung auf andere Situationen übertragen und uns in unserem Leben generell an der »Obersten Instanz« in uns selbst orientieren. Ein gängiger Einwand gegen diese Sichtweise ist, sie sei ein Freibrief, einfach nur das zu tun, wonach einem der Sinn stehe, und führe daher zu schädlichem Verhalten. Kritik dieser Art äußern grundsätzlich nur Zeitgenossen, die von der Vorannahme ausgehen, das Wesen des Menschen sei destruktiv. Aus ihrer Sicht würde deshalb zwangsläufig das Chaos ausbrechen, wenn Menschen die Freiheit haben, zu tun, was sie wirklich wollen.

Doch natürlich ist eine Beliebigkeit dieser Art nicht gemeint. Das Verhalten von Menschen muss immer sozialen Rahmenbedingungen unterliegen, um Schaden abzuwenden. Die Vorstellung aber, dass Menschen die Möglichkeit haben sollen, ihrer inneren Weisheit zu folgen, geht von der Voraussetzung aus, dass sie sich nicht destruktiv, sondern konstruktiv verhalten werden, wenn sie auf ihre innere Stimme hören. Laut den Theorien von Rogers und Maslow handeln Menschen, die sich im Leben von ihrer inneren Weisheit leiten lassen, selbstbestimmt, schöpferisch, autonom und hilfsbereit, haben ein zutreffendes Bild von sich selbst und anderen Menschen, sind bereit, sich in andere hineinzudenken, und offen für neue Erfahrungen. Sie befinden sich, in Rogers' Terminologie, auf einem Weg, der zur voll entwickelten Persönlichkeit führt. Maslow verwendet dafür den Begriff der Selbstverwirklichung.

Der personzentrierte Ansatz heute

Der Einfluss des personzentrierten Ansatzes ist in vielen Bereichen nach wie vor sehr groß. Im Gesundheitswesen, also etwa in der Beratung und in der Psychotherapie, hat er weiterhin einen hohen Stellenwert (Mearns & Thorne, 1999, 2000). In der Psychologie dagegen ist viel Kritik an ihm geübt worden. Wir möchten diese Einwände nicht einfach abtun, doch sie beruhen meistens auf einem falschen Bild von der Theorie. Dies liegt zum Teil darin, dass Rogers selbst dem universitären Milieu den Rücken kehrte und sein Einfluss auf den Mainstream der Psychologie sich aus den weiter oben diskutierten Gründen abschwächte. Der personzentrierte Ansatz kommt im Lehrplan des Faches Psychologie heute meist nur am Rand vor; in der Ausbildung von klinischen Psychologen werden die Ideen und der therapeutische Ansatz des personzentrierten Modells oft in einigen wenigen Stunden abgehandelt. Viele heutige Psychologen kommen mit den Gedanken von Rogers nur durch ein oder zwei Seiten im Abschnitt »Psychologische Denkmodelle« eines einführenden Lehrbuchs in Berührung*. Selbst wenn Rogers und sein Werk darin nicht verzerrt dargestellt sind, kann eine derart geraffte Darstellung der Tiefe und Komplexität seines Denkens kaum gerecht werden, da es in der Verkürzung allzu simpel und höchst lückenhaft wirken muss. Wenn eine ganze Generation von Psychologen über Rogers und seine Arbeit nur derart spärliche Informationen erhält, ist es wenig verwunderlich, dass die personzentrierte Theorie oft missverstanden und in ein falsches Licht gerückt wird. Zum Teil liegt dies auch daran, dass der personzentrierte Ansatz in den 1970er-Jahren sehr populär war und deshalb viele den Begriff für sich reklamierten, obwohl ihr eigenes Vorgehen oberflächlich blieb und wenig reflektiert war und von den Begründern des Ansatzes gar nicht als personzentriert betrachtet worden wäre.

---

* Dies gilt in ähnlicher Weise auch für Universitäten im deutschsprachigen Raum.

Die Vertreter dieses Ansatzes haben zwar nicht aufgehört, über seine Theorie und Praxis zu publizieren, doch der Mainstream der Psychologie nimmt davon wenig Notiz, zum einen wegen der erwähnten Halbwahrheiten, die im Umlauf sind, zum anderen, weil die betreffenden Texte eher in Büchern und Verbandsblättern als in wissenschaftlichen Zeitschriften erscheinen. In den letzten Jahren haben Praktiker und Theoretiker des personzentrierten Ansatzes zur allgemein akzeptierten psychologischen Forschungsliteratur über Theorie und evidenzbasierte Praxis nur wenige bedeutsame Beiträge geliefert und somit an einer wesentlichen Entwicklung in diesem Berufsfeld nur geringen Anteil. Es gibt natürlich einige beachtenswerte Ausnahmen, doch alles in allem bringt der Mainstream der Psychologie aus den genannten Gründen nur wenig Interesse für den personzentrierten Ansatz auf.

Wir müssen allerdings Vorsicht walten lassen, wenn wir den Mangel an empirischen Belegen zum personzentrierten Ansatz interpretieren, denn wenn es keine Belege für eine Idee gibt, heißt das ja nicht zwangsläufig, dass sie an der Wirklichkeit vorbeigeht. Vielmehr ist die Situation im Hinblick auf die personzentrierte Theorie und die klientenzentrierte Therapie so zu interpretieren, dass die betreffenden Fragestellungen einfach (noch) nicht entwickelt und die Studien (noch) nicht in Angriff genommen worden sind. Seit dem Entstehen der Positiven Psychologie beginnt sich die Situation freilich grundlegend zu ändern. Es dringt immer mehr ins allgemeine Bewusstsein, dass in der Tradition der Sozial- und Persönlichkeitspsychologie eigentlich ein riesiger Fundus von empirischen Befunden existiert, die mit dem personzentrierten Denkmodell in Einklang stehen und es stützen (Patterson & Joseph, 2007). Die zwei Bewegungen der Positiven Psychologie und der personzentrierten Psychologie nähern sich einander an. Wir werden im Weiteren erläutern, wie sich beide, insbesondere im Kontext der Positiven Therapie, dazu nutzen lassen, der jeweils anderen neue Impulse zu geben und sie weiterzuentwickeln.

Empirische Befunde der Positiven Psychologie

Nach unserer Ansicht wäre es verfehlt, die Pioniere der humanistischen Psychologie dafür zu kritisieren, sie hätten zu wenig Wissenschaft betrieben. Denn in ihren Tagen zählten sie zur Avantgarde der wissenschaftlichen Psychologie. Dies gilt insbesondere für Carl Rogers. Dennoch hat man beispielsweise bemängelt, Rogers' Sprache und Begrifflichkeit seien zu unbestimmt und vage und eigneten sich nicht für die empirische Überprüfung. Diese Einwände mögen manchen gerechtfertigt erscheinen, die seine populärwissenschaftlichen Bücher lesen, lassen sich aber sicherlich nicht gegen seine wissenschaftlichen Artikel in renommierten, von Fachkollegen begutachteten Zeitschriften anführen. Die klientenzentrierte Therapie blickt auf eine facettenreiche Forschungsgeschichte zurück. Rogers wird sogar am häufigsten als derjenige genannt, der die Disziplin der Psychotherapieforschung begründet hat. Seine auf 78-rpm-Schallplatten aufgenommenen Gespräche mit Klienten wurden transkribiert und zu Forschungszwecken veröffentlicht. Im Jahr 1948 war eine ganze Nummer des *Journal of Consulting Psychology* dieser Forschungsarbeit gewidmet (siehe Farber, Brink & Raskin, 1996). Rogers war nicht nur ein Pionier der Psychotherapieforschung, sondern stellte seine theoretischen Aussagen zu den notwendigen und hinreichenden Bedingungen für Persönlichkeitsentwicklung auch zweifellos in Form empirisch überprüfbarer Hypothesen vor (siehe Rogers, 1957, 1959). Dennoch haben viele den Eindruck, sein Ansatz verfüge über keine solide wissenschaftliche Grundlage. Dies geht zwar im Wesentlichen an der Sache vorbei (siehe Barrett-Lennard, 1998), doch leider stehen die Chancen nun einmal schlecht, dass jüngere Psychologen in dieser Hinsicht besser unterrichtet sind. Wir begrüßen es daher sehr, dass die Positive Psychologie begonnen hat, einen Fundus an empirischen Forschungsdaten aufzubauen, die sich mit den Annahmen des personzentrierten Ansatzes gut vereinbaren lassen.

Die Positive Psychologie ist heute in der Lage, die Vorstellungen früher Theoretiker wie Maslow und Rogers mittels der Forschungsmethoden der derzeit dominierenden Psychologie zu untersuchen (siehe Sheldon & Kasser, 2001). Vor 40 Jahren, als der Einfluss des humanistischen Ansatzes innerhalb der Psychologie größer war als in unseren Tagen und ihre Ideen weite Verbreitung fanden, waren die methodischen und statistischen Werkzeuge noch nicht so ausgereift, dass man die Theorien von Rogers und Maslow umfassend hätte überprüfen können. Das Spektrum der Forschungsmethodik war damals noch recht begrenzt, und mit den damals noch primitiven Untersuchungstechniken ließen sich die Ideen der Verhaltenstherapie weit besser testen.

Heute haben wir hoch entwickelte Rechner zur Verfügung, mit denen sich statistische Analysen, die früher Jahre in Anspruch genommen hätten, innerhalb von Sekunden durchführen lassen, und können anhand komplexer multivariater Modelle simultan die summativen und interaktiven Effekte vieler verschiedener Variablen untersuchen. Der organismische Bewertungsprozess ist ein Konstrukt, das für die psychologische Praxis revolutionäre Konsequenzen hat, sich aber der wissenschaftlichen Überprüfung bislang weitgehend entzog. Das Konzept nimmt in den Theorien humanistischer Autoren wie Rogers und Maslow eine zentrale Stellung ein, hat in der empirischen Forschung aber bis vor Kurzem kaum Beachtung gefunden (siehe Sheldon, Arndt & Houser-Marko, 2003 a; wir werden auf diesen Punkt später noch näher eingehen).

Genau genommen ist es im Übrigen auch gar nicht so, dass der personzentrierte Ansatz empirisch noch wenig erforscht ist. Zum einen gibt es, wenn auch in begrenztem Maße, neuere Untersuchungen, die sich explizit mit personzentrierter Theorie und Praxis befassen, zum anderen haben Sozialpsychologen die ganzen Jahre über zu verwandten Themen geforscht. Das heißt, bestimmte Aspekte der personzentrierten Theorie sind innerhalb der dominierenden Psychologie von Vertretern anderer Theorien weiterverfolgt worden. Sie teilen die Grundannahme der personzentrierten Theorie, dass im Menschen eine angeborene Aktualisierungstendenz wirksam ist, die von seinem Umfeld entweder unterdrückt oder gefördert werden kann, und haben ausgehend von dieser zentralen Idee eine Forschungstradition aufgebaut.

Obwohl also die Anhänger der personzentrierten Theorie beim Sammeln empirischer Belege keinen so großen Eifer an den Tag gelegt haben wie Vertreter anderer Therapierichtungen, kann man nicht sagen, dass es dem personzentrierten Ansatz an Unterstützung durch die Forschung mangele. Vielmehr existiert eine Fülle von Befunden, die für die personzentrierte Theorie sprechen, doch sie sind weniger in den Fachzeitschriften der Beratungs- und klinischen Psychologen, sondern eher in denen der Sozial- und Persönlichkeitspsychologen zu finden. Zu nennen ist hier insbesondere die Forschung zur Selbstbestimmungstheorie, die seit einigen Jahren eines der einflussreichsten Denkmodelle innerhalb der dominierenden Psychologie ist, bemerkenswerte Parallelen zur personzentrierten Theorie aufweist und außerdem durch zahlreiche Studien untermauert wird (Patterson & Joseph, 2007).

Affinitäten zwischen Positiver Psychologie und dem personzentrierten Ansatz

Selbstbestimmungstheorie

Die Selbstbestimmungstheorie der Motivation (Deci & Ryan, 1985, 1991, 2000; Ryan & Deci, 2000) eröffnet eine ähnliche metatheoretische Perspektive wie die personzentrierte Persönlichkeitstheorie und fußt auf drei Elementen:

> Erstens sind Menschen von Natur aus proaktiv, das heißt, sie haben die Möglichkeit, sowohl die inneren Kräfte (nämlich ihre Triebe und Emotionen) als auch die äußeren (also in ihrer Umwelt vorhandenen) Faktoren, mit denen sie zu tun haben, zu beeinflussen und zu meistern, anstatt ihnen passiv ausgeliefert zu sein …
>
> Zweitens wirkt in Menschen, da sie sich selbst organisierende Systeme sind, eine inhärente Tendenz hin zu Wachstum, Weiterentwicklung und der Integration von Funktionen …
>
> Die dritte in diesem Zusammenhang wichtige philosophische Annahme ist, dass Aktivität und Optimierung der Entwicklung dem menschlichen Organismus zwar inhärent sind, sich aber nicht automatisch einstellen. Menschen sind, um ihre inhärenten Merkmale und Potenziale verwirklichen zu können – das heißt in optimaler Weise aktiv sein und sich entfalten zu können –, auf nährende Faktoren [nutrients] aus ihrem sozialen Umfeld angewiesen. Je mehr ihnen eine chaotische, reglementierende oder abweisende Umwelt die erforderliche Hilfe und Förderung verwehrt, desto negativer sind die Auswirkungen auf ihre Aktivität und ihre Entwicklung.
>
> (Deci & Vansteenkiste, 2004, S. 23 f.)

Vertreter der Selbstbestimmungstheorie beziehen sich zwar eher auf Harlow (1953) und White (1959) als auf Rogers (1959), doch stimmen die hier genannten metatheoretischen Elemente mit den Grundideen der personzentrierten Theorie überein, die wir im vorangegangenen Kapitel erörtert haben. Auf der metatheoretischen Ebene sind Selbstbestimmungstheorie und personzentrierte Theorie also deckungsgleich (Patterson & Joseph, 2007). Wie weit die Übereinstimmung zwischen diesen zwei Traditionen des psychologischen Denkens reicht, ist höchst bemerkenswert.

In der gegenwärtigen Psychologie herrscht indes eine Sichtweise vor, die im Gegensatz zu den genannten drei Elementen steht: Man begreift den Therapeuten als die Person, die den Kurs vorzugeben hat, und geht implizit davon aus, dass die Motivation zur Weiterentwicklung von außen an den Klienten herangetragen werden muss. Wie wir in diesem Buch und auch andernorts (Linley & Joseph, 2004c) immer wieder betont haben, hegen wir die Hoffnung, dass die genannten metatheoretischen Elemente als Fundament für die Positive Psychologie und schließlich auch für die Psychologie als Ganze dienen können. Deci und Vansteenkiste (2004) äußern eine ähnliche Erwartung:

> Forscher auf dem Gebiet der Positiven Psychologie arbeiten zwar daran, Faktoren ausfindig zu machen, die Menschen in ihren Fähigkeiten, ihrer Entwicklung und ihrem Wohlbefinden fördern, doch nur wenige ... machen sich diese entscheidende metatheoretische Annahme zu eigen, um sich eine Ausgangsbasis für ihre Forschungsanstrengungen zu schaffen oder ihre theoretische Perspektive weiter auszuarbeiten.
> (Deci & Vansteenkiste, 2004, S. 24)

Es ist jedenfalls nicht zu übersehen, dass die heutige sozialpsychologische Theorie und Forschung eine Fülle von Hinweisen liefert, welche die personzentrierte Theorie, das Konzept der intrinsischen Motivation und den Zusammenhang zwischen sozialem Umfeld und Selbstaktualisierung zu stützen vermögen.

Empirische Belege
Unter Vertretern der Positiven Psychologie wie Deci und Vansteenkiste (2004) und Ryan (1995) besteht Einigkeit darüber, dass das soziale Umfeld eines Menschen den organismischen Bewertungsprozess entweder unterstützt oder untergräbt. Während Rogers den Akzent auf das universelle Bedürfnis des Menschen nach unbedingter Wertschätzung durch das soziale Umfeld legt, geht die Selbstbestimmungstheorie von drei psychologischen Grundbedürfnissen – nach Autonomie, Kompetenz und sozialer Eingebundenheit – aus und postuliert, dass die Erfüllung dieser Bedürfnisse für das innere Wachstum eines Menschen unerlässlich ist. Autonomie bedeutet, dass wir aus freiem Willen handeln und Entscheidungen treffen. Mit Kompetenz ist gemeint, dass wir das

eigene Handeln in der Interaktion mit unserer Umwelt als wirksam erleben. Soziale Eingebundenheit bezieht sich auf das Bedürfnis, mit anderen in Kontakt zu sein.

Diese Bedürfnisse werden, ähnlich wie das nach unbedingter Wertschätzung, nicht als erlernt aufgefasst, sondern als dem menschlichen Wesen inhärente Aspekte, die unabhängig von Geschlecht, historischer Epoche und Kultur wirksam sind (Chirkov, Ryan, Kim & Kaplan, 2003). Wie Deci und Vansteenkiste (2004) und Ryan (1995) betonen, müssen die nährenden Impulse, die die Bedürfnisse der Individuen nach Autonomie, Eingebundenheit und Kompetenzerleben stillen, aus ihrem sozialen Umfeld kommen. Der Mensch ist intrinsisch motiviert, soziale Umfelder aufzusuchen, die eine Befriedigung dieser Bedürfnisse ermöglichen.

Die Selbstbestimmungstheorie enthält eine Definition der nährenden Einflüsse, die das soziale Umfeld bieten muss, damit diese intrinsische Motivation zum Zug kommt. Deci und Ryan (2000) sind sich einig, dass das soziale Umfeld, wenn es die genannten Bedürfnisse nicht erfüllt, die Entwicklung des Individuums stört und sein Wohlbefinden untergräbt. Rogers spricht ganz allgemein von Bewertungsbedingungen, an die wir unser Verhalten anpassen, weil die Erfahrung uns lehrt, dass andere Menschen uns dann eher akzeptieren, und die der Aktualisierungstendenz entgegenwirken. Deci und Ryan erklären diese Vorgänge in recht ähnlicher Weise. Aus den Überschneidungen zwischen Selbstbestimmungstheorie und personzentrierter Theorie, die offenkundig recht groß sind, ergeben sich einige Fragen, die es in der künftigen Forschung und theoretischen Diskussion zu klären gilt. So geht theoretisch gesehen aus den Publikationen von Deci und Ryan nicht klar hervor, ob ein bedingungslos wertschätzendes soziales Umfeld, wie es Rogers (1957, 1959) beschreibt, den Organismus mit hinreichenden nährenden Impulsen versorgt, die eine Entwicklung hin zu Autonomie, Kompetenzerleben und Eingebundenheit ermöglichen. Wir selbst verstehen Rogers (1959) durchaus in diesem Sinne: In seiner Definition der Aktualisierungstendenz schreibt er nach unserem Eindruck dem Organismus eine intrinsische Motivation hin zu Autonomie, Kompetenz und Eingebundenheit zu.

Eine Überprüfung der bislang vorliegenden Befunde zeigt, dass Forschungsergebnisse, welche die Selbstbestimmungstheorie stützen, sich ebenso als Belege für die personzentrierte Theorie und humanistisch-psychologische Theorien im Allgemeinen werten lassen (Sheldon, Joiner, Pettit & Williams, 2003 b). Das Modell der Bedürfnisbefriedigung, das Deci und Ryan entwerfen, unterscheidet sich nicht wesentlich von dem der unbedingten Wertschätzung. So haben Deci und Ryan und ihre Kollegen zum Beispiel Selbsteinschätzungs-Fragebogen verwendet, um den Grad der Befriedigung der genannten Bedürfnisse zu erfassen. In einer Studie von La Guardia, Ryan, Couchman und Deci (2000) zum elterlichen Einfluss ist an Items zur Einschätzung der Autonomie (z. B. *Meine Mutter lässt mich meine Entscheidungen selbst treffen*), der Kompetenz (z. B. *Meine Mutter wendet Zeit und Energie dafür auf, mir zu helfen*) und der Eingebundenheit (z. B. *Meine Mutter akzeptiert und mag mich so, wie ich bin*) sehr deutlich zu erkennen, dass dieselben Items auch ebenso gut dafür konzipiert sein könnten, die umfassenderen Vorstellungen von Bedingungslosigkeit (z. B. mit dem Item *Meine Mutter lässt mich meine Entscheidungen selbst treffen*) und Wertschätzung (z. B. mit dem Item *Meine Mutter akzeptiert und mag mich so, wie ich bin*) zu analysieren. Der Unterschied zwischen bedingungsloser positiver Wertschätzung und Bedürfnisbefriedigung im Sinne der Selbstbestimmungstheorie ist deshalb vielleicht rein terminologischer Natur. Um dies zu klären, sind weitere theoretische und empirische Anstrengungen nötig.

Einer der zentralen, vielfach replizierten und auch in Metaanalysen bestätigten Befunde der Forschung auf diesem Gebiet ist, dass die Neigung von Menschen, sich auf eine sie interessierende Aktivität einzulassen, geringer ist, wenn die Verstärker für die Aktivität extrinsisch sind (also etwa in Geld bestehen; Deci, Koestner & Ryan, 1999). Wenn aber das soziale Umfeld dem Bedürfnis nach Autonomie entgegenkommt, etwa durch erweiterte Entscheidungsmöglichkeiten, ist die intrinsische Motivation stärker (Reeve, Nix & Hamm, 2003).

Intrinsische Motivation ist laut der Selbstbestimmungstheorie, ähnlich wie laut Rogers (1959), im Gegensatz zu extrinsischer Motivation notwendigerweise autonom. Ryan (1995) unterscheidet zwischen externer Regulation (man tut etwas, weil man Strafe fürchtet), introjizierter Regulation (man tut es, weil man Schuldgefühle vermeiden will), identifizierter Regulation (man tut es, dass man entsprechende Wertvorstellungen gutheißt) und integrierter Regulation (die Identifizierung ist ins Selbst integriert worden). In seiner personzentrierten Persönlichkeitstheorie betrachtet Rogers (1959) Bewertungsbedingungen unter dem Gesichtspunkt der Entwicklung des Individuums: Sie wirken zunächst im Sinne der externen Regulation auf das Kind ein, etwa wenn es etwas tut, um einer Strafe aus dem Weg zu gehen; später verinnerlicht es sie, identifiziert sich mit ihnen und integriert sie schließlich in sein Selbst. In der Psychotherapie kehrt sich, wie wir im nächsten Kapitel sehen werden, dieser Prozess um.

Es ging uns hier darum, zu zeigen, dass unser Modell einer Positiven Therapie und seine Herleitung aus der personzentrierten Persönlichkeitstheorie Teil einer breiteren Strömung innerhalb der Positiven Psychologie sind, die dieselbe metatheoretische Perspektive einnimmt. Die Forschungsbefunde hierzu sind ermutigend. Mittlerweile liegen auch einige Studien vor, die das Konzept des organismischen Bewertungsprozesses untermauern. Sheldon et al. (2003 a) untersuchten, wie Menschen ihre Vorstellungen davon änderten, für welche Ziele und Wertvorstellungen sie sich einsetzen sollten. Die Forscher gingen von der Annahme aus, dass die Existenz eines organismischen Bewertungsprozesses sich in der Tendenz einer Person äußert, Ergebnisse anzustreben, die mit Wohlbefinden einhergehen und nicht auf extrinsische, sondern auf intrinsische Ziele bezogen sind. Sie stellten fest, dass sich die Einschätzungen der Studienteilnehmer in vergleichsweise stärkerem Maße hin zu Zielen verschoben, die mit einer größeren Wahrscheinlichkeit einhergingen, dass ihr Wohlbefinden zunehmen würde.

Weitere Studien zu den langfristigen Wirkungen der Entscheidung für selbstkonkordante Ziele haben gezeigt, dass Personen, deren Ziele in höherem Maße selbstkonkordant sind (also weniger aus extrinsischen als aus intrinsischen Gründen angestrebt werden), mehr Ausdauer beim Verfolgen dieser Ziele an den Tag legen, sodass die Chancen, sie zu erreichen, besser stehen. Diese Zielerreichung ist wiederum mit einem stärkeren Erleben von Autonomie, Kompetenz und Eingebundensein verknüpft, was dann das Wohlbefinden hebt (Sheldon & Elliot, 1999). Diese empirischen Befunde legen also nahe, dass inneres Wachstum möglich ist, wenn die Person im Kontakt mit ihrem organismischen Bewertungsprozess steht. Studien mit Teenagern ergaben, dass diejenigen, deren Mütter ihnen besonders zugewandt waren und einen demokratischen Erziehungsstil pflegten, in stärkerem Maße an intrinsischen Wertvorstellungen und Zielen ausgerichtet waren (Kasser, Ryan, Zax & Sameroff, 1995; Williams, Cox, Hedberg & Deci, 2000).

Um zu klären, ob es eine organismische Bewertungstendenz wirklich gibt, ist noch viel Forschungsarbeit notwendig. Wir meinen allerdings, dass die ersten Erkundungen der Positiven Psychologie auf diesem Gebiet bereits erkennen lassen, dass der organismische Bewertungsprozess als tragende Säule der Positiven Therapie zu betrachten ist. Diese Sichtweise lässt sich mit anderen Forschungsergebnissen aus der Tradition der Positiven Psychologie sehr gut vereinbaren. Umfassend dokumentiert sind beispielsweise die förderlichen Einflüsse, die intrinsisch fundierte Zielsetzungen (Carver & Baird, 1998; Chan & Joseph, 2000; Kasser, 2004; Kasser & Ryan, 1993, 1996), intrinsische Motivation (Deci & Ryan, 1985, 1991, 2000; Ryan & Deci, 2000), intrinsisches Verlangen, die eigenen Kernstärken einzusetzen (Peterson & Seligman, 2003), und Flow-Erleben (Csikszentmihalyi, 1990, 1997) auf das Wohlbefinden ausüben. Wenn wir diese gewichtigen theoretischen und empirischen Hinweise betrachten, erkennen wir, dass zwischen der Positiven Psychologie und dem personzentrierten Ansatz eine echte Affinität besteht. Wir schließen uns der folgenden Feststellung von Sheldon und Elliot (1999) an:

> Wir sind wie Rogers (1961) der Auffassung, dass im Individuum Entwicklungstendenzen und Neigungen wirksam sind, die in einem in ihnen ablaufenden organismischen Bewertungsprozess Ausdruck finden können. Es ist unter Umständen sehr schwierig, die Stimme dieses Prozesses zu vernehmen, doch die derzeitige Forschung deutet darauf hin, dass die Fähigkeit, sie zu hören, für das Streben nach Glück von entscheidender Bedeutung ist.
>
> (Sheldon & Elliot, 1999, S. 495)

Kritik am personzentrierten Ansatz

Nach unserer Auffassung eröffnet der personzentrierte Ansatz eine Perspektive, die dem Anliegen der Positiven Psychologie voll und ganz entspricht. Doch wie kommt es dann, dass dieser Ansatz innerhalb der Psychologie an den Rand gedrängt wurde und sich in der Defensive befindet? Zu einem großen Teil liegt es daran, dass Kritiker des personzentrierten Ansatzes die Theorie einfach missverstehen. Viele Einwände erledigen sich von selbst, sobald man nicht das Zerrbild der Theorie betrachtet, das Lehrbücher oft zeichnen, sondern die Tiefe und

Komplexität der personzentrierten Persönlichkeitstheorie in angemessener Weise würdigt. Der erste, bereits genannte Einwand lautet, der personzentrierte Ansatz stelle dem Menschen einen Freibrief aus zu tun, was immer er wolle, und dies könne nur im Chaos enden. Diese Fehlinterpretation ist wenig verwunderlich, wenn man sich klarmacht, dass diejenigen, die diese Kritik äußern, in jedem Fall von einem ganz anderen Menschenbild ausgehen. Aus ihrer Sicht würde das Chaos ausbrechen, wenn der Mensch auf seine innere Stimme hören würde, anstatt sich an externen Kontrollinstanzen zu orientieren, denn sie glauben, die innere Stimme müsse aus widerstreitenden destruktiven Impulsen bestehen. Demgegenüber hebt die personzentrierte Theorie darauf ab, wie wichtig ein bedingungslos akzeptierendes, von Empathie und Echtheit bestimmtes soziales Umfeld ist. Dies bedeutet nicht, dass der Therapeut untätig bleiben soll. Der klientenzentrierte Ansatz fordert vielmehr Aktivität vom Therapeuten, denn für das Vermitteln von Akzeptanz, Empathie und Echtheit ist große Anstrengung notwendig. Wenn ein Klient sich dann akzeptiert, wertgeschätzt und verstanden fühlt, setzt inneres Wachstum in eine zwischenmenschlich gesehen konstruktive Richtung ein. Das Vernehmen der inneren Stimme ist aber, wie Sheldon und Elliot (1999) anmerken, nicht einfach und verlangt einige Erfahrung.

Vertreter der personzentrierten Theorie erkennen also durchaus an, dass persönliches Wachstum ein schwieriger Prozess ist und dass Menschen sich in destruktiver Weise verhalten können. Sie streiten keineswegs ab, dass gesellschaftliche Kontrolle notwendig ist, halten sie aber ganz einfach nicht für die Aufgabe des personzentrierten Therapeuten. Sie leugnen nicht die Grausamkeit und das Leid in der Welt, betrachten Psychotherapeuten und Berater aber nicht als Kontrollinstanzen, die für die Eindämmung destruktiver Impulse zuständig sind. Diese ist Sache der Polizei und der Justiz und möglicherweise auch von Therapeuten, die ihre Arbeit auf andere metatheoretische Annahmen als die des personzentrierten Ansatzes gründen und entweder freiwillig die Rolle von Akteuren der sozialen Kontrolle übernehmen oder unreflektiert die Aufgabe der Veränderung des Individuums mit sozialer Kontrolle vermengen – ein Punkt, auf den wir in Kapitel 8 zurückkommen werden.

Ein zweiter Einwand gegen Rogers' Ideen lautet, sein Konzept der Aktualisierungstendenz zeige, was für ein unverbesserlicher Optimist er gewesen sei. Denn wenn der Mensch einen angeborenen Sinn dafür habe, was für ihn wichtig und für ein erfülltes Leben notwendig sei, wie komme es dann, dass so viele Menschen unglücklich seien und in ihrem Leben nicht zurechtkämen? Hier liegt erneut ein Missverständnis der Konzepte von Aktualisierungstendenz und organismischem Bewertungsprozess vor, wie sie von Rogers in seiner personzentrierten Theorie und in ähnlicher Weise auch in der Selbstbestimmungstheorie vertreten werden. Wie wir später erläutern wollen, unterstellen personzentrierte Theorie und Selbstbestimmungstheorie nicht, dass Menschen immer altruistisch und konstruktiv handeln. Sie bieten vielmehr eine differenzierte Erklärung dafür an, wie Psychopathologie entsteht und warum wir uns oft destruktiv verhalten (Wilkins, 2005 a). Kurz gesagt wird die Aktualisierungstendenz blockiert und überlagert, sodass die Selbstaktualisierung eine destruktive und dysfunktionale Richtung nimmt.

Es ist durchaus nachvollziehbar, dass Anhänger anderer Therapieansätze, wenn sie die personzentrierte Theorie dahingehend missverstehen, dass unser Handeln immer von Güte und Mitgefühl motiviert sei, mit Skepsis reagieren. Angesichts der Schrecken des vergangenen Jahrhunderts und des Leids, das Menschen einander tagaus, tagein zufügen, erscheint ihnen der Gedanke schlicht als naiv, dass unsere intrinsische Motivation auf Wachstum, Entwicklung und positives und konstruktives Handeln gerichtet ist. Sie haben aber ein falsches Bild von der personzentrierten Theorie. Natürlich ist es naiv zu glauben, dass Menschen sich *immer* in positiver und konstruktiver Weise verhalten. Die personzentrierte Persönlichkeitstheorie behauptet das auch gar nicht. Sie spricht vielmehr davon, dass in unserem Inneren eine auf Wachstum und Weiterentwicklung zielende motivationale Kraft wirksam ist, die *Aktualisierungstendenz*, und dass es in uns deshalb eine *intrinsische Motivation* zu positivem und konstruktivem Handeln gibt, die unseren organismischen Bedürfnissen entspricht. Unter ungünstigen sozialen Umgebungsbedingungen wird die Aktualisierungstendenz aber von extrinsischen Kräften überlagert, sodass eine *Inkongruenz* entsteht zwischen der Richtung der Selbstaktualisierung und den organismischen Bedürfnissen, die sich in der Aktualisierungstendenz manifestieren, und Wachstum und Entwicklung einen negativen und destruktiven Verlauf nehmen, der die intrinsische Motivation zu positivem und konstruktivem Handeln hintertreibt (Ford, 1991).

Zusammenfassung

Zu Beginn dieses Kapitels haben wir gefragt, inwieweit wir Psychotherapie als Kunst begreifen können. Wenn wir davon ausgehen, dass es den organismischen Bewertungsprozess tatsächlich gibt, besteht unsere Aufgabe als Therapeuten darin, diesen Prozess zu unterstützen und dem Klienten zu helfen, auf seine innere Stimme zu hören. Wie gehen wir am besten vor, damit die innere Stimme der Weisheit für ihn vernehmbar wird? Wir sind der Überzeugung, dass sich aus dem, was die Positive Psychologie uns heute sagt, ein Bezugssystem für die Psychotherapie ableiten lässt, das sich weitgehend mit dem personzentrierten Ansatz deckt. Der entscheidende Punkt dabei ist, dass die Verantwortung dafür, welche Richtung die Therapie einschlägt, beim Klienten liegt und nicht beim Therapeuten. Wenn wir die Aufgabe des Therapeuten darin sehen, dem Klienten zu helfen, die eigene innere Stimme klarer zu vernehmen, liegt es auf der Hand, dass die Stimme des Therapeuten die Stimme des Klienten nicht übertönen darf. Das soll nicht heißen, dass der Therapeut sich völlig zurücknimmt. Er sollte im Gegenteil ein aktiver Akteur in dem Prozess sein, der dem Klienten dazu verhilft, die eigene innere Stimme klarer zu vernehmen.

In Kapitel 4 werden wir uns eingehender mit diesem Thema befassen. Zuvor möchten wir aber noch einmal betonen, welch revolutionäre Folgerungen sich aus dem personzentrierten Ansatz ergeben. Die Welt ist voll von Menschen und Organisationen, die angeblich besser als wir selbst wissen, wie wir unser Leben gestalten und was wir denken sollten. Der personzentrierte Ansatz weist derartige Ansprüche zurück und beharrt stattdessen darauf, dass jeder von uns in den Dingen, die ihn selbst angehen, der beste Experte ist. Der personzentrierte Ansatz und andere Modelle der humanistischen und Positiven Therapie unterscheiden sich durch das Vertrauen, das der Therapeut in die Aktualisierungstendenz des Klienten setzt, grundlegend von anderen therapeutischen Ansätzen. Viele Psychologen, die sich nicht im Klaren sind über die Tragweite der Idee, dass nicht der Therapeut, sondern der Klient selbst den Weg am besten kennt, haben ein falsches Bild von der klientenzentrierten Psychotherapie. Ein gängiger Einwand lautet: Wenn der Klient selbst am besten weiß, welche Richtung er einschlagen sollte, müsste er die Hilfe des Therapeuten nicht in Anspruch nehmen. Wer so argumentiert, hat nicht begriffen, was Rogers mit der Aktualisierungstendenz meint. Es ist nicht einfach, die eigene innere Stimme der Weisheit zu vernehmen, doch unsere Aufgabe ist es, den Klienten genau darin zu unterstützen. Wie wir gesehen haben, sind Vertreter der Positiven Psychologie dabei, das Konzept der Aktualisierungstendenz nochmals zu überprüfen. Die bislang vorliegenden empirischen Befunde sind mit der Vorstellung vereinbar, dass es einen organismischen Bewertungsprozess gibt, der uns in zuverlässiger Weise dazu anleitet, den für uns besten Weg im Leben zu erspüren und die Schritte zu erkennen, die unserer Gesundheit und unserem Wohlbefinden in optimaler Weise dienlich sind.

4. Klientenzentrierte Therapie und Positive Therapie

Wir kamen bei der Erörterung der personzentrierten Persönlichkeitstheorie und der Sichtung stützender Forschungsbefunde aus der Positiven Psychologie zu dem Schluss, dass die personzentrierte Theorie uns ein Bezugssystem bietet, mit dem wir das Phänomen des Wohlbefindens besser verstehen können. Die personzentrierte Theorie ist die Basis, auf der die Praxis der klientenzentrierten Therapie gründet. Wir glauben, dass es bei der Betrachtung der therapeutischen Praxis hilfreich ist, zunächst einmal genauer zu beschreiben, wie wir uns eine klientenzentrierte Therapie vorzustellen haben, und außerdem darzulegen, in welchem Verhältnis sie zu einigen Konstrukten der heutigen Positiven Psychologie steht. Zentrum und Bestimmungsmerkmal der klientenzentrierten Therapie ist das Vertrauen des Therapeuten auf die Aktualisierungstendenz des Klienten und darauf, dass dessen Selbstaktualisierung kongruent mit der Aktualisierungstendenz verlaufen wird, sobald in seinem sozialen Umfeld die geeigneten Bedingungen dafür gegeben sind. Der Therapeut versucht, ebendiese geeigneten Bedingungen herzustellen. Rogers (1957) beschreibt sechs Bedingungen, die aus seiner Sicht für eine positive therapeutische Persönlichkeitsveränderung notwendig und hinreichend sind. Wir möchten hervorheben, dass diese Bedingungen laut Rogers *jedem* durch eine Psychotherapie ausgelösten positiven Persönlichkeitswandel zugrunde liegen und demnach in jeder erfolgreichen Therapie wirksam sind. Er nahm also keineswegs an, dass sie einzig und allein in einer klientenzentrierten Therapie gegeben sind. Dies wird ihm aber leider oft unterstellt. Deshalb bekommt man von Anhängern anderer therapeutischer Schulen, wenn man ihnen die sechs Bedingungen erläutert, oft zu hören: »Aber das machen wir doch alles schon!« Wir werden auf diesen Einwand noch zurückkommen.

Sechs notwendige und hinreichende Bedingungen

Was tut der klientenzentrierte Therapeut konkret, um dem Klienten zu helfen, die eigene innere Stimme zu vernehmen? Rogers nannte sechs notwendige und hinreichende Bedingungen, die ein dem organismischen Bewertungsprozess förderliches soziales Umfeld erzeugen (siehe Tabelle 4.1).

Wenn die erste Bedingung nicht erfüllt ist, bedeutet das, dass sich die folgenden fünf Bedingungen bereits erübrigt haben. Mit *psychologischem Kontakt* meint Rogers, ob beide Personen der jeweils anderen gewahr sind oder nicht und inwieweit das Verhalten der einen Folgen für das der anderen hat. Bei einer Person zum Beispiel, die sich in einem katatonen Zustand befindet, wäre kaum auszumachen, ob ein psychologischer Kontakt zu anderen besteht.

Bedingung 2 definiert als *Inkongruenz*, dass eine Unstimmigkeit zwischen Empfindungen und dem Gewahrsein dieser Empfindungen oder zwischen dem Gewahrsein und dem Äußern von Empfindungen besteht. Wenn beispielsweise eine Person einem Betrachter angespannt vorkommt, sich der eigenen Anspannung aber nicht bewusst ist, würde man sagen, dass zwischen Empfindungen und Gewahrsein der Empfindungen eine Inkongruenz besteht. Bei jemandem, der sich seiner

Tabelle 4.1: Notwendige und hinreichende Bedingungen einer konstruktiven Persönlichkeitsveränderung

1. Zwei Personen befinden sich in psychologischem Kontakt.
2. Die erste, die wir Klient nennen werden, befindet sich in einem Zustand der Inkongruenz, ist verletzbar oder ängstlich.
3. Die zweite Person, die wir Therapeut nennen werden, ist kongruent oder integriert in der Beziehung.
4. Der Therapeut empfindet eine bedingungslose positive Zuwendung dem Klienten gegenüber.
5. Der Therapeut empfindet ein empathisches Verstehen des inneren Bezugsrahmens des Klienten und ist bestrebt, diese Erfahrung dem Klienten gegenüber zum Ausdruck zu bringen.
6. Die Kommunikation des empathischen Verstehens und der bedingungslosen positiven Zuwendung des Therapeuten dem Klienten gegenüber wird wenigstens in einem minimalen Ausmaß erreicht.

(Rogers, 1957, S. 96; dt. 1991, S. 168)

Anspannung bewusst ist, aber sagt, er sei entspannt, kann man von einer Inkongruenz zwischen Bewusstsein und Äußerung der Empfindung sprechen.

Bedingung 3 beschreibt den Therapeuten als kongruent, das heißt, als des eigenen Erlebens, etwa der Empfindungen von Wut oder Trauer gewahr und als in der Lage, sie offen und aufrichtig zu äußern, wenn ihm das angemessen erscheint.

Bedingung 4 besteht darin, dass der Therapeut dem Klienten *bedingungslose positive Zuwendung* entgegenbringt, das heißt, dass er den Klienten akzeptieren kann, ohne dass dies an Bewertungsbedingungen geknüpft ist.

Bedingung 5 besagt, dass der Therapeut zu *empathischem Verstehen* in der Lage ist, also nachvollziehen kann, was im Klienten vor sich geht.

Die letzte Bedingung 6 verlangt, dass der Klient das empathische Verstehen und die bedingungslose positive Zuwendung des Therapeuten wahrzunehmen vermag.

Falls diese sechs Bedingungen gegeben seien, so Rogers, werde beim Klienten eine konstruktive Persönlichkeitsveränderung in Gang kommen – aber eben nur, wenn wirklich alle sechs erfüllt seien. In je stärkerem Maße sie gegeben seien, desto ausgeprägter werde der konstruktive Persönlichkeitswandel ausfallen.

Nach Rogers' These ist *jede* Psychotherapie in dem Maße wirksam, in dem die notwendigen und hinreichenden Bedingungen vorhanden sind. Seine Beschreibung der notwendigen und hinreichenden Bedingungen war also als integratives Modell gemeint und nicht auf die klientenzentrierte Therapie als solche gemünzt. Doch beziehen sich die von Rogers (1957) umrissenen notwendigen und hinreichenden Bedingungen zweifellos auch auf die Haltung des klientenzentrierten Psychotherapeuten und seine Kongruenz, Empathie und bedingungslose Wertschätzung. Man bezeichnet Bedingung 3, 4 und 5 gern als die *Kernbedingungen*. Sie beziehen sich auf das konkrete Vorgehen des klientenzentrierten Therapeuten: Er bemüht sich, kongruent und empathisch zu sein und dem Klienten bedingungslose Wertschätzung entgegenzubringen. Es liegt eine Fülle von weiteren Publikationen zu den notwendigen und hinreichenden Bedingungen vor (siehe dazu z. B. Bozarth & Wilkins, 2001; Haugh & Merry, 2001; Wyatt, 2001; Wyatt & Sanders, 2001), doch wollen wir darauf nicht näher eingehen, sondern vielmehr nur die wesentlichen Ideen vorstellen und zeigen, inwiefern sie für die Praxis der heutigen Positiven Psychologie noch immer relevant sind.

Der Aufsatz von 1957, in dem Rogers die sechs Bedingungen darlegt, zählt zu seinen bekanntesten Schriften und wird außerhalb der klientenzentrierten Bewegung oft als Quintessenz der klientenzentrierten Therapie betrachtet. Doch beschreibt er hier nicht einfach nur, was ohnehin jeder Therapeut tut? Wir glauben nicht, dass dem so ist. Brazier sieht das ganz ähnlich:

> Viele, die mit Rogers' Ideen in Berührung kommen, haben zunächst den Eindruck, dass daran eigentlich nichts sonderlich Bemerkenswertes ist. Denn halten wir es nicht alle für wichtig, dass Menschen sich in andere einfühlen? Was sollte daran außergewöhnlich sein? Das Außergewöhnliche ist, dass Rogers es damit völlig ernst meinte. Mit einem im Wesentlichen sehr einfachen Gefüge von Ideen, deren Richtigkeit auf der Hand zu liegen scheint, die er aber konsequent weiterdachte, rüttelt er an den Grundfesten der meisten Dinge, aus denen das moderne Leben besteht.
>
> (Brazier, 1993, S. 8)

Viele Kritiker des klientenzentrierten Ansatzes setzen die Kernbedingungen irrtümlicherweise mit der klientenzentrierten Therapie gleich. Die Grundidee der klientenzentrierten Therapie ist aber, wie wir gesehen haben, dass diese zentralen Merkmale der therapeutischen Haltung das soziale Umfeld bilden, das die von Rogers sogenannte Aktualisierungstendenz fördert. Dies ist der Aspekt von Rogers' Theorie, durch den die Kernbedingungen überhaupt erst einen Sinn ergeben. Wir haben im vorangegangenen Kapitel dargelegt, dass es einer Person in einem von unbedingter Wertschätzung bestimmten sozialen Umfeld besser gelingt, sich in der Richtung ihrer intrinsischen, auf Autonomie, Kompetenz und Eingebundenheit gerichteten Motivation zu entfalten und so ein höheres psychisches Funktionsniveau zu erreichen. Der springende Punkt der klientenzentrierten Therapie ist, dass der Therapeut dem Klienten ein soziales Umfeld mit bedingungsloser Akzeptanz anbietet. In einer solchen Umgebung, in der der Klient sich nicht beurteilt oder bewertet fühlt, verspürt er nicht länger den Drang, sich zu verteidigen, und kann sich auf den Prozess einlassen, auf die eigene innere Stimme der Weisheit zu hören, in der sich der organismische Bewertungsprozess äußert.

Die als Kernbedingungen bezeichneten Bedingungen 3, 4 und 5 beschreiben, was der klientenzentrierte Therapeut tut: Er strebt danach, kongruent und empathisch zu sein und dem Klienten bedingungslose Wertschätzung entgegenzubringen, und geht davon aus, dass er auf diese Weise dazu beiträgt, die intrinsische Motivation des Klienten freizusetzen, die auf Autonomie, Eingebundensein und Kompetenz zielt und von den für die Psychopathologie kennzeichnenden Verleugnungs- und Abwehrprozessen wegführt.

Nun geben eklektisch oder integrativ vorgehende Therapeuten oft an, sie würden klientenzentriert arbeiten, da sie sich ja um Empathie, Kongruenz und unbedingte Wertschätzung bemühen. Solange sie aber nicht von der Existenz einer Aktualisierungstendenz überzeugt sind, ist es einfach unzutreffend, ihre Vorgehensweise klientenzentriert zu nennen. Erst die Annahme, dass im Klienten die Aktualisierungstendenz wirksam ist, liefert eine theoretische Begründung dafür, warum der Therapeut ihm bedingungslose Wertschätzung, Empathie und Kongruenz entgegenbringen soll. Man kann dies durch einen Vergleich mit der Psychoanalyse veranschaulichen:

> Das Merkmal, durch das sich die klientenzentrierte Psychotherapie von anderen Therapietraditionen abhebt, ist der Glaube an die Aktualisierungstendenz. Man könnte sagen, die Aktualisierungstendenz ist für die klientenzentrierte Psychotherapie das, was das Unbewusste für die Psychoanalyse ist. Es wäre unsinnig, wenn ein Therapeut behauptet, er praktiziere Psychoanalyse, nur weil er Techniken der freien Assoziation verwendet, sofern er nicht auch glaubt, dass unbewusste Kräfte das Verhalten prägen. Ebenso unsinnig wäre es, wenn ein Therapeut behauptet, er praktiziere klientenzentrierte Psychotherapie, weil er sich um bedingungslose Wertschätzung des Klienten bemüht, solange er nicht erst einmal glaubt, dass es im Menschen eine Aktualisierungstendenz gibt.
>
> (Joseph, 2003 a, S. 305)

Von entscheidender Bedeutung ist zudem die *Kombination* der sechs Bedingungen. Eine bedingungslos akzeptierende Haltung des Therapeuten ist für sich allein genommen zwecklos; der Klient muss diese Haltung auch tatsächlich als bedingungslos akzeptierend *erleben*. Hier kommen Empathie und Kongruenz ins Spiel, denn sie sind das Medium, über das die bedingungslose Wertschätzung sich vermitteln kann (Bozarth, 1998). Kongruenz und Empathie sind für das praktische Vorgehen von zentraler Bedeutung, weil die Ausgangsbasis, von der aus man das Verhalten eines Individuums am besten verstehen kann, dessen eigener innerer Bezugsrahmen ist. Rogers (1951) vertrat die Ansicht, die einzige Möglichkeit, das Verhalten eines anderen Menschen zu begreifen, bestehe darin, die Welt durch dessen Augen zu sehen. Dann ergebe selbst das scheinbar absonderlichste Verhalten einen klar erkennbaren Sinn.

Der Dreh- und Angelpunkt der klientenzentrierten Therapie ist somit nicht die Herstellung der Kernbedingungen, die man im Allgemeinen mit ihr in Verbindung bringt, sondern die metatheoretische Annahme des Therapeuten, dass im Menschen eine intrinsische Motivation existiert, die auf konstruktive und optimale psychische Funktionsabläufe zielt, und dass diese Kraft ihre Wirkung entfalten kann, wenn das soziale Umfeld die geeigneten Voraussetzungen dafür bietet:

> Klientenzentrierte Therapeuten gehen von keinen Vorannahmen darüber aus, was Menschen brauchen oder auf welche Weise sie ihre Freiheit gestalten sollten. Sie versuchen nicht, den Klienten zu Selbstakzeptanz, Selbststeuerung, positivem Wachstum, Selbstaktualisierung, Kongruenz zwischen realem und wahrgenommenem Selbst, einer bestimmten Art der Realitätswahrnehmung oder zu irgendetwas sonst anzuhalten … *Klientenzentrierte Therapie besteht in der Praxis einfach darin, das Recht anderer auf Selbstbestimmung zu respektieren.*
>
> (Grant, 2004, S. 158)

Dieser Respekt vor der Selbstbestimmung anderer bildet die Grundlage für die therapeutische Haltung unbedingter Wertschätzung und für die grundsätzliche Haltung der Nichtdirektivität, die das unterscheidende Merkmal des Ansatzes ist (siehe Levitt, 2005 b). Brodley (2005 b) schreibt dazu:

> Die nicht direktive Haltung gründet in einer tiefen psychischen Schicht; sie ist keine Technik. Zu Beginn der beruflichen Entwicklung eines Therapeuten mag sie vielleicht noch oberflächlich sein und nur aus einem Regelwerk bestehen – »Tu dies nicht«, »Tu jenes nicht«. Mit der Zeit aber, durch Selbsterkundung und therapeuti-

sche Erfahrung, wird sie zu einem Aspekt des eigenen Charakters. Sie verkörpert eine Haltung des tiefen Respekts vor dem konstruktiven Potenzial von Menschen und der großen Sensibilität für ihre Verletzlichkeit.

(Brodley, 2005 b, S. 3)

Die Evidenzbasis

Eine zentrale Frage für die Leserschaft der Psychologen und Psychologinnen ist selbstverständlich, ob die klientenzentrierte Psychotherapie eine Methode ist, mit der man Menschen wirkungsvoll helfen kann. Die Forschung der 1960er-Jahre lieferte empirische Belege, die sich mit Rogers' Hypothese der notwendigen und hinreichenden Bedingungen in Einklang bringen lassen (Truax & Mitchell, 1971; siehe Barrett-Lennard, 1998). In den folgenden zwei Jahrzehnten wurde dann aber immer weniger zur klientenzentrierten Psychotherapie geforscht, was großenteils daran lag, dass die neue Generation der forschend tätigen Psychologen sich eher für den neuen kognitiven Ansatz der Psychotherapie interessierten und dass die klientenzentrierte Psychotherapie (aus den bereits in Kapitel 3 geschilderten Gründen) innerhalb der Psychologie zunehmend an den Rand gedrängt wurde. Infolgedessen ist die Frage, ob die von Rogers postulierten sechs Bedingungen notwendig und hinreichend sind, nach wie vor weitgehend ungeklärt. Die dazu vorliegenden Daten werden von Forschern in höchst unterschiedlicher Weise interpretiert. Dies ist insofern bemerkenswert, als viele den klientenzentrierten Ansatz verworfen haben, ohne dass sie sich jemals ernsthaft damit beschäftigt hätten, wohingegen die Ansätze der kognitiven Verhaltenstherapie nicht zuletzt deshalb auf breite Akzeptanz stießen, weil sie mit den methodischen Anforderungen der empirischen Forschung vergleichsweise leicht zu vereinbaren sind. Wir haben freilich bereits eine Studie erwähnt, in der man die Depressionsbehandlung mittels klientenzentrierter Therapie und kognitiver Verhaltenstherapie verglich und zu dem Ergebnis kam, dass beide Ansätze gleichermaßen wirksam waren (King et al., 2000). Dennoch interpretieren Forscher, die anderen Traditionen als der des klientenzentrierten Ansatzes verbunden sind, die empirischen Daten häufig in dem Sinne, dass die sechs Bedingungen notwendig sein mögen, aber nicht hinreichend sind. Folglich gehen sie davon aus, dass über die Herstellung der

Bedingungen hinaus irgendwelche Interventionen notwendig sind, also zum Beispiel der Einsatz verschiedener kognitiver oder verhaltenstherapeutischer Techniken.

Klientenzentrierte Therapeuten haben dieselben Daten jedoch dahingehend interpretiert, dass die Bedingungen nicht notwendig sein mögen, aber hinreichend sind. Sie nehmen an, dass persönliche Entwicklung und inneres Wachstum auch durch verschiedene andere Veränderungsimpulse in Gang kommen können, etwa durch Bekehrungserlebnisse oder traumatische Erfahrungen, und die sechs Bedingungen somit nicht notwendig sind. Wenn sie aber gegeben seien, dann seien sie auch hinreichend, sodass man keine weiteren Interventionen benötige (ein Überblick zu diesem Thema findet sich bei Bozarth, 1998).

Doch ungeachtet dessen, ob die sechs Bedingungen nun notwendig und/oder hinreichend sind, sind sich die meisten Therapeuten gleich welcher Schulrichtung darin einig, dass die in den Bedingungen beschriebenen Beziehungsfaktoren zumindest einen wichtigen Beitrag dazu leisten, dass eine Therapie einen Persönlichkeitswandel in Gang setzt. Für die Bedeutung der therapeutischen Beziehung liegt eine beeindruckende Fülle von Belegen vor (siehe Bozarth & Motomasa, 2005; Wampold, 2001). In einer Studie zur Depressionsbehandlung stellten Krupnick et al. (1996) fest, dass die therapeutische Beziehung in allen Therapieformen zusammengenommen ein Fünftel zur Ergebnisvarianz beitrug. In dieser Größenordnung bewegen sich auch die Befunde, die für einzelne Therapieformen ermittelt wurden (Lambert, 1992). Der einzige Faktor, der für den Erfolg einer Therapie von noch größerem Gewicht ist, sind die klienteneigenen Ressourcen (Duncan & Miller, 2000; Hubble & Miller, 2004; Wampold, 2001).

Der prozessorientierten Forschung eröffnet sich hier ein großes Aufgabenfeld, denn sie hat zu klären, wie der Klient die therapeutischen Bedingungen erlebt und in welchem Verhältnis diese zum späteren Therapieergebnis stehen. Prozessforschung ist wichtig, damit wir besser verstehen lernen, was in einer Psychotherapie eigentlich vor sich geht. Man hat den klientenzentrierten Ansatz dafür kritisiert, dass er mit empirischen Methoden nicht gut zu untersuchen sei. Dies entspricht aber gar nicht den Tatsachen. Man hat schon vor längerer Zeit psychometrische, aus der personzentrierten Theorie abgeleitete Instrumente entwickelt, mit denen man bestimmte Aspekte dieser Theorie überprüfen kann. Zum Beispiel lässt sich mit dem Barrett-Lennard

Relationship Inventory (BLRI, Barrett-Lennard, 1986) untersuchen, wie der Klient Empathie, Kongruenz und unbedingte Wertschätzung des Therapeuten wahrnimmt und wie diese Wahrnehmungen mit dem späteren Therapieergebnis zusammenhängen (in Tabelle 4.2 sind einige Beispielitems aufgeführt).

Im Berufsalltag wollen Therapeuten oft einfach nur wissen, ob die Therapie beim Klienten etwas in Bewegung bringt oder nicht. Neuere randomisierte Kontrollgruppenstudien ergaben, dass klientenzentrierte Psychotherapie bei Depression wirksamer war als die Routineversorgung durch den Hausarzt (Friedli, King, Lloyd & Horder, 1997). Man hat vor Kurzem auch zeigen können, dass klientenzentrierte Psychotherapie depressive Symptome genauso wirkungsvoll lindert wie kognitive Verhaltenstherapie: Wie bereits erwähnt, konnten King et al. (2000) in einer Studie zur Depressionsbehandlung keinen Wirksamkeitsunterschied zwischen einer von klinischen Psychologen durchgeführten kognitiven Verhaltenstherapie und einer von personzentrierten Beratern durchgeführten Psychotherapie ermitteln. Dies wirft erneut die Frage auf, was eigentlich die für den Therapieerfolg entscheidenden Faktoren sind, und weist unmissverständlich darauf hin, dass viel mehr im Spiel ist als »nur« die Anwendung therapeutischer Techniken. Die neuere Forschung zum Therapieerfolg lenkt den Blick auf die Rolle des Klienten. Demnach sind 40 bis 87 Prozent der Ergebnisvarianz auf Klientenfaktoren zurückzuführen. An zweiter Stelle folgen die Beziehungsfaktoren und mit weitem Abstand auf dem dritten Platz die therapeutische Orientierung (Bozarth & Motomasa, 2005; Duncan & Miller, 2000; Hubble & Miller, 2004; Wampold, 2001). Die Psychotherapieforschung hat dem Klienten bislang offenbar viel zu wenig Beachtung geschenkt. Der klientenzentrierte Ansatz könnte einen bedeuten-

Tabelle 4.2: Beispielitems aus dem BLRI

- Mein Therapeut/Meine Therapeutin will verstehen, wie ich die Dinge sehe.
- Mein Therapeut weiß fast immer genau, was ich meine.
- Ich habe das Gefühl, dass mein Therapeut mir gegenüber wahrhaftig und aufrichtig ist.
- Mein Therapeut ist mir gegenüber freundlich und zugewandt.
- Ich habe das Gefühl, dass mein Therapeut mich wirklich schätzt.
- Mein Therapeut ist in der Beziehung zu mir wirklich er selbst.

(Barrett-Lennard, 1986)

den Beitrag dazu leisten, dass künftige Forschungspläne den Einfluss des Klienten in stärkerem Maße berücksichtigen (Hubble & Miller, 2004; Joseph & Linley, 2004, 2005).

Klientenzentrierte Therapie und Positive Psychologie

Den meisten Psychologen – außer den wenigen, denen die Begriffe bedingungslose Wertschätzung oder Kongruenz nie begegnet sind – kommt die Terminologie von Rogers' Theorie (1957, 1959) recht vertraut vor. Doch gerade deswegen übersehen viele den tieferen Gehalt der Theorie. Manchmal sind wir derart überzeugt, wir hätten etwas bereits vollends begriffen, dass es uns schwerfällt, einen anderen Blickwinkel einzunehmen. Bei vielen Psychologen, die mit der klientenzentrierten Therapie erstmals in Berührung kommen, scheint etwas von dieser Art zu passieren. Wir haben mit vielen sehr erfahrenen klinischen Psychologen gesprochen, die den Grundgedanken der klientenzentrierten Therapie einfach nicht erfassen und einen naiven und oberflächlichen Ansatz in ihr sehen. Dies bedeutet aber umgekehrt nur, dass sie eine naive und oberflächliche Vorstellung von den Prinzipien der klientenzentrierten Therapie haben.

Ausgangspunkt unserer Überlegungen ist, dass jeder Therapeut sein Handeln auf eine tief verwurzelte Weltsicht und auf Vorannahmen gründet, die er ins Sprechzimmer trägt und von denen abhängt, in welcher Weise er zu seinen Klienten in Beziehung tritt. Manche erfahrenen klinischen Psychologen behaupten freilich, sie gingen von keinerlei derartigen Vorannahmen aus, sondern seien im Sinne des Scientist-practitioner-Modells (der praktisch tätige Psychologe versteht sich als Forscher, der wissenschaftliche Methoden anwendet) in der Lage, sich bei der Behandlung ihrer Klienten je nach Bedarf auf wechselnde Theorien zu stützen. Es ist aber einfach nicht plausibel, dass jemand an einem Tag von der Überzeugung ausgeht, dass jeder Mensch der beste Experte in eigener Sache ist, und sich am nächsten Tag an einer anderen Grundidee ausrichtet, ohne dass dies dem Klienten verwirrend und widersprüchlich erscheinen soll.

Es ist durchaus nachvollziehbar, dass nach dem Therapeut-als-Experte-Modell ausgebildete Kliniker, die sich den Therapeuten gar nicht in einer anderen Rolle vorstellen können, eklektisch zwischen verschiedenen therapeutischen Ansätzen hin- und herwechseln und an einem Tag im Sinne der traditionellen Verhaltenstherapie, am nächsten im Sinne der kognitiven Verhaltenstherapie und wieder am nächsten im Sinne des psychodynamischen Ansatzes intervenieren, ohne sich darüber im Klaren zu sein, dass sie an jedem Tag im Wesentlichen auf dieselbe Weise vorgehen, weil sie immer die Rolle des Experten einnehmen, der in wesentlichen Belangen des Klienten besser Bescheid weiß als dieser selbst.

Wir blicken jedoch voller Hoffnung auf die jungen Psychologen und Psychologinnen, die sich den Ideen der Positiven Psychologie zuwenden. Da die prägend auf das Denken dieser neuen Generation einwirkt, sind wir zuversichtlich, dass die Vorurteile gegen die klientenzentrierte Therapie bald überwunden sein werden und sie eine gerechtere Beurteilung erfährt, die ihre Vorzüge und Verdienste in angemessener Weise würdigt. Wir glauben, dass die Ideen der personzentrierten Psychologie einfach zu wichtig sind, als dass man sie ausblenden sollte, und dass das, was die klientenzentrierte Therapie zu bieten hat, schließlich breite Anerkennung finden wird. Sie ist sicherlich nicht die Antwort auf alle Übel in der Welt, doch die Haltung des Respekts vor dem Recht anderer auf Selbstbestimmung ist nicht nur aus ethischer Sicht von großer Bedeutung. Uns ist allerdings auch bewusst, dass Rogers' Terminologie heute in manchem nicht mehr zeitgemäß wirkt. Deshalb unternehmen wir hier den Versuch, die Kernbedingungen der klientenzentrierten Therapie auf eine Weise darzustellen, die der heute gängigen Begrifflichkeit näher kommt.

Wir möchten die Beschreibung der sechs notwendigen und hinreichenden Bedingungen therapeutischer Persönlichkeitsveränderung, die Rogers 1957 vorgelegt hat, in Bezug zur heutigen Terminologie setzen und die klientenzentrierte Therapie als einen wohldurchdachten, erfahrungsbasierten Ansatz darstellen, der sich auf die *emotionale Intelligenz* des Therapeuten stützt.

Emotionale Intelligenz

Basis des klientenzentrierten Therapieansatzes ist die in Bedingung 3 genannte Kongruenz des Therapeuten. Kongruenz bedeutet, dass er der eigenen Gedanken und Empfindungen gewahr ist und diese in einer dem Kontext angemessenen Weise auszudrücken vermag (Bozarth, 1998; Wyatt, 2001). Das heißt, es besteht eine Übereinstimmung zwischen den inneren kognitiven und emotionalen Zuständen des Therapeuten, seinem Gewahrsein dieser Zustände und seiner Fähigkeit, sie zu artikulieren.

Wenn die Kongruenz mit empathischem Verstehen – Bedingung 5 – zusammentrifft, kommen alle vier von Salovey, Caruso und Mayer (2004; Salovey, Mayer & Caruso, 2002) beschriebenen Facetten der emotionalen Intelligenz ins Spiel. Der kongruente Therapeut, der sich in den Bezugsrahmen des Klienten einzufühlen vermag,

1. registriert aufmerksam, wie der Klient sich fühlt,
2. registriert aufmerksam, wie er selbst sich fühlt,
3. ist in der Lage, die eigenen Emotionen einzuordnen und sie kreativ im Dienste der therapeutischen Beziehung einzusetzen,
4. ist in der Lage, Emotionen zu erfassen und zutreffend zu benennen.

In der Praxis bedeutet dies, dass der klientenzentrierte Therapeut ein umfassendes Verständnis von der eigenen Person hat und fähig ist, für den Klienten in authentischer Weise präsent zu sein. Er bemüht sich, die Welt des Klienten aus dessen Perspektive zu sehen, und akzeptiert die Richtungsentscheidungen, die der Klient in seinem Leben trifft, ohne ihm die eigenen Vorstellungen aufzudrängen. Das heißt, die Selbstbestimmung des Klienten steht für ihn an oberster Stelle.

Selbstbestimmung

Dieses bedingungslose Anerkennen des Wegs, den der Klient wählt (Bedingung 4), ist die Quintessenz der klientenzentrierten Therapie und teilt sich dem Klienten über die Kongruenz und Empathie des Therapeuten mit (siehe Bozarth, 1998). Weil der klientenzentrierte Therapeut auf die Aktualisierungstendenz als die eine zentrale Motivationskraft des Menschen vertraut, ist es für ihn von entscheidender Bedeutung, dass er nicht interveniert und auch keine Absicht hegt, zu intervenieren. Bozarth (1998) schreibt:

Der Therapeut geht mit dem Klienten mit, bewegt sich im Tempo des Klienten, begleitet ihn in seinen je eigenen Formen des Denkens, Erlebens oder Verarbeitens. Der Therapeut kann nichts anderes im Sinn haben und andere Absichten hegen, ohne gegen die Quintessenz der personzentrierten Therapie zu verstoßen. Anderes im Sinn zu haben – was immer es auch sein mag – bedeutet, dem Kern des Ansatzes ein »Ja, aber« entgegenzusetzen. Wenn der Therapeut Behandlungspläne, Behandlungsziele oder Interventionsstrategien im Sinn hat, mit denen er den Klienten in eine bestimmte Richtung lenken oder dazu bewegen möchte, etwas Bestimmtes zu tun, heißt das zwangsläufig, dass er das Grundprinzip der personzentrierten Therapie verletzt.

(Bozarth, 1998, S. 11 f.)

Echtheit der Beziehung

Was wir hier vor allem betonen möchten, ist die ungeheure Vielfalt und Spontaneität der Arbeitsweise, die in der klientenzentrierten Therapie möglich sind. Kein klientenzentrierter Therapeut geht genauso wie der andere vor, weil dieser therapeutische Ansatz in der emotionalen Intelligenz des jeweiligen Therapeuten verankert ist. Die Kernidee lässt sich so zusammenfassen, dass Menschen innerhalb einer von Echtheit und emotionaler Differenziertheit bestimmten Beziehung ihre Abwehrhaltungen aufgeben, sich selbst besser kennenlernen und sich frei fühlen, neue Wege zu gehen. Die personzentrierte Theorie besagt, dass Menschen innerhalb einer solchen Beziehung beginnen, neuartige und klügere Entscheidungen über ihr Leben zu treffen, weil sie den organismischen Bewertungsprozess, die in jedem von uns präsente innere Stimme der Weisheit, genauer wahrnehmen können.

Die klientenzentrierte Therapie steht und fällt mit der Echtheit der Beziehung zwischen Therapeut und Klient. Die Therapieforschung macht seit Jahrzehnten immer wieder deutlich, dass Rogers (1957) richtig lag, als er die zentrale Bedeutung der therapeutischen Beziehung hervorhob (siehe Martin, Garske & Davis, 2000; Wampold, 2001). Wir können mit einer Gewissheit, die größer nicht sein könnte, davon ausgehen, dass sich der Erfolg einer Psychotherapie nicht bestimmten therapeutischen Techniken, dem Ausbildungsstand des Therapeuten oder dem Einsatz diagnostischer Instrumente verdankt.

Neuere Forschungsbefunde der Arbeitsgruppe der Division 29 in der American Psychological Association zu »empirisch gestützten Aspekten von Therapiebeziehungen« (Norcross, 2001) zeigen, dass die therapeutische Beziehung und die klienteneigenen Ressourcen den größten Einfluss auf den Therapieerfolg ausüben. Dies ist eine Schlussfolgerung, der heute viele Forscher beipflichten (z. B. Bozarth, 1998; Bozarth & Motomasa, 2005; Duncan & Miller, 2000; Hubble & Miller, 2004;

Martin et al., 2000; Wampold, 2001) und die sich als Bestätigung des personzentrierten Ansatzes interpretieren lässt (Cornelius-White, 2002). Außerdem stehen auch Analysen der Faktoren, die zum Aufbau eines konstruktiven Arbeitsbündnisses (das heißt einer wirksamen therapeutischen Beziehung) beitragen, im Einklang mit den zentralen Grundsätzen der klientenzentrierten Therapie. So hat man beispielsweise zeigen können, dass persönliche Attribute des Therapeuten wie Flexibilität, Aufrichtigkeit, Respekt, Vertrauenswürdigkeit, Zuversicht, Zugewandtheit, Interessiertheit und Offenheit das therapeutische Arbeitsbündnis fördern. Weitere günstige Faktoren sind technische Aspekte wie Exploration, Reflexion, Beachtung vorheriger therapeutischer Fortschritte, genaue Deutung, Förderung des Affektausdrucks und Konzentration auf das Erleben des Klienten (siehe Ackerman & Hilsenroth, 2003).

Die grundlegende Bedeutung der Aktualisierungstendenz
Das Unterscheidungsmerkmal, das die klientenzentrierte Beratung und Psychotherapie von anderen Therapietraditionen abhebt, ist das Konzept der Aktualisierungstendenz (Bozarth, 1998; Joseph, 2003 a). Wenn ein Therapeut sich um Empathie, Kongruenz und unbedingte Wertschätzung bemüht, kann er deshalb noch nicht behaupten, er praktiziere klientenzentrierte Therapie, solange er sich nicht zunächst die Vorstellung der Aktualisierungstendenz zu eigen macht. Die Kernattribute der therapeutischen Haltung ergeben nur innerhalb der metatheoretischen Perspektive der personzentrierten Theorie einen Sinn. Dieser Punkt wird von vielen Therapeuten missverstanden, die sich als Eklektiker bezeichnen. Aus dem Bemühen um Empathie, Kongruenz und unbedingte Wertschätzung allein entsteht noch keine klientenzentrierte Therapie – man muss auch die Vorstellung übernehmen und respektieren, dass die Aktualisierungstendenz die Motivationsquelle des Klienten ist.

Aus dem Konzept der Aktualisierungstendenz leiten sich weitreichende Konsequenzen für die Praxis ab. Ein Therapeut, der die Bedingungen von Empathie, Kongruenz und unbedingter Wertschätzung herzustellen versucht, aber nicht darauf vertraut, dass die Aktualisierungstendenz die eine zentrale Energiequelle des menschlichen Organismus ist, praktiziert keine klientenzentrierte Therapie. Das Vertrauen des klientenzentrierten Therapeuten in die Aktualisierungstendenz ist das Element, das die revolutionäre Kraft dieses Ansatzes ausmacht (Bozarth, 1998). Die meisten anderen therapeutischen Ansätze gehen davon aus, dass der Therapeut als Experte in irgendeiner Weise interveniert, um dem Klienten bei der Lösung seiner Probleme zu helfen. Laut Rogers wird ein Klient, wenn das soziale Umfeld die geeigneten Bedingungen bietet, selbst seinen Weg finden, der ihn stets in eine konstruktive Richtung und hin zur vollständigeren Entfaltung seiner Möglichkeiten führt. Dies ist der Leitgedanke des personzentrierten Ansatzes. Wer sich als Therapeut in die Rolle des Experten begibt, läuft Gefahr, unwillentlich die Aktualisierungstendenz des Klienten zu durchkreuzen und ihn somit darin zu behindern, den für ihn besten Weg zu erkennen. Deshalb legen wir, wenn wir hier das übergreifende Konzept einer Positiven Therapie entwerfen, großen Wert darauf, dass wir die personzentrierte Theorie als wichtigste Säule des Konzepts betrachten. Bei unseren Überlegungen, welche Therapieformen sich unter den Oberbegriff der Positiven Therapie einordnen lassen, sind die aus unserer Sicht entscheidenden Bestimmungsmerkmale, dass erstens der Klient als bester Experte in eigener Sache gilt und dass zweitens als wichtigster Wirkfaktor einer Therapie die Beziehung und nicht die Technik betrachtet wird.

Die Familie der personzentrierten Therapien

Die klassische klientenzentrierte Therapie, wie sie heute praktiziert wird, ist dem von Rogers entwickelten Ansatz sehr ähnlich, doch ist die klientenzentrierte Psychotherapie keineswegs in den 1950er- und 1960er-Jahren stehen geblieben. In den letzten Jahren hat sich in Theorie und Praxis der klientenzentrierten Psychotherapie viel Neues getan (siehe z. B. Joseph & Worsley, 2005a; Levitt, 2005b; Mearns & Thorne, 2000; Sanders, 2004; Thorne & Lambers, 1998; Warner, 2005; Worsley, 2001).

Neben den Entwicklungen innerhalb der klassischen Variante der klientenzentrierten Psychotherapie liegen auch therapeutische Entwürfe vor, die Verbindungen zu anderen Ansätzen herstellen. So entwickelte Rennie (1998) eine reflexive und stärker erfahrungsbasierte Form der therapeutischen Arbeit, die auf Vorstellungen der existenziellen Therapie und der interpersonellen Psychotherapie und auf seinen umfangreichen qualitativen Studien zu subjektiven Erfahrungen von Klienten (Rennie, 1996) beruht.

Von einigem praktischen Interesse sind Versuche, nach klientenzentrierten Prinzipien mit Menschen zu arbeiten, deren Fähigkeit zum psychologischen Kontakt minimal ausgeprägt ist und mit denen sich die erste von Rogers' sechs Bedingungen nur mühsam realisieren lässt. Prouty (1990) hat den Ansatz der Prä-Therapie erarbeitet, bei dem der Berater dem Klienten zurückspiegelt, was er von dessen Wahrnehmung der Außenwelt und der Kommunikation mit anderen zu erfassen vermag. In der Prä-Therapie versucht man dem Klienten zu helfen, einen psychologischen Kontakt aufzubauen, damit eine Therapie im üblicheren Sinne möglich wird. Ansätze der Prä-Therapie sind mit einigem Erfolg bei Menschen mit psychotischen Störungen eingesetzt worden (Prouty, Van Werde & Portner, 2002; Van Werde, 1998, 2005).

Weitere Ansätze, die zuweilen der Gruppe der personzentrierten Ansätze zugerechnet werden, sind das erlebensbezogene Focusing (Gendlin, 1996) und die prozess- und erlebensorientierte Therapie (Greenberg, Rice & Elliott, 1993). Auch wenn diese Ansätze mit der Vorstellung verbunden sind, dass sich der Therapieprozess mithilfe von Methoden vorantreiben lässt, die direktiver sind, als dies die traditionelle klientenzentrierte Psychotherapie vorsieht, gehen sie dennoch von dem Grundgedanken aus, dass das innerpsychische Geschehen des Klienten der Motor ist, durch den er zu Lösungen für die eigenen Probleme findet. Dies ist die Leitidee des klientenzentrierten Modells. Am Beginn des neuen Jahrhunderts erweist sich also die Vorstellung, dass nicht der Therapeut, sondern der Klient selbst am besten weiß, welche Richtung er einschlagen sollte, erneut als ein machtvoller und revolutionärer Impuls (siehe auch Duncan & Miller, 2000; Hubble & Miller, 2004).

Die Idee, dass der Klient der beste Experte in eigener Sache ist, lässt sich in der praktischen Arbeit demnach auf unterschiedliche Weise umsetzen, nicht nur in einer klassisch klientenzentrierten Therapie (Merry, 2004), bei der der Therapeut ganz beim Klienten bleibt und sich auf sein Tempo einstellt, sondern auch in einer existenziellen Therapie (Cooper, 2004, 2005), einer erfahrungsorientierten Therapie (Baker, 2004) oder einer prozessgerichteten Therapie, bei der der Therapeut in den Sitzungen verschiedene Übungen einsetzen kann (Worsley, 2001, 2004; siehe auch Kapitel 5). Wir werden im nächsten Kapitel einige andere weitgefasste Meta-Ansätze betrachten, die nach unserer

Ansicht weitgehende Entsprechungen mit dem von uns beschriebenen Modell der Positiven Therapie aufweisen. Sie alle gehen davon aus, dass der Klient der beste Experte in eigener Sache ist, setzen sich vom medizinischen Denkmodell ab und entwerfen ein integratives Bild der negativen und positiven Aspekte menschlichen Erlebens. Im Folgenden gehen wir zunächst kurz auf östliche und existenzphilosophische Therapieansätze ein, um dann in Kapitel 5 den Horizont zu weiten und auch prozessorientierte Therapien in den Blick zu nehmen, die sich möglicherweise unter den Oberbegriff der Positiven Therapie einordnen lassen.

Positive Therapien

Östliche Ansätze

Auf die Parallelen zwischen der klientenzentrierten Therapie und Therapieansätzen, die in östlichen Traditionen gründen, wird recht selten hingewiesen. Brazier (1995) untersucht den Zusammenhang zwischen dem klientenzentrierten Ansatz und der Zen-Tradition und diskutiert, inwieweit Zen eine Form von Therapie ist:

> Die Herausforderung, vor die Zen uns stellt, besteht darin, dass wir uns tief in die Erfahrung des Lebendigseins hineinbegeben sollen, um etwas Authentisches zu finden ... Zen ist einfach die Erweckung eines Herzens durch ein anderes, von Aufrichtigkeit durch Aufrichtigkeit. Worte können dies zwar ausdrücken und darauf verweisen, aber kein Ersatz dafür sein. Es geht um das authentische Erleben, das sich einstellt, wenn die Sorge um alles, was unwesentlich ist, von uns abfällt.
>
> (Brazier, 1995, S. 12 f.)

Man kann dieses Zitat, wie wir meinen, auch als eine Beschreibung der Praxis der klientenzentrierten Therapie lesen: Auch sie lässt sich als die Erweckung eines Herzens durch ein anderes auffassen, die aus der Erfahrung entsteht, empathisch verstanden, bedingungslos akzeptiert und aufrichtig angenommen zu werden. Die klientenzentrierte Therapie wird in der Regel als westlich geprägte Therapie gesehen, hat aber nach unserer Auffassung in der Praxis viel mit östlichen Denkansätzen gemeinsam, weil sie im Streben nach einer authentischen zwischenmenschlichen Beziehung und in der Vorstellung der Aktualisierungstendenz gründet. Hansard schreibt in seinem bekannten Buch *Tibetische Lebensweisheit* (2001, dt. 2003):

Der Same in der Frucht weiß nur eines: dass er wachsen, blühen und Früchte tragen muss. Das gilt auch für uns Menschen, aber einige von uns haben es vergessen. Die Wahrheit ist überall, in allen Dingen, in allen Situationen, sie ist hinter dem Anfang und dem Ende von allem. Sie kann Sie zu Ihrem spirituellen Potenzial führen und Ihnen vor allem zeigen, wie Sie Ihr eigenes Leben leben können.

(Hansard, 2001, S. 19; dt. 2003, S. 30)

Existenzielle Psychotherapie

Unser Modell einer Positiven Therapie lässt durchaus auch Raum für eine Reihe therapeutischer Techniken. Von entscheidender Bedeutung ist dabei jedoch, von welchen Grundannahmen ein Therapeut ausgeht und wie er die Techniken im Sinne des organismischen Bewertungsprozesses des Klienten einsetzt. Wenn wir hier Überlegungen anstellen, inwiefern therapeutische Ansätze sich der Gruppe Positiver Therapien zuordnen lassen, ist uns sehr daran gelegen, diesen Grundgedanken nicht aus den Augen zu verlieren. Der Ansatz, den wir beschreiben, hängt wesentlich von den spezifischen Gegebenheiten der Beziehung zwischen Klient und Therapeut ab. Aufgabe des Therapeuten ist es, dem Klienten dabei zu helfen, seine innere Stimme zu vernehmen. Die Positive Therapie ist somit letztlich eine existenzielle Aufgabe:

Die radikale existenzielle Psychotherapie konzentriert sich auf die zwischen-persönliche und über-persönliche Dimension, da sie die Weltsichten von Menschen zu erfassen und zu hinterfragen versucht. Ein solches existenzielles Bemühen zielt darauf, persönliche Wertvorstellungen und Überzeugungen zu klären und zu ergründen und explizit zu machen, was bislang implizit und ungesagt war. Seine Praxis ist primär philosophischer Natur und darauf gerichtet, dass wir eine Person in die Lage versetzen, bewusster, authentischer und zielgerichteter zu leben, und zugleich die Begrenzungen und Widersprüche der menschlichen Existenz akzeptieren … Die existenzielle Psychotherapie muss von jedem Therapeuten und angesichts jedes neuen Klienten neu erfunden und neu kreiert werden. Im Wesentlichen geht es in ihr darum, die menschliche Existenz und die spezifischen Anliegen des jeweiligen Individuums zu erkunden. Man muss dabei ohne vorgefasste Meinungen und im Voraus festgelegte Verfahrensweisen auskommen. Erforderlich ist eine vollkommene Offenheit für die jeweilige Situation und eine Haltung des Staunens, die Raum dafür lässt, dass sich die spezifischen Umstände und Erfahrungen nach ihren eigenen Gesetzmäßigkeiten entfalten können.

(Deurzen, 1998, S. 13 f.)

Wir möchten Bretherton und Ørner (2003), zwei weitere Vertreter der existenziellen Therapie, zitieren:

Am offensichtlichsten zeigt sich die Parallelität von existenziellem Ansatz und Positiver Therapie darin, dass wir uns nicht mit allgemeinen Defizit- und Störungsmodellen befassen, sondern mit dem, was der Klient uns an Material liefert. Mithilfe der phänomenologischen Methode versuchen Therapeuten, viele ihrer auf den Klienten bezogenen Einstellungen und Reaktionen (etwa den Wunsch nach therapeutischen Fortschritten) »in Klammern zu setzen«, um in der Lage zu sein, sich mehr auf die Seinsweise einzulassen. Existenztherapeuten können, indem sie auf Abstand zu den eigenen Vorurteilen und stereotypen Vorstellungen gehen, sowohl die Potenziale des Klienten wie auch seine Begrenzungen erkennen … Den Existenzialisten zufolge eröffnen wir uns dadurch, dass wir die Bedeutungskonstellationen bestimmen, mithilfe deren wir in Beziehung zur Welt treten, die Möglichkeit der Entscheidung – der Entscheidung darüber, ob wir unsere Art und Weise des In-der-Welt-Seins verändern möchten.

(Bretherton & Ørner, 2003, S. 136)
(siehe auch Bretherton & Ørner, 2004)

Zusammenfassung

Am Ende dieses Kapitels möchten wir festhalten, dass eine Therapieform sich als geeignete Kandidatin für die Kategorie der Positiven Therapie nicht durch das erweist, was der Therapeut *tut* (das heißt durch seine Technik). Entscheidend ist vielmehr, was der Therapeut *denkt* (also sein Menschenbild). Positive Therapie praktiziert, wer sich ganz und gar die Vorstellung zu eigen gemacht hat, dass seine Aufgabe darin besteht, die Aktualisierungstendenz seines Klienten zu unterstützen. Unsere Auffassung vom Wesen des Menschen macht uns zu den Psychotherapeuten, die wir sind. Yalom (2001) schreibt dazu:

Als ich als junger Psychotherapie-Student noch meinen Weg suchte, war das Buch, aus dessen Lektüre ich den größten Gewinn zog, Karen Horneys *Neurose und menschliches Wachstum*. Das für mich nützlichste Konzept in diesem Buch war die Vorstellung, dass der Mensch einen angeborenen Hang zur Selbstverwirklichung hat. Wenn Hindernisse beiseite geräumt werden, so glaubte Horney, wächst das Individuum zu einem reifen, voll entwickelten Erwachsenen heran, wie eine Eichel zu einer Eiche heranwächst.

»*Wie eine Eichel zu einer Eiche heranwächst*« – was für ein wunderbar befreiendes und erhellendes Bild! Es veränderte meinen psychotherapeutischen Ansatz für alle Zeiten. Ich hatte eine neue Vision von meiner Arbeit: *Es war meine Aufgabe, Hindernisse zu beseitigen, die den Weg meines Patienten blockieren.* Mir oblag nicht alles; ich musste den Patienten nicht zu dem Wunsch inspirieren zu wachsen, und auch nicht zur Neugier, zum Wollen, zu Lebensfreude, Fürsorglichkeit, Loyalität oder irgendeiner anderen der tausend Eigenschaften, die uns erst wahrhaft menschlich machen. Nein, ich musste die Hindernisse identifizieren und aus dem Weg räumen. Der Rest würde, angetrieben von den Selbstverwirklichungskräften des Patienten, automatisch folgen.

(Yalom, 2001, S. 1; dt. 2002, S. 15)

In diesem Zitat ist verdichtet, was wir unter Positiver Therapie verstehen. Nicht der Therapeut, sondern der Klient weiß am besten, wohin die Reise gehen soll. Wir möchten freilich nicht, dass die Leserinnen und Leser den Eindruck gewinnen, wir würden glauben, es sei ganz einfach, der inneren Stimme des Klienten Geltung zu verschaffen. Dies ist vielmehr ein schwieriges Unterfangen. Es existieren zwar verschiedene therapeutische Ansätze, welche die von uns hier diskutierten Ideen aufgreifen, doch uns selbst sprechen nach wie vor in erster Linie die personzentrierten Therapieansätze an, weil sie darauf basieren, dass der Therapeut sich klar am Konzept der Aktualisierungstendenz ausrichtet. Der Ansatz von Rogers (1957, 1959) ermöglicht nach unserem Verständnis ein breit gefächertes, flexibles, auf den Klienten zugeschnittenes Vorgehen. Es geht dabei um eine Arbeitsweise, die nicht an den Einsatz eines bestimmten Repertoires von Techniken gebunden ist. Die notwendigen und hinreichenden Bedingungen bieten eine Basis, von der ein Therapeut ausgehen kann, um die Beziehung zum Klienten zu gestalten. Wir möchten wie Yalom (2001) vor Sektierertum warnen und befürworten einen therapeutischen Pluralismus, der jedoch, wie wir meinen, nicht im Widerspruch zum Menschenbild des Therapeuten stehen darf. Für eine Positive Therapie bedeutet dies insbesondere, dass der Therapeut so vorgehen kann, wie er es für angemessen hält, solange er nur der Aktualisierungstendenz des Klienten Raum lässt und nicht eigene Wünsche und Zielsetzungen durchzusetzen versucht.

5. Therapeutischer Prozess und Techniken der Positiven Psychologie

Wir sehen uns als von der personzentrierten Theorie geprägte Vertreter der Positiven Psychologie. Zugleich sind wir, als Praktiker mit einem Interesse am personzentrierten Ansatz, in der Psychologie als wissenschaftlicher Disziplin verwurzelt und bestrebt, die Psychotherapie unter einer übergreifenden Perspektive zu betrachten. Im letzten Kapitel haben wir bereits von der Familie der personzentrierten Therapien gesprochen und andere Ansätze erwähnt, die sich nach unserer Ansicht unter den Oberbegriff Positive Therapie einordnen lassen – vorausgesetzt, das therapeutische Handeln basiert auf der Grundannahme, dass der Klient der beste Experte in eigener Sache ist. Wir halten dies für das Erkennungszeichen der Positiven Therapie.

Wenn man sich in der Forschung zur Positiven Psychologie umschaut, findet man eine ungeheure Fülle von Interventionsstrategien, die für bestimmte Klienten von Nutzen sein könnten (siehe z. B. Linley & Joseph, 2004a; Lopez & Snyder, 2003). In der klientenzentrierten Therapie ist der Einsatz von Interventionstechniken freilich umstritten. Wir sehen aber keinen Grund, warum wir in der Positiven Therapie nicht auf das breite Spektrum der zur Verfügung stehenden Ressourcen zurückgreifen sollten. Voraussetzung ist, dass wir uns im Klaren darüber sind, wie der Einsatz bestimmter Tests oder Techniken den organismischen Bewertungsprozess des Klienten fördern kann (siehe Bozarth, 1991). Yalom (2001) schreibt:

Im Kern sollte die Therapie spontan und nicht auf ausgetretenen Pfaden verlaufen; sie wird ins Groteske verzerrt, wenn man sie in eine Form zwängt, die es unerfahrenen, unzureichend ausgebildeten Therapeuten (oder Computern) ermöglicht, einen immer gleichen Therapieverlauf anzubieten.

...

Ich versuche, Techniken zu vermeiden, die vorfabriziert sind, und arbeite am besten, wenn ich zulasse, dass sich meine Entscidungen spontan aus den Erfordernissen der unmittelbaren Situation ergeben.

(Yalom, 2001, S. 34 f.; dt. 2002, S. 48 f.)

Die Verwendung von Tests und Messverfahren

Die Forschung zur Positiven Psychologie zeigt, wie wichtig es ist, dass wir unseren Klienten helfen, die eigenen Stärken zu erkennen. Unter Therapeuten wird darüber debattiert, wie wir dabei zu Werke gehen sollen – wie können wir Menschen ganz konkret helfen, ihre Stärken zu erkennen? In diesem Punkt unterscheiden wir beide uns in unseren Herangehensweisen. Wir bezeichnen uns beide als personzentrierte Therapeuten, doch Stephen neigt eher der klassischen klientenzentrierten Therapie zu, während Alex eher einen prozessorientierten Ansatz verfolgt. Darin spiegeln sich sicher unsere verschiedenen Persönlichkeiten und unser jeweiliges Verständnis von personzentrierter Psychologie wider, aber auch ganz einfach unsere unterschiedlichen Arbeitsfelder.

Stephen ist der Auffassung, dass ein Klient, der sich in der therapeutischen Beziehung wertgeschätzt, akzeptiert und nicht beurteilt fühlt, fast zwangsläufig den Drang verspüren wird, die eigenen Stärken zu erkunden und zu verstehen. Wie Peterson und Seligman (2003) darlegen, sind die eigenen Kernstärken verknüpft mit einer Art Besitzstolz, mit dem Empfinden von Authentizität, dem intrinsischen Verlangen, Gebrauch von ihnen zu machen, und, wenn man dies tatsächlich tut, dem Empfinden der Selbstverständlichkeit, so als könnten wir gar nicht anders handeln. Wenn wir die eigenen Kernstärken ausspielen, fühlen wir uns ganz einfach im Einklang mit unseren ureigenen Interessen und Wertvorstellungen. Wenn sich der Klient in einem unterstützenden sozialen Umfeld befindet, treten seine Stärken zutage und werden zu einem Thema, dem er zusammen mit dem Therapeuten nachgeht. Zwischen Petersons und Seligmans Beschreibung von Kernstärken und dem, was wir in der personzentrierten Theorie Aktualisierungstendenz nennen, sind viele Parallelen erkennbar.

Es ist nun nicht so, dass Stephen dieses Instrument nicht verwenden würde, wenn der Klient ein Interesse an einer solchen Selbsterkundung zeigt, die sich mit einem Selbsteinschätzungs-Fragebogen fördern ließe. Er würde nicht zögern, solange sich sein Vorgehen damit vereinbaren lässt, ganz beim Klienten zu bleiben und den Weg mitzugehen, den dieser einschlagen will. Wenn der Klient ein Interesse daran äußert, sich selbst oder irgendeinen Aspekt seines Lebens besser kennenzulernen, kann es durchaus im Sinne des personzentrierten Ansatzes sein, ihn zum Beispiel auf einen Selbsteinschätzungs-Fragebogen hinzuweisen, der Aufschluss über seine persönlichen Stärken gibt, oder ihm Informationen über ein bestimmtes Thema zu geben. Entscheidend ist, dass der Einsatz von Tests oder anderen Techniken Ausdruck der notwendigen und hinreichenden Bedingungen (Rogers, 1957) ist, die der therapeutischen Beziehung zugrunde liegen.

Auch Alex ist überzeugt, dass eine Psychotherapie für Klienten oft eine Möglichkeit ist, sich selbst und die eigenen Stärken besser kennenzulernen. Da er als Coach für Führungskräfte arbeitet, haben seine Klienten aber meist recht klar umrissene Ziele, bei denen sich der Einsatz von Tests, die das Hinarbeiten auf diese Ziele unterstützen, oft eher anbietet als in einer Psychotherapie. In diesem Setting kommt es auch häufiger vor, dass es nicht so sehr um die Selbsterkundung des Klienten als um Zielvorgaben der Organisation geht. Das Veränderungsinteresse geht dann nicht vom Klienten, sondern von der Organisation aus. (Noch komplizierter wird die Situation oft dadurch, dass finanziell gesehen nicht die Person, die sich coachen lässt, der Klient ist, sondern die Organisation.)

In einem eher prozessorientierten Coaching-Setting geht es dem Klienten (das heißt der Person, mit welcher der Coach arbeitet) beispielsweise darum, wie er bei der Umsetzung eigener Zielvorstellungen effektiver vorgehen kann. In einem solchen Fall ist Alex durchaus geneigt, zur Förderung des betreffenden Prozesses auch Erhebungsinstrumente zu Persönlichkeitsmerkmalen und persönlichen Stärken einzusetzen. Dabei sind allerdings zwei wichtige Punkte zu beachten: Erstens nimmt er als Coach nicht die Rolle eines Experten ein, der den Gebrauch des Instruments »verordnet«, sondern macht dem Klienten einen Vorschlag, den dieser annehmen oder ablehnen kann. Dies entspricht dem Grundprinzip des personzentrierten Ansatzes, dass unsere Arbeit im Dienst der Interessen des Klienten stehen sollte. Zweitens setzt Alex die Fragebogen zu Persönlichkeitsmerkmalen und persönlichen Stärken nicht zu diagnostischen Zwecken, sondern als Instrument zur Förderung ein. Sie bieten Stoff für die Reflexion und können als rascher und wirkungsvoller Einstieg ins Gespräch dienen. Sie werden nicht verwendet, um eine »diagnostische Einordnung«, »Kategorisierung« oder »Klassifizierung« der Person vorzunehmen oder dem Coach in irgendeiner anderen Weise die Rolle des Experten zuzuschreiben.

Die Zielsetzungen des Klienten fallen je nach Setting sicherlich anders aus. Ein Therapie-Klient dürfte eher daran interessiert sein, sich selbst, seine Vergangenheit und sein Verhältnis zur Welt zu erkunden und in seinem eigenen Leben etwas zu verändern, während ein Coaching-Klient in der Regel nur insoweit daran interessiert ist, sich selbst besser zu verstehen, als sich dabei Ansatzpunkte ergeben, die er nutzen kann, um seine spezifischen Zielvorstellungen umzusetzen. Diese Unterschiede zwischen Psychotherapie und Coaching dürften Einfluss darauf haben, ob wir es für angemessen halten, ein bestimmtes Erhebungsinstrument einzusetzen, um Klarheit über die Stärken des Klienten zu gewinnen. Wir beide sind uns jedenfalls einig, dass es vor allem auf unseren Respekt vor dem ankommt, was der Klient will. Unsere Arbeit wäre, so glauben wir, einfach nutzlos, wenn wir dem Klienten unsere Überzeugungen und Wertvorstellungen aufdrängen würden, anstatt uns von ihm und seiner Aktualisierungstendenz leiten zu lassen. Diese Grundüberzeugung verbindet uns, doch wenn es um spezifische Therapieformen wie die im Folgenden besprochenen geht, sind wir uns nicht unbedingt einig, inwieweit eine prozessorientierte Vorgehensweise unsere Intention, den Zielsetzungen des Klienten zu folgen, durch das Einsetzen lenkender Impulse kompromittiert. Wir möchten hier aber nicht tiefer in diese Debatte einsteigen, weil sie von unserem Hauptanliegen ablenken würde, nämlich von unserem Plädoyer dafür, dass therapeutische Ansätze der Positiven Psychologie ihre Theorie und Praxis auf das metatheoretische Fundament des personzentrierten Ansatzes gründen sollten.

Messen und Diagnostizieren

Viele personzentrierte Therapeuten lehnen den Einsatz von Test- und Messverfahren rundweg ab, weil er für sie gleichbedeutend mit Beurteilung und Diagnostik ist (siehe Wilkins, 2005 b). Wir sehen das ähnlich, falls Test- und Messverfahren verwendet werden, um Menschen in diagnostische Kategorien einzuordnen und sie als an dieser oder jener Störung leidend zu klassifizieren. Die Forschung der Positiven

Psychologie eröffnet uns aber ein Repertoire von Einschätzungsverfahren, das auf anderen Betrachtungsweisen basiert und kein »Diagnostizieren«, »Kategorisieren« und »Klassifizieren« voraussetzt. Manchmal erleben Klienten ein solches Instrument als hilfreich, weil es zum Beispiel Aufschluss über ihre Stärken gibt. Ein Test kann außerdem Material für die gemeinsame Arbeit in der Therapie- oder Coachingsitzung liefern. Wir lehnen Test- und Messverfahren also nicht in Bausch und Bogen ab. Sie sind für manche Zwecke durchaus nützlich. Allerdings wenden wir uns beide gegen eine aus der Medizin abgeleitete diagnostische Denkweise. Da gemäß der personzentrierten Theorie Psychopathologie durch die Verinnerlichung von Bewertungsbedingungen entsteht und eine Besserung dann eintritt, wenn das soziale Umfeld die geeigneten Bedingungen bietet, bleibt ungeachtet der spezifischen Probleme, die einem Klienten zu schaffen machen, der Therapieansatz stets derselbe. Es besteht somit kein Bedarf für eine Diagnostik in Analogie zum medizinischen Modell. Wer das medizinische Modell auf psychische Probleme überträgt, geht davon aus, dass bei diesen eine präzise Diagnose notwendig ist, um entscheiden zu können, welche spezifische Form der Behandlung die richtige ist.

Klientenzentrierte Therapeuten erheben bei ihren Klienten üblicherweise keine Anamnese und stellen auch keine Diagnose, weil sie nicht von der Annahme ausgehen, dass spezifische Probleme spezifische Behandlungsmethoden erfordern. In Kapitel 4 haben wir psychische Probleme als Ergebnis der Verinnerlichung von Bewertungsbedingungen beschrieben. Der klientenzentrierte Therapeut bemüht sich, die Kernbedingungen herzustellen und dem Klienten ein soziales Umfeld zu bieten, das ihm hilft, sich von seinen gewohnten Bewertungsbedingungen zu lösen. Wenn sich der Klient in der therapeutischen Beziehung vielleicht zum ersten Mal in seinem Leben als bedingungslos akzeptiert erlebt, kann er beginnen, bedingungslose Selbstakzeptanz aufzubauen. Diese befähigt ihn, das eigene Erleben immer präziser im Bewusstsein zu symbolisieren und es in sein Selbst zu integrieren. Wenn die Bewertungsbedingungen sich auflösen, nimmt die Inkongruenz zwischen Selbst und Erfahrung ab; dies führt dazu, dass eine Entwicklung hin zu größerer Echtheit und zur vollständigeren Entfaltung der eigenen Möglichkeiten einsetzt (siehe Merry, 1999, und Abbildung 5.1):

Laut der Theorie ist der für das psychische Wachstum entscheidende Punkt, dass das Individuum zu bedingungsloser Selbstwertschätzung zurückfindet. Dies ist der Faktor, der das Selbst wieder mit der Aktualisierungstendenz in Deckung bringt … Rogers' Hypothese ist, dass man sich als Adressat bedingungsloser Wertschätzung erleben muss, damit der pathologische Zustand behoben werden kann. Eine Möglichkeit, die genannten Voraussetzungen herzustellen, besteht in bedingungsloser Wertschätzung, die ein bedeutsamer anderer zu erkennen gibt.

(Bozarth, 1998, S. 84)

Wie bereits erwähnt, lehnen manche klientenzentrierte Therapeuten Diagnostik, Klassifizierung und störungsspezifische Behandlungsmethoden vollständig ab, manche nur bedingt. Die meisten von ihnen teilen natürlich die Auffassung, dass klientenzentrierte Therapie ein einziger, vom jeweiligen Ausgangsproblem unabhängiger Ansatz ist, doch einige zeigen sich, aufgrund ihres besonderen Arbeitsumfelds oder anderer Aspekte, auch aufgeschlossener für den Einsatz von Diagnose- und Beurteilungsverfahren (siehe Wilkins, 2005 b). So sind wir beide zwar der Meinung, dass die personzentrierte Theorie wahrscheinlich ein viel breiteres psychopathologisches Spektrum zu erklären vermag, als weithin angenommen wird, vermuten aber, dass bestimmte Arten psychischer Probleme nicht der Verinnerlichung von Bewertungsbedingungen entspringen. Die psychischen Probleme, die oft als Psychose oder Manie klassifiziert werden, liegen möglicherweise außerhalb der Reichweite der personzentrierten Theorie. Wir wissen nicht, wo die Grenze genau zu ziehen ist, und möchten aus diesem Grund davor warnen, den von Psychologen und Psychiatern aufgebauten Fundus an Wissen über die sogenannten psychiatrischen Störungen außer Acht zu lassen. Andererseits halten wir es für einen Fehler, das medizinische Denkmodell unkritisch zu übernehmen.

Viele personzentrierte Praktiker stehen Test- und Messverfahren ablehnend gegenüber, weil sie fälschlicherweise annehmen, dass ihre Verwendung auf ein Einverständnis mit dem medizinischen Denkmodell hinausläuft. Nach unserer Ansicht aber spricht, wie unsere Ausführungen hoffentlich deutlich gemacht haben, im Prinzip nichts dagegen, im Rahmen eines personzentrierten Vorgehens solche Verfahren einzusetzen. Dasselbe gilt für ein breites Spektrum von therapeutischen

Bewertungsbedingungen
⇓
verleugnende und verzerrende Wahrnehmung der Erfahrung
⇓
Inauthentizität
⇓
klientenzentrierte Psychotherapie
⇓
hebt Bewertungsbedingungen auf
⇓
bedingungslose Selbstwertschätzung
⇓
Erfahrung wird nicht länger verleugnet und verzerrt
⇓
größere Authentizität
⇓
Entwicklung hin zu vollständigerer Entfaltung psychischer Funktionen

Abbildung 5.1: Schema des theoretischen Ablaufs einer klientenzentrierten Therapie

Ansätzen, die wir unter dem Oberbegriff Positive Therapie zusammenfassen möchten. Den Ausschlag gibt, so glauben wir, von welcher Weltsicht, das heißt von welchen Vorannahmen ein Therapeut ausgeht.
Deshalb ist nicht wichtig, *was* der Therapeut tut, sondern *wie* er es tut.
Viele personzentrierte Therapeuten lehnen es ab, Techniken aus anderen Therapieschulen zu entlehnen – wie etwa die Zwei-Stuhl-Tech-
nik der Gestalttherapie oder Strategien der kognitiven Verhaltenstherapie –, doch nach unserer Ansicht ist gegen die Verwendung von
irgendeiner dieser Techniken zunächst einmal im Prinzip nichts einzuwenden. Problematisch wird es erst dann, wenn der Anwender sein
Handeln auf die Vorannahme gründet, dass nicht der Klient selbst der
beste Experte für die Entscheidungen ist, die ihn betreffen, sondern der
Therapeut. Von dieser Vorstellung distanzieren wir uns ausdrücklich,
sehen aber keinen Grund, weshalb wir uns gegen den Einsatz bestimmter Techniken wenden sollten, solange der Therapeut die Grundhaltung
einnimmt, dass der Klient der beste Experte in eigener Sache ist. Im
nächsten Abschnitt gehen wir auf eine Reihe von Therapien und Techniken ein, auf die ein integrativ arbeitender Therapeut, der eher einem
prozessorientierten als dem klassisch klientenzentrierten Ansatz folgt,
zurückgreifen könnte (siehe Worsley, 2001, 2004).

Prozessorientierung

Wir haben keinen umfassenden Überblick im Sinn, sondern möchten lediglich einige der anderen Therapien und Techniken, die wir für die eigene Arbeit interessant und nützlich finden, kurz streifen. Wir möchten zunächst noch einmal betonen, was aus unser Sicht eine »Positive Therapie« ausmacht. Das zentrale Merkmal einer »Positiven Therapie« ist die Überzeugung des Therapeuten, dass der Klient der beste Experte in eigener Sache ist und dass in ihm eine angeborene Entwicklungstendenz wirkt, die auf Wachstum und Erfüllung zielt. In der Praxis bedeutet dies, dass der Therapeut sich nicht in der Rolle des Experten sehen soll, der dem Klienten sein Expertenwissen nahebringen muss, sondern immer den Zielsetzungen des Klienten folgen und bestrebt sein sollte, dessen Aktualisierungstendenz zu unterstützen.

Die »Positive Therapie« ist somit offen für ein sehr breites Spektrum therapeutischer Techniken. Sie bietet zudem eine Metatheorie für eine große Vielfalt von Settings, in denen eine Person bestrebt ist, eine andere in ihrem inneren Wachstum und ihrer Entwicklung zu fördern. Alex stützt sich, wie bereits erwähnt, beim Coaching mit Führungskräften auf das theoretische Grundkonzept der Aktualisierungstendenz. Wir haben bereits angedeutet, wie er es in der Praxis umzusetzen versucht. Nun wollen wir uns einigen therapeutischen Ansätzen zuwenden, in deren Repertoire ein prozessorientierter Coach oder Therapeut geeignete Techniken finden kann.

Transaktionsanalyse

Das als Transaktionsanalyse (TA) bezeichnete therapeutische System geht auf Eric Berne (1910–1970) zurück. Laut Stewart (1989), einem führenden Vertreter der TA und von Bernes Ansatz, fußt die Praxis der TA auf drei Annahmen. Die erste lautet, dass jeder Mensch im Kern »okay« ist. Deshalb akzeptiert und schätzt der Therapeut den Klienten, auch wenn ihm dessen Verhalten missfallen mag. Zweitens geht der TA-Therapeut davon aus, dass jeder Mensch die Fähigkeit hat, über sein Leben nachzudenken und selbst zu entscheiden. Drittens hat jeder die Möglichkeit, sich anders zu verhalten: Wir entscheiden selbst, wie wir denken, fühlen und uns verhalten. Diese Annahmen stehen im Einklang mit den zentralen Wertvorstellungen der personzentrierten Theorie. Manche personzentrierten Therapeuten gründen ihre Arbeit auf ein integratives Modell, in das viele Ideen der TA einfließen (z. B. Worsley, 2001). Deshalb wollen wir im Folgenden die Prinzipien und Anwendungsfelder der TA skizzieren.

Marsisches Denken

Berne empfahl, wir sollten wie Marsmenschen denken, die auf der Erde landen. Damit meint er die Fähigkeit, menschliches Verhalten zu beobachten, ohne eine vorgefasste Meinung zu haben, was es bedeutet, und nicht nur darauf zu hören, *was* Menschen sagen, sondern auch darauf, *wie* sie es sagen. Berne unterschied dabei zwei Ebenen, auf denen die Botschaften einer Person an eine andere erfolgen können, nämlich die soziale Ebene und die psychologische Ebene. Die soziale Ebene umfasst, was wir zueinander sagen, während sich auf der psychologischen Ebene zeigt, was wir wirklich meinen. Zum Beispiel können wir auf der sozialen Ebene jemanden mit den Worten »Wie schön, dass wir uns hier treffen!« begrüßen, während unser Tonfall und die Art des Blickkontakts etwas anderes signalisieren, nämlich: »Ach, muss das denn sein! Ich hatte gehofft, Sie sind nicht hier – es ist alles andere als schön, Sie hier zu sehen.« Wenn soziale und psychologische Ebene in dieser Weise auseinanderklaffen, nennt man die psychologische Botschaft *verdeckt*. Laut Berne ist die psychologische immer die wahre Botschaft, die den Gang der Ereignisse bestimmt. Menschen richten sich in ihrem Handeln an ihren wahren Wertvorstellungen, Motiven und Absichten aus, nicht an denen, die sie vor sich her tragen. In der Praxis besteht die Rolle des TA-Therapeuten darin, die psychologische Ebene der Kommunikation des Klienten zu erfassen und ihm zu helfen, sie ebenfalls bewusst wahrzunehmen. Eine Methode, die er hierzu einsetzen kann, besteht darin, den Klienten mit dem Konzept der Ich-Zustände vertraut zu machen.

Ich-Zustände

Berne entwarf ein komplexes theoretisches System, das Therapeuten dazu nutzen können, mit ihren Klienten über das Wesen der zwischenmenschlichen Kommunikation zu sprechen. Das Modell sieht drei mögliche Ich-Zustände vor: das Kind-Ich, das Eltern-Ich und das Erwachsenen-Ich. Das Kind-Ich denkt und fühlt wie damals, als wir Kinder waren. Das Eltern-Ich denkt und fühlt wie die Elternfiguren, denen wir uns in der Kindheit gegenübersahen. Die Gedanken und Gefühle des Erwachsenen-Ichs sind dagegen direkte Reaktionen auf das Hier und Jetzt. Das Eltern-Ich ist entweder kritisch oder fürsorglich, das Kind-Ich entweder frei oder angepasst. Das fürsorgliche Eltern-Ich entspricht den Aspekten der Erziehung durch die Eltern, die inneres Wachstum und Autonomie förderten. Das kritische Eltern-Ich ist die Stimme, die uns für bestimmte Verhaltensweisen tadelt. Das freie Kind-Ich ist eng an den organismischen Bewertungsprozess gekoppelt. Das angepasste Kind-Ich wurzelt in Phasen, in denen wir unser Verhalten den Ansprüchen anderer (sprich ihren Bewertungsbedingungen) anpassen mussten. Jede unserer Verhaltensweisen ist von dem Ich-Zustand bestimmt, der im jeweiligen Augenblick unsere Persönlichkeit dominiert.

Das Kind-Ich ist geprägt von Minderwertigkeitsgefühlen wie auch von spontaner Freude, das Eltern-Ich von Tadel und Beharren auf Regeln, das Erwachsenen-Ich von der nüchternen Betrachtung der Außenwelt. Normalerweise wechseln wir ständig zwischen diesen Ich-Zuständen hin und her. Psychopathologie lässt sich als eine Fehlfunktion der Grenzen zwischen den Ich-Zuständen begreifen. Zum Beispiel stellt sich wahnhaftes Denken und Erleben ein, wenn sich die Grenzen zwischen Kind- und Erwachsenen-Ich auflösen und kindliche Fantasiebilder die erwachsene Weltwahrnehmung überlagern. Interaktionen zwischen Menschen lassen sich auch anhand der Ich-Zustände beschreiben, in denen sich die Individuen jeweils befinden. Auf der sozialen Ebene kann es so aussehen, als würden Erwachsene miteinander reden, während auf der psychologischen Ebene etwas ganz anderes vor sich geht und beispielsweise ein Eltern-Ich zu einem Kind-Ich oder umgekehrt ein Kind-Ich zu einem Eltern-Ich spricht. Berne beschrieb typische pathologische Spiele, bei denen die Kommunikation nach stereotypen Mustern zwischen bestimmten Ich-Zuständen abläuft. Wenn wir unseren Klienten dieses Denkmodell anbieten, wird es für sie möglicherweise zu einem Werkzeug, mithilfe dessen sie ihre Probleme aus einem neuen Blickwinkel betrachten können. Dies wird am folgenden Beispiel anschaulich:

> Teresa begibt sich in Therapie, weil sie mit ihrem Vorgesetzten oft Probleme hat. Er ist ein Mann in den mittleren Jahren, Teresa ist Mitte zwanzig. Sie empfindet den Vorgesetzten als sehr kontrollierend. Bei Besprechungen gerät sie oft in Verwirrung und fühlt sich bevormundet. Sie ist wütend, versucht ihren Groll zu verbergen und muss oft weinen,

was im Team zu Problemen führt, weil die anderen nicht verstehen, was mit Teresa los ist. In einer Therapiesitzung erwähnt Teresa, dass sie als Studentin das Buch *Spiele der Erwachsenen – Psychologie der menschlichen Beziehungen* von Eric Berne gelesen hat, das einer ihrer Mitbewohnerinnen gehörte. Es entwickelt sich ein Gespräch darüber. Der Therapeut bietet Teresa an, dass er zu den Ideen von Eric Berne etwas sagen kann, und sie ist einverstanden. Teresa erkennt, dass aus dem Blickwinkel der TA der Vorgesetzte auf der sozialen Ebene zu ihr von Erwachsenen-Ich zu Erwachsenen-Ich spricht, auf der verdeckten Ebene aber von Eltern-Ich zu Kind-Ich, was sie völlig durcheinanderbringt. Als dies Teresa klar wird, fühlt sie sich gegenüber dem Vorgesetzten in einer stärkeren Position und beginnt Möglichkeiten zu erkunden, wie sie in ihrem Erwachsenen-Ich bleiben kann, wenn der Vorgesetzte sie in ihr Kind-Ich zu ziehen versucht.

Lebensskript

Die Transaktionsanalyse umfasst ein gut ausgearbeitetes Modell der Entstehung von Psychopathologie, das auf die Wurzeln psychischer Probleme in der Kindheit verweist. Die Muster der Kommunikation mit einem Klienten werden durchschaubarer, wenn man sein sogenanntes Lebensskript untersucht. Dies ist der Plan vom Verlauf des eigenen Lebens, den sich jeder Mensch in seinen ersten Jahren zurechtlegt: Wie beginnt mein Leben, was geschieht in der Mitte, wie endet es? Das Lebensskript gleich einem Theaterstück, das sich im Leben des Individuums entfaltet. Berne nahm an, dass das Lebensskript im Alter zwischen drei bis sieben Jahren festgelegt wird und eines von vier möglichen Urteilen über sich selbst und andere enthält:

1. Ich bin o. k. und du bist o. k.
2. Ich bin nicht o. k., aber du bist o. k.
3. Ich bin o. k., aber du bist nicht o. k.
4. Ich bin nicht o. k. und du bist nicht o. k.

Diese Urteile spiegeln die Introjektion elterlicher Vorstellungen in der Kindheit wider und bilden die Basis dafür, wie das Kind sein Leben wahrnimmt und gestaltet. Weil die Introjektion der elterlichen Botschaften in einer so frühen Lebensphase erfolgt, gründen sie nicht in vernünftigem, logischem Denken. Wir halten an unserem Lebensskript bis ins Erwachsenenalter fest, setzen es im Handeln unbewusst um und finden immer wieder Mittel und Wege, die einstige Entscheidung dafür als plausibel und zwingend erscheinen zu lassen. Der Inhalt des Skripts ist individuell verschieden, wobei es einige Skriptthemen wie die folgenden gibt, die besonders häufig vorkommen:

Ich darf nicht erwachsen werden.
Ich darf nicht wichtig sein.
Ich habe kein Recht zu existieren.
Ich darf es nicht schaffen.
Ich darf nichts empfinden.
Ich darf nicht ich selbst sein.

Der Therapeut ist bestrebt, das Lebensskript des Klienten zu identifizieren, ihn damit zu konfrontieren und ihn zu ermutigen, sich davon frei zu machen. Er versucht dem Klienten zu helfen, sich bewusst zu machen, dass er in seinem Leben jetzt die Möglichkeit hat, sich anders zu entscheiden (siehe Stewart, 1989). Das Lebensskript ist die Methode des Kindes, in einer feindlich erscheinenden Welt zu überleben und zu erreichen, dass seine Bedürfnisse gestillt werden. Es legt sich unbewusst auf ein Skript fest, an dem es dann als Erwachsener sein Verhalten ausrichtet. Ein Kind kann etwa den Eindruck haben, die Eltern hätten gern, dass es ganz anders ist. Falls die Eltern beispielsweise lieber ein Mädchen als einen Jungen gehabt hätten, entscheidet das Kind für sich möglicherweise: »Ich darf nicht ich selbst sein.« Diese Skriptüberzeugung kann sich auf verschiedene Weise äußern, etwa in Minderwertigkeitsgefühlen oder im Verhalten, das für das andere Geschlecht typisch ist. Hier sind natürlich Parallelen zum Konzept der Bewertungsbedingungen zu erkennen. Manche Klienten finden jedoch die Vorstellung des Lebensskripts leichter nachvollziehbar und können mehr damit anfangen. Die Transaktionsanalyse bietet Techniken und Betrachtungsweisen, die manchem Klienten eine Hilfe sein können, darüber nachzudenken, wie bestimmte Probleme in seinem Leben entstanden sind und sich in seinem Alltag immer weiter fortsetzen. Es geht bei diesem Ansatz aber nicht nur um die Linderung von psychopathologischen Problemen, sondern auch darum, zu einem selbstbestimmteren Leben zu finden und neuartige Entscheidungen zu fällen, die ein höheres psychisches Funktionsniveau ermöglichen.

Die Transaktionsanalyse spricht viele Menschen an und ist ein Ansatz, auf den in der Psychotherapie, der Gruppenarbeit und auch in der Ausbildung von Führungskräften gern zurückgegriffen wird. Doch ist er als Therapieform bislang keiner eingehenden empirischen Überprüfung unterzogen worden. Die TA scheint uns für die Positive Therapie recht interessant zu sein, weil in den Grundannahmen viele Überschneidungen bestehen. Außerdem finden wir einige der bildhaften Vorstellungen, die die TA anbietet, für das Gespräch mit Klienten recht hilfreich. Wir sollten uns dabei immer bewusst sein, dass es sich um einen nicht hinreichend abgesicherten Ansatz handelt. Für Therapeuten, die eine stark prozessorientierte Vorgehensweise bevorzugen (siehe z. B. Worsley, 2001, 2004), hält die TA jedoch reichhaltiges Material für die erfahrungsbasierte Arbeit bereit.

Alternative Modelle einer Positiven Therapie und
positiven klinischen Psychologie
Neben der TA gibt es eine Reihe anderer Therapieansätze, die nach unserem Eindruck vieles mit der Positiven Psychologie verbindet. Wir haben hier zwar zunächst recht ausführlich die klientenzentrierte Therapie als eine Form der Positiven Therapie vorgestellt, wollen damit aber keine Festlegung treffen, was ein Therapeut sagen oder tun muss, damit man von einer Positiven Therapie sprechen kann. Andere therapeutische Ansätze, die die Rolle des Klienten als eines aktiven Akteurs betonen, lassen sich mit gleichem Recht als Positive Therapien auffassen (siehe z. B. Follette, Linnerooth & Ruckstuhl, 2001; Resnick, Warmoth & Serlin, 2001). In den folgenden Abschnitten möchten wir einige therapeutische Ansätze kurz vorstellen, die sich unter dem Oberbegriff der Positiven Therapie einordnen lassen. Dies hat bei einigen damit zu tun, dass sie sich ganz direkt aus der Tradition der Positiven Psychologie entwickelt haben, bei anderen damit, dass sie auf Konstrukte, Verfahren oder Techniken der Positiven Psychologie zurückgreifen. Wir möchten noch einmal betonen, dass das Erkennungszeichen der Positiven Therapie aus unserer Sicht im fest verwurzelten Vertrauen des Therapeuten in die Aktualisierungstendenz des Klienten besteht. Wenn der Therapeut an dieser Grundüberzeugung festhält und sich bemüht, die intrinsischen Entwicklungstendenzen des Klienten zu fördern, dann steht in einer Positiven Therapie dem Einsatz einer großen Bandbreite von Techniken nichts im Wege.

Seligman (2002) und Seligman und Peterson (2003) haben dargelegt, was aus ihrer Sicht für die Positive Therapie und die positive klinische Psychologie wesentlich ist. Ihre Hauptthese ist, dass der Therapieerfolg großenteils auf dem beruht, was sie die »nachhaltigen Strategien« [deep strategies] nennen. Gemeint sind etwa das Vermitteln von Hoffnung, das Anbieten narrativer Muster und das Aufbauen persönlicher Stärken. Erfolgreiche Therapeuten machen intuitiv von allen diesen Strategien Gebrauch. Für problematisch halten Seligman und Peterson, dass diese nachhaltigen Strategien nicht benannt oder explizit zur Kenntnis genommen und daher auch nicht erforscht, gelehrt oder weiterentwickelt werden (siehe auch Maddox et al., 2004 b, und unsere Überlegungen zu einer positiven klinischen Psychologie in Kapitel 6). Wir teilen diese Auffassung, soweit es um die übliche Ausbildung von Psychologen in den Bereichen klinische Psychologie und Beratung geht. Auf die Ausbildung personzentrierter Therapeuten trifft sie allerdings nur in geringerem Maße zu, weil die personzentrierte Theorie implizit voraussetzt, dass die nachhaltigen Strategien bereits im Klienten selbst gegeben sind. Der Therapeut lernt daher in der Ausbildung, Klienten in der Entwicklung der eigenen Intuition zu unterstützen, damit sie fähig werden, sich selbst zu heilen und den für sie besten Weg im Leben selbst zu finden.

Motivational Interviewing

Eine neuere, in der Gesundheitspsychologie des Öfteren verwendete Methode ist das Motivational Interviewing (Rollnick & Miller, 1995). Sie baut auf der Erkenntnis auf, dass die personzentrierten Qualitäten eines Therapeuten für den Therapieerfolg wichtige Faktoren darstellen. Im Motivational Interviewing kommt aber ein prozessdirektives Element hinzu: Der Therapeut hält den Klienten in geschickter Weise dazu an, Pro und Kontra der Veränderung zu erkunden, um den Klienten dazu zu motivieren, die notwendigen Schritte zu tun. Man kann das Motivational Interviewing als eine direktive, technikbetonte Kurzform der personzentrierten Therapie bezeichnen.

Lösungsorientierte Kurztherapie

Die lösungsorientierte Kurztherapie ist insofern einzigartig, als das Schwergewicht in ihr auf den Lösungen und nicht auf den Problemen der Klienten liegt (O'Connell, 2005). Der Therapeut versucht Klienten zu helfen, durch Evozieren und Mit-Entwerfen von Lösungen für ihre Probleme ihre erstrebten Ziele zu erreichen (O'Connell, 2001). Die lösungsorientierte Therapie ist aus der Arbeit von Steve de Shazer und seinem Team am Brief Family Therapy Center in Milwaukee, Wisconsin, entstanden. Wie der Begriff Kurztherapie im Einzelnen zu definieren ist, darüber gehen die Meinungen zum Teil noch auseinander. Man spricht im Allgemeinen von einer Kurztherapie, wenn sie weniger als 20 Sitzungen umfasst (O'Connell, 2005). Über die Hauptmerkmale einer Kurztherapie herrscht weitgehend Einigkeit. Wenn man sie genauer unter die Lupe nimmt, lassen sich einige Überschneidungen mit dem erkennen, was wir als Positive Therapie beschreiben. Barret-Kruse (1994) fasst einige der Kennzeichen der lösungsorientierten Kurztherapie wie folgt zusammen: Es wird vorausgesetzt, dass man selbst und die anderen im Wesentlichen über die notwendigen Fähigkeiten verfügen; der Therapeut akzeptiert die Problemdefinition des Klienten; ein therapeutisches Bündnis wird aufgebaut; der Therapieerfolg wird dem Klienten zugeschrieben, und der Therapeut lernt auch vom Klienten. Laut Barret-Kruse verlangt die lösungsorientierte Kurztherapie ein gewisses Maß an Direktivität von Therapeuten. Auch dieser Ansatz ist also den stärker prozessorientierten Positiven Therapien zuzurechnen.

Positive Psychotherapy (PPT)

Die Positive Psychotherapy ist eine in einem Manual vorstrukturierte sechswöchige Intervention mit eineinhalbstündigen Sitzungen, die an Seligmans (2003) Theorie des authentischen Lebensglücks anknüpft (Parks, 2004). In dieser regelgeleiteten Form der Therapie absolviert der Klient im Verlauf der sechs Wochen mehrere Übungen. So soll er in der ersten Woche eine Geschichte erzählen, die ihn auf dem Höhepunkt seiner Möglichkeiten beschreibt, einen Fragebogen ausfüllen, der seine persönlichen Stärken erfasst, und darüber nachdenken, wie er häufiger von seinen Stärken Gebrauch machen kann (Parks, 2004). Dahinter steht die Überlegung, dass der Einsatz der eigenen Kernstärken verknüpft ist mit einer Art Besitzstolz und mit dem Empfinden von Authentizität, weil wir das intrinsische Verlangen haben, Gebrauch von ihnen zu machen, und es uns dabei vorkommt, als könnten wir auch gar nicht anders handeln. Wenn wir die eigenen Kernstärken zur Geltung bringen, fühlen wir uns also ganz in Übereinstimmung mit unseren ureigenen Interessen und Wertvorstellungen (Peterson und Seligman, 2003). Es ist leicht zu erkennen, dass sich die Kernstärken auch als Ausdruck der Aktualisierungstendenz begreifen lassen: Da sie vollständig mit unserer Identität als Individuum im Einklang stehen, drängt es uns dazu, sie einzusetzen, weil uns dies als ganz natürlich erscheint und wir es als bereichernd erleben. Peterson und Seligman weisen auch darauf hin, dass der Gebrauch der eigenen Stärken sich in fühlbaren Ergebnissen niederschlägt, etwa in subjektivem Wohlbefinden, Erleben von Kompetenz, Selbstwirksamkeit und Könnerschaft, geistiger Gesundheit und einem tragfähigen Netz zwischenmenschlicher Beziehungen. Der Einsatz der eigenen Kernstärken dient also dem Wohlbefinden und erfüllt grundlegende psychische Bedürfnisse wie die nach Kompetenzerleben, Autonomie, Eingebundenheit und Selbstachtung. Er wirkt dadurch als Schutz vor psychischen Erkrankungen (Seligman & Peterson, 2003). Vorläufige Befunde des Forschungsprojekts zur PPT weisen darauf hin, dass diese Methode sich gut dazu eignet, Menschen mit leichter Depression zu helfen (Parks, 2004). In neueren Studien deutet sich an, dass verschiedene Übungen das Lebensglück steigern und zugleich depressives Erleben abschwächen können. Zu diesen Übungen gehört beispielsweise, dass man die eigenen Kernstärken auf eine neuartige Weise anzuwenden versucht oder sich klarmacht, was im eigenen Leben gut ist, indem man sich jeden Abend drei Dinge in Erinnerung ruft, die an dem Tag gut gelungen sind, und überlegt, woran das lag (Seligman et al., 2005).

Wir möchten hier nicht versäumen, die von Peseschkian und Kollegen entwickelte positive Psychotherapie® zu nennen (z. B. Peseschkian & Tritt, 1998). Dieser Ansatz geht nicht auf die Tradition der Positiven Psychologie zurück. Der Begriff »positiv« bezieht sich hier auf das lateinische Wort »›positum‹, das heißt auf das ›tatsächlich‹ Vorgegebene« (Peseschkian & Tritt, 1998, S. 94; siehe auch Jork & Peseschkian, 2003, S. 89 f.). Die Bezeichnung positive Psychotherapie kann also unter Umständen für Verwirrung sorgen. Peseschkians Ansatz ist aus unserer Sicht nicht der Positiven Therapie im Sinne der Positiven Psychologie zuzurechnen.

Wohlbefindenstherapie
Die von Fava und Kollegen entwickelte Wohlbefindenstherapie (z. B. Fava, 1997, 1999; Ruini & Fava, 2004) basiert auf Ryffs Studien (z. B. 1989; Ryff & Singer, 1996) zu sechs Dimensionen psychischen Wohlbefindens: Bewältigung der äußeren Lebensumstände, persönliches

Wachstum, Lebenssinn und -ziel, Autonomie, Selbstakzeptanz und positive Sozialbeziehungen. Die Wohlbefindenstherapie ist ein psychotherapeutisches Kurzzeitverfahren mit acht Sitzungen, die zwischen 30 und 50 Minuten dauern. Sie legt großes Gewicht auf die Selbstbeobachtung, die unter anderem durch ein strukturiertes Tagebuch und in der Interaktion zwischen Klient und Therapeut angeregt wird (Ruini & Fava, 2004, S. 374).

Fava (2000) konstatiert, dass die kognitive Verhaltenstherapie im Hinblick auf die Symptomreduktion zwar eine eindrucksvolle Bilanz vorweisen kann, aber meist keine vollständige Auflösung der Symptome erreicht. Ruini und Fava (2004) nennen vier Sachverhalte, die den Anstoß zur Entwicklung der Wohlbefindenstherapie gaben. Erstens ist eine recht hohe Rückfallrate bei affektiven Störungen festzustellen, insbesondere bei der unipolaren Major Depression; therapeutische Interventionen beheben die Symptome möglicherweise eine Weile, doch halten die Effekte nicht sonderlich lange an. Zweitens sind bei Patienten, die sich nach *DSM*-Kriterien in der Remissionsphase einer Störung befinden, oft Residualsymptome wie Anspannung, Reizbarkeit und Probleme im Umgang mit anderen festzustellen, das heißt, sie sind von einem befriedigenden psychischen Funktionsniveau noch immer weit entfernt. Drittens ziehen die genannten Probleme die Aufmerksamkeit der Kliniker heute stärker auf sich, weil im Gesundheitswesen das Interesse an der Einschätzung von Lebensqualität wächst. Viertens eröffnet die Entwicklung der Positiven Psychologie neue Perspektiven auf bestimmte Patientengruppen und weckt die Hoffnung auf Vorgehensweisen, die nicht nur Symptome lindern, sondern auch Wohlbefinden fördern.

Fava (z. B. 1999) versucht in seinem Ansatz, an bestehende Konzepte der kognitiven Verhaltenstherapie anzuknüpfen und sie mit einer Konzentration auf die Förderung des Wohlbefindens zu verbinden, weil er davon ausgeht, dass eine Steigerung des Wohlbefindens späteren psychopathologischen Entwicklungen und damit Rückfällen vorbeugen, die Residualsymptomatik verringern und das globale psychische Funktionsniveau heben kann. Der Wohlbefindens-Therapeut leitet den Klienten anhand von Ryffs Modell der sechs Dimensionen des psychologischen Wohlbefindens – Bewältigung der äußeren Lebensumstände, persönliches Wachstum, Lebenssinn und -ziel, Autonomie, Selbstakzeptanz und positive Sozialbeziehungen – dazu an, diejenigen Bereiche des eigenen psychologischen Wohlbefindens zu erkennen, in denen eine Steigerung möglich ist. Der Therapeut arbeitet dann mit dem Klienten an diesen Bereichen sowie an den manifesten Störungssymptomen.

In der ersten Sitzung soll der Klient Phasen des Wohlbefindens in seinem Leben, ganz gleich, wie kurzlebig sie gewesen sein mögen, benennen und in ihren situativen Kontext einordnen. In den folgenden Sitzungen hält man den Klienten dazu an, die Gedanken und Überzeugungen zu identifizieren, die zum vorzeitigen Abbruch des Wohlbefindens führten, wobei der Fokus der Selbstbeobachtung nicht auf Verzweiflung und Not, sondern auf dem Wohlbefinden liegt. Der Therapeut nutzt diese Angaben, um die Beeinträchtigungen des Wohlbefindens genauer zu bestimmen, und arbeitet dann mit dem Klienten daran, sie zu beheben. Er kann auch Selbsteinschätzungs-Fragebogen verwenden, um das Erkennen problematischer Bereiche des Wohlbefindens zu erleichtern. Die dabei gewonnenen Informationen bahnen den Weg für spezifischere Maßnahmen zur Hebung des Wohlbefindens (eine umfassendere Darstellung findet sich bei Ruini & Fava, 2004).

Die Wohlbefindenstherapie wurde bislang sehr erfolgreich bei einer Reihe klinischer Störungsbilder eingesetzt, unter anderem bei affektiven Störungen (Fava, Rafanelli, Cazzaro, Conti & Grandi, 1998 a), rezidivierender Depression (Fava, Rafanelli, Grandi, Conti & Belluardo, 1998 b), Wirkungsverlust von Antidepressiva (Fava, Ruini, Rafanelli & Grandi, 2002) und generalisierter Angststörung (Fava et al., 2005).

Achtsamkeitsbasierte kognitive Therapie
Achtsamkeit erhöht die Selbstbewusstheit und versetzt einen so in die Lage, sachgerechtere und überlegtere Entscheidungen zu treffen. Aus einer neueren Studie in der Tradition der Positiven Psychologie geht hervor, dass Achtsamkeit mit einer Vielzahl von Indikatoren des Wohlbefindens verknüpft ist (Brown & Ryan, 2003). Hier finden sich auch Belege dafür, dass achtsamkeitsbasierte Ansätze die Selbstbestimmung und die Selbstbewusstheit fördern und auf diese Weise die Befriedigung psychischer Grundbedürfnisse nach Autonomie, Kompetenzerleben und Eingebundenheit ermöglichen (siehe Brown & Ryan, 2003, 2004), was laut Ryan & Deci (2000) einen großen Teil zum Wohlbefinden eines Menschen beiträgt.

Man hat in therapeutischen Settings Achtsamkeitstraining und kognitive Verhaltenstherapie miteinander kombiniert, um Rückfällen nach einer Depressionsbehandlung entgegenzuwirken. Laut Teasdale, Segal, Williams, Ridgeway, Soulsby & Law (2000) ist die Anfälligkeit für das neuerliche Auftreten einer Depression darauf zurückzuführen, dass sich für die Person, wenn sie sich einfach nur in einer gedrückten Stimmungslage befindet, dieser Zustand immer wieder mit den Mustern negativer, selbstabwertender und verzweifelter Gedanken verbindet, die ihr in den Phasen einer Major Depression durch den Kopf gegangen waren. Dies löst Veränderungen sowohl auf der kognitiven als auch auf der neuronalen Ebene aus, die dazu führen, dass bei Menschen, die sich von einer Major Depression erholt haben, in trübsinnigen oder dysphorischen Momenten andere Denkmuster auftreten als bei Menschen, die keine Major Depression hinter sich haben.

In der achtsamkeitsbasierten kognitiven Therapie liegt der Fokus darauf, dass der Klient Gedanken und Gefühle so wahrzunehmen lernt, dass er sie unter einer umfassenderen, dezentrierten Perspektive auf sich bezieht. Man hält ihn dazu an, die eigenen Gedanken als »mentale Ereignisse« zu registrieren, die kein integraler Bestandteil seiner Person und seiner Psyche, sondern von ihm losgelöst sind. Durch diese Distanzierung findet er Zugang zu Fähigkeiten, die er braucht, um die Eskalation depressiver Gedanken und Empfindungen zu einer voll entwickelten Depression zu unterbinden. Empirische Befunde stützen die Wirksamkeit des Ansatzes bei depressiven Störungen (siehe z.B. Ma & Teasdale, 2004; Teasdale, Moore, Hayhurst, Pope, Williams & Segal, 2002) sowie bei verschiedenen anderen klinischen Störungsbildern und klinisch nicht relevanten Problemen (Grossman, Niemann, Schmidt & Walach, 2004).

Klinische Ansätze zum inneren Wachstum nach
traumatischen Erfahrungen

In unserer eigenen Arbeit beschäftigen wir uns mit dem Konzept des posttraumatischen Wachstums, also damit, wie sich bei Menschen nach traumatischen Erfahrungen positive Veränderungen und Entwicklungen vollziehen können. Tedeschi und Calhoun (2004; Calhoun & Tedeschi, 1999) gehen der Frage nach, wie Kliniker mit einem traumatisierten Klienten so arbeiten können, dass er in seiner Fähigkeit zu innerem Wachstum und positiver Veränderung gestärkt wird. Sie betonen, dass in einer Therapie, die posttraumatisches Wachstum zu fördern vermag, stets der Klient Richtung und Tempo vorgibt. Der Therapeut übernimmt die Rolle eines Mitreisenden, der den Klienten auf bestimmte Prozesse hinweist, wenn ihm dies angemessen erscheint, oder ihm alternative Deutungsmöglichkeiten anbietet.

Laut Tedeschi und Calhoun (2004) sollte ein Therapeut, der das posttraumatische Wachstum eines Klienten zu unterstützen versucht, sechs allgemeine Gesichtspunkte im Auge behalten. Ihre Empfehlungen lassen sich sehr gut mit unserem Modell einer Positiven Therapie vereinbaren, weshalb wir sie hier kurz nennen wollen. Der Therapeut sollte bei seiner Arbeit erstens vom inneren Bezugsrahmen der traumatisierten Person ausgehen, das heißt sich bemühen, die Denkweise des Klienten nachzuvollziehen, anstatt ihm die eigenen Anschauungen, Wertvorstellungen und Überzeugungen aufzudrängen. Zweitens betonen Tedeschi und Calhoun den Wert konstruktiven Zuhörens und empfehlen dem Therapeuten, dem Klienten zuzuhören, ohne dabei gleich zu versuchen, dessen Probleme für ihn zu lösen. Drittens sollte der Therapeut darauf achten, inwieweit die typischen Themen posttraumatischen Wachstums zur Sprache kommen, und sie benennen, sich dabei aber stets vom Klienten leiten lassen, anstatt die Richtung des Prozesses selbst bestimmen zu wollen. Viertens sollte der Therapeut sich weniger auf das Trauma als auf das Ringen des Klienten damit konzentrieren, denn das innere Wachstum entsteht nicht aus dem Trauma an sich, sondern aus dieser Auseinandersetzung und Verarbeitung. Weil traumatisierte Menschen von anderen, die Ähnliches erfahren haben, viel lernen können, ist fünftens zu bedenken, ob die Teilnahme an einer Gruppe dem posttraumatischen Wachstum des Klienten förderlich sein könnte (auf entsprechende Gruppenmethoden werden wir in Kapitel 7 eingehen). Wenn der Therapeut sechstens den Klienten dazu anregt, eine narrative Form zu entwickeln, in der er den eigenen Kampf darstellen kann, und sich bewusst zu werden, wie das Trauma die eigenen Vorstellungen und Überzeugungen verändert, wird es möglich, Wachstumsschritte wahrzunehmen und sich an ihnen zu freuen. Dies kann aber wiederum nur gelingen, wenn der Klient das Tempo bestimmt und seine Sicht der Dinge im Vordergrund steht (Einzelheiten hierzu bei Tedeschi & Calhoun, 2004).

Es liegen zwar noch keine empirischen Daten vor, die klinische Ansätze zur Förderung posttraumatischen Wachstums stützen, doch liegt die geschilderte therapeutische Haltung ganz auf der Linie unseres

Verständnisses von Positiver Therapie. Wir haben andernorts (Joseph, 2004; Joseph & Linley, 2005 b) bereits eine personzentrierte Theorie des organismischen Bewertungsprozesses vorgestellt, die beschreibt, wie Menschen nach belastenden und traumatischen Ereignissen eine positive Anpassung an ihre Situation gelingt, und eine solide Grundlage bietet, von der ausgehend man ein spezifischeres, an der Positiven Psychologie orientiertes Therapiekonzept des posttraumatischen Wachstums entwickeln kann. In Kapitel 7 werden wir diesen Punkt wieder aufgreifen.

Ressourcenbereiche

In unserem Bestreben, einen integrativen Therapieansatz zu entwerfen, können wir auf eine Fülle von Theorien und Techniken zurückgreifen. Wir können Interventionen beispielsweise danach gliedern, welche Bereiche seiner Ressourcen sich der Klient dabei nutzbar machen kann. Carol Kauffman (2005) nennt sieben Ressourcenebenen: Ressourcen, die im Körper der Person, in ihrer Umgebung, in ihren Beziehungen oder in ihren Gefühlen vorhanden sind, sowie strukturiertes Denken, Kontinuitäten zwischen Vergangenheit und Gegenwart und schließlich Überschreiten der Alltagserfahrung. Kauffman fasst die Ressourcenbereiche in dem Akronym »p.e.r.f.e.c.t.« zusammen. Ihre Klienten sollen, wenn sie psychische Energie brauchen, um voranzukommen, diese Merkhilfe nutzen, um die sieben Bereiche im Geist durchzugehen und so auf Ideen zu kommen, was ihnen weiterhelfen könnte. Kauffman nennt Beispiele für Ressourcen, die ein Klient mobilisieren kann, wenn er nicht mehr weiterweiß und sich fragt, wie er die Hindernisse auf dem Weg zu einem Ziel überwinden soll.

Wenn sie beispielsweise mit einem Studenten oder Autor arbeitet, der unter einer Schreibhemmung leidet, schlägt sie ihm vor, sich darüber klarzuwerden, ob ein körperliches Hindernis im Spiel ist, das heißt, ob eine entsprechende Maßnahme die Hemmung lockern könnte (zum Beispiel die Ernährung umstellen, sich ein Nickerchen gönnen, schwimmen gehen). Bietet die Umgebung des Klienten Ressourcen, auf die er zugreifen könnte, oder gibt es Möglichkeiten, sein unmittelbares Umfeld zu verändern (kann er zum Beispiel im Forum einer Website um Rat fragen oder statt zu Hause in der Bibliothek arbeiten)? Kann ihm der Kontakt zu andern helfen (zum Beispiel ein Gespräch mit einem Freund)? Kann er auf der Ebene der Gefühle ansetzen (und sich etwa Zeit dafür nehmen, Witze zu lesen, um seine Stimmung zu heben oder seine Anspannung gezielt abzubauen)? Kann er durch strukturiertes Denken etwas ändern (beruht die Schreibhemmung beispielsweise darauf, dass er sich in Details verliert)? Kann er Kontinuitäten zwischen Vergangenheit, Gegenwart und Zukunft nutzen (und sich zum Beispiel auf Einsichten stützen, zu denen er in der Vergangenheit gelangt ist, oder Achtsamkeits- oder Optimismusübungen machen)? Kann er etwas tun, um eine Weile lang die Alltagserfahrung hinter sich zu lassen (zum Beispiel kontemplative Musik auflegen)?

Kauffman (2005) betont die Wichtigkeit einer ganzheitlichen Arbeitsweise. Durch die von ihr vorgeschlagene integrative Vorgehensweise weitet sich der Horizont, und wir und unser Klient laufen nicht Gefahr, auf eine einzige Perspektive festgelegt zu sein. Wenn wir dem Klienten bewusst machen, dass er über ein breites Repertoire an Ressourcen und Strategien verfügt, stärkt das sein Vertrauen in die eigenen Gestaltungsmöglichkeiten und schärft seinen Blick dafür, dass er verschiedene Wege einschlagen kann – zwei zentrale Voraussetzungen für das Entstehen von Hoffnung (Snyder, 2000).

Zusammenfassung

In diesem Kapitel haben wir erläutert, warum Test- und Messverfahren, wenn sie im Sinne des medizinischen Krankheitsmodells eingesetzt werden, mit der personzentrierten Therapie nicht vereinbar sind. In der personzentrierten Therapie besteht keine Notwendigkeit, wie in der Medizin Diagnosen zu stellen oder Klienten zu klassifizieren, denn wir gehen davon aus, dass die therapeutische Beziehung in jedem Fall heilsam wirkt, ganz gleich, um welches Problem es beim Klienten geht. Wir sind allerdings der Ansicht, dass Test- und Messverfahren, vor allem wenn sie der Tradition der Positiven Psychologie entstammen, in einer Positiven Therapie dem Klienten oft eine Hilfe sein können, sich selbst besser zu verstehen. Wesentlich ist, dass die Verwendung von Test- und Messverfahren im Einklang mit dem inneren Bezugsrahmen des Klienten steht und somit seine Rolle als bester Experte in eigener Sache nicht infrage stellt. Zwar stehen viele klientenzentrierte Therapeuten dem Einsatz von therapeutischen Techniken skeptisch gegenüber oder lehnen ihn rundweg ab, doch es existieren zahlreiche therapeutische Ansätze und Techniken, die für eher prozessorientierte Therapeuten von Nutzen sein können, so etwa die Transaktionsanalyse, das Motivational Interviewing oder die lösungsorientierte Kurztherapie. Zudem haben auch Vertreter der Positiven Psychologie begonnen, neue Arbeitsmethoden zu entwickeln und zu erforschen. Wir haben vier solche Ansätze vorgestellt: die Positive Psychotherapie als Intervention zur Steigerung des Lebensglücks, die von Fava und Kollegen entwickelte Wohlbefindenstherapie, die achtsamkeitsbasierte kognitive Therapie sowie klinische Ansätze zum posttraumatischen Wachstum. Wir gehen davon aus, dass das Interesse an diesen Verfahren in den kommenden Jahren stark zunehmen wird. Wir haben sie als Beispiele für die verschiedenartigen Therapietechniken angeführt, die sich im Rahmen einer Positiven Therapie einsetzen lassen. Allerdings möchten wir betonen, dass es uns in diesem Buch nicht um Techniken geht, sondern darum, dass wir uns die Vorannahmen bewusst machen, von denen wir in der therapeutischen Arbeit ausgehen, und die weltanschauliche Perspektive, das unserer Verwendung von Tests und Techniken zugrunde liegt, klar benennen. Rollo May (1994), einer der Begründer der existenziellen Therapie, schreibt zum Thema der therapeutischen Technik:

Wir neigen im Westen der Überzeugung zu, dass *Verstehen der Technik nachgeordnet ist*: Wenn wir die richtige Technik anwenden, werden wir das Geheimnis des Patienten ergründen können oder, um es mit einer erstaunlich scharfsichtigen Redewendung zu sagen, »herausbekommen, wie er tickt«. Der existenzielle Ansatz geht vom genauen Gegenteil aus, nämlich dass *Technik dem Verstehen nachgeordnet ist*. Die zentrale Aufgabe des Therapeuten besteht im Bemühen, den Patienten in seiner Wesenheit und seinem In-der-Welt-Sein zu verstehen. Alle technischen Probleme sind im Verhältnis zu diesem Verstehen nachrangig. Ohne dieses Verstehen ist technische Gewandtheit bestenfalls irrelevant und schlimmstenfalls eine Methode, die Neurose zu »strukturalisieren«. Gelingt das Verstehen, ist die Vorarbeit dafür geleistet, dass der Therapeut dem Patienten helfen kann, die eigene Existenz zu erfassen und zu erfahren; dies ist der zentrale Vorgang der Therapie. Damit wird diszipliniertes Vorgehen nicht für wertlos erklärt, in den größeren Zusammenhang eingeordnet.

(May, 1994, S. 77)

Im Mittelpunkt unserer Überlegungen in diesem Buch stehen die meta-theoretischen Annahmen des personzentrierten Ansatzes, dass der Klient der beste Experte in eigener Sache ist und dass in jedem Menschen eine intrinsische Motivation wirkt, die auf inneres Wachstum und Optimierung des psychischen Funktionsniveaus drängt. Aus unserer Sicht ist eine friedliche Koexistenz dieser metatheoretischen Annahmen mit verschiedensten Arbeitsweisen möglich.

6. Der Weg von der Psychopathologie zum Wohlbefinden

In Kapitel 4 und 5 haben wir dargelegt, dass unser Konzept einer Positiven Therapie auf der personzentrierten Theorie von Carl Rogers gründet, aber offen für prozessorientierte Verfahrensweisen und die Einbeziehung von Ideen und Techniken aus anderen, mit der Positiven Therapie vereinbaren Ansätzen ist. Die zentrale These des personzentrierten Ansatzes ist, dass es im Menschen einen tief verwurzelten Drang zur Verwirklichung seiner Potenziale gibt, den das soziale Umfeld entweder fördern oder behindern kann. Wir sind auf einige andere therapeutische Ansätze eingegangen, die nach unserem Eindruck diese grundlegende Annahme zum Wesen des Menschen teilen und sich dem Oberbegriff der Positiven Therapie zuordnen lassen.

Wenn wir davon sprechen, dass die Positive Therapie Menschen helfen kann, ihre Potenziale zu entfalten und ein optimales Funktionsniveau zu erreichen, denken manche vielleicht, dass dieser Ansatz nur für Menschen taugt, die bereits recht gut zurechtkommen, und dass Menschen, die sich in einer wirklich schwierigen Lage befinden und mit gravierenden psychischen Problemen zu kämpfen haben, in einer traditionelleren Psychotherapie besser aufgehoben sind. Wie Sie feststellen konnten, befassen wir uns in diesem Buch nicht mit sogenannten psychiatrischen Störungsbildern. Das liegt nicht daran, dass unser Ansatz ungeeignet wäre, wo es um tiefes menschliches Leid geht, sondern daran, dass er auf dem Konzept der Aktualisierungstendenz basiert, einem Paradigma, das in diametralem Gegensatz zum medizinischen Krankheitsmodell steht. In diesem Kapitel wollen wir zeigen, dass unser Ansatz einer Positiven Therapie auch zum Verständnis psychopathologischer Prozesse beitragen kann. Wir werden darlegen, inwiefern die personzentrierte Theorie und die Positive Therapie eine Alternative zum medizinischen Modell der Psychopathologie bieten und ein ganz anderes Bild von psychischen Problemen des Menschen zeichnen. Dadurch erweisen sich personzentrierte Theorie und Positive Therapie als Konzepte der psychischen Gesundheit, die ganz auf der Linie der Positiven Psychologie liegen (siehe auch Joseph & Worsley, 2005 a).

Integration von positiven und negativen Aspekten

Wie wir in Kapitel 1 gesehen haben, entstand die Positive Psychologie als eine Reaktion darauf, dass im psychologischen Mainstream des späten 20. Jahrhunderts das medizinische Krankheitsmodell vorherrschend war. Es leuchtet daher ein, dass man es in der Frühphase der Positiven Psychologie für notwendig hielt, das Besondere an diesem Ansatz hervorzuheben, das heißt die Beachtung positiver Merkmale und Aspekte. Mittlerweile hat sich der Fokus hin zu einer integrativen Betrachtungsweise verlagert, die sowohl die positiven als auch die negativen Aspekte psychischer Funktionsabläufe einschließt. Dies entspricht Hegels (1807) Vorstellung der Synthese: Die Entwicklung einer Idee verläuft von der *These* (hier: dem Mainstream der traditionellen Psychologie) über die *Antithese* (Positive Psychologie) hin zur *Synthese* (die Integration beider Richtungen, um die es hier nun gehen soll).

Die derzeitige Ausrichtung der Positiven Psychologie entspricht der Forderung, dass ein neuer integrativer Entwurf der Psychologie anzustreben ist (Sternberg & Grigorenko, 2001). Auch die Positive Therapie sollte daher explizit sowohl die positiven als auch die negativen Aspekte des menschlichen Erlebens berücksichtigen. Bislang gibt es noch keine allgemein akzeptierte Metatheorie der Positiven Psychologie, die der Forderung nach einem integrativen Entwurf zu genügen vermag. Unsere These ist jedoch, dass mit der personzentrierten Persönlichkeitstheorie bereits eine solche Metatheorie der Persönlichkeitsentwicklung und der psychischen Gesundheit vorliegt. Wir wollen zeigen, dass diese Metatheorie, die wir unter dem Begriff Positive Therapie erarbeitet haben, ein Fundament für die Praxis der Positiven Psychologie zu bieten vermag.

Ein personzentriertes Modell
der Psychopathologie

In den vorangegangenen Kapiteln und auch an anderer Stelle (Joseph &
Worsley, 2005 a) haben wir bereits angedeutet, wie man sich die Entstehung psychopathologischer Prozesse aus Sicht der personzentrierten
Persönlichkeitstheorie vorzustellen hat: Sie entspringen der Verinnerlichung von Bewertungsbedingungen, die die Aktualisierungstendenz
behindern und überlagern und dazu führen, dass das Individuum sich
in der Gestaltung seiner Selbstaktualisierung an ihnen und nicht an seiner Aktualisierungstendenz ausrichtet.

Vermag diese Theorie aber tatsächlich das gesamte Spektrum psychischer Probleme zu erklären, unter denen Menschen leiden? Wir
sind der Meinung, dass die personzentrierte Theorie ein viel umfassen-
deres Modell der Psychopathologie bietet, als allgemein angenommen,
und eine überzeugende Alternative zum medizinischen Krankheitsmodell darstellt. Dies mag manch einen zunächst verwundern, da ein
gängiger Einwand gegen die personzentrierte Theorie lautet, dass sie
nur für die besorgten Gesunden Gültigkeit hat und gravierende und
anhaltende psychische Probleme nicht zu erklären vermag.

Doch die personzentrierte Persönlichkeitstheorie kann, wenn man
sich die Rolle wirklich klarmacht, die darin der Verzerrung der Aktualisierungstendenz zukommt, durchaus zum Verständnis vieler schwer-
wiegender und dauerhafter psychischer Probleme beitragen (siehe Wilkins, 2005 a). So ist laut der Theorie bei manchen Menschen die
Aktualisierungstendenz in einem solchen Maße gehemmt und überlagert, dass es den Anschein haben kann, als habe die Person nichts
Positives in sich und sei ganz und gar von zerstörerischen Impulsen
bestimmt. Die in ihr wirksame gerichtete Tendenz (das heißt die Aktualisierungstendenz) sucht nach wie vor nach Betätigungs- und Aus-
drucksmöglichkeiten, ist aber dadurch verzerrt und entstellt worden,
dass die Person innerhalb der durch die Erwartungen anderer vorgege-
benen Grenzen (das heißt nach den von ihnen gesetzten Bewertungsbedingungen) leben musste, anstatt sich in eine Richtung entwickeln zu
können, die mit den eigenen intrinsischen Wertmaßstäben kongruent
ist. Das Verhalten der von extrinsischen Wertmaßstäben getriebenen
Person nimmt negative und zerstörerische Formen an, weil sie bestrebt
ist, die Bedingungen für die Wertschätzung durch andere zu erfüllen,

anstatt sich die Freiheit zu nehmen, den eigenen intrinsischen Impulsen zu folgen, die der Theorie zufolge in eine zwischenmenschlich gesehen konstruktive und positive Richtung weisen würden. Je weiter der eingeschlagene Weg von dem Weg abweicht, den die Aktualisierungstendenz weist, desto massiver die Psychopathologie (siehe Wilkins, 2005 a).

Wenn also Menschen verschiedenste destruktive Verhaltensweisen zeigen, ist die personzentrierte Theorie damit nicht widerlegt, denn sie behauptet nicht, wie viele ihrer Kritiker unterstellen, dass Menschen immer konstruktiv und tugendhaft handeln. Das wäre, da haben die Kritiker recht, eine höchst naive Sichtweise. Die personzentrierte Theorie aber spricht von einer intrinsischen Motivation, von der konstruktive Entwicklungsimpulse ausgehen, die aber durch das Bestreben, bestimmten Bewertungsbedingungen zu genügen, behindert und überlagert wird. Destruktivität entsteht also, wenn die Selbstaktualisierung eines Individuums in eine falsche Richtung gedrängt wird, weil es sich externen Bewertungsbedingungen unterwirft.

Die personzentrierte Theorie hat also durchaus eine Erklärung für das Leid anzubieten, das Menschen einander zufügen. Uns ist freilich auch klar, dass in manchen Fällen nicht leicht nachzuvollziehen ist, wie zerstörerische Verhaltensweisen von Menschen dem Prozess der Verinnerlichung von Bewertungsbedingungen entspringen. Vielleicht, so geben manche zu bedenken, ist ja auch nicht in allen Menschen eine intrinsische Motivation vorhanden, die auf die Aktualisierung ihrer Potenziale hinstrebt. Wir kennen klinische Psychologen, die diese Auffassung vertreten und sagen, dass manche Menschen wohl einfach anders »verdrahtet« sind und ihnen eine angeborene Aktualisierungstendenz abgeht. In den Medien ist oft von Menschen die Rede, die von Grund auf »böse« und von einem Verlangen nach Destruktion beseelt seien. Das Wort »böse« ist problematisch, wenn wir uns damit von einem Missetäter distanzieren, indem wir ihm das Menschsein absprechen (Worsley, 2005). Wir glauben jedenfalls, dass manche Kritiker der personzentrierten Persönlichkeitstheorie nicht verstanden haben, wie subtil und tief greifend Bewertungsbedingungen wirken und wie leicht die Aktualisierungstendenz blockiert, überlagert und aus der Bahn geworfen werden kann, sodass der Eindruck entsteht, dass die Person eine intrinsische Motivation zum »Bösen« und zu zerstörerischem Verhalten in sich trägt. Frankel und Sommerbeck (2005) bemerken hierzu:

Die unbedingte Wertschätzung, die Rogers einem bestimmten Klienten entgegenbringt, entspringt seiner Anschauung, dass es im Wesen des Menschen liegt, kreatives und konstruktives Mitglied einer Gesellschaft zu sein, die jedem Individuum den größtmöglichen Spielraum für den Ausdruck seiner selbst bietet. Die Entwicklung eines Individuums wie Hitler ist demnach so zu erklären, dass sein angeborenes prosoziales Wesen korrumpiert worden ist, so wie ein bislang freundlicher Hund bösartig wird, wenn er Tollwut bekommt. Hätte der kleine Adolf es besser gewusst, hätte er sich ebenso wenig dafür *entschieden*, HITLER zu werden, der Inbegriff des Bösen, wie ein gesunder Hund sich dafür entscheiden würde, tollwütig zu werden.

(Frankel & Sommerbeck, 2005, S. 46 f.)

Die personzentrierte Persönlichkeitstheorie beschreibt einen höchst subtilen Entwicklungsprozess. So wie schon ein ganz leichtes Verschieben des Ruders zu Beginn dazu führt, dass das Boot am Ende einer langen Reise ganz woanders ankommt, können auch die Bewertungsbedingungen starken Einfluss auf den Verlauf eines Lebens nehmen. Die Theorie ist, was die Extremformen menschlichen Verhaltens angeht, keineswegs lückenhaft, und wir müssen uns nicht anderswo umschauen, um Erklärungen zu finden. Die personzentrierte Theorie ist hinreichend tragfähig, um »bösartiges« Verhalten begreiflich machen zu können.

Wir haben bereits erwähnt, dass über die personzentrierte Theorie falsche Vorstellungen kursieren, weil sie eine klare Alternative zu dem medizinischen Paradigma darstellt, das einem Großteil der Ausbildungsprogramme für klinische Psychologie und psychologische Beratung zugrunde liegt. Viele klinische Psychologen und psychologische Berater sind entrüstet, wenn wir sie mit diesem Gedanken konfrontieren, und entgegnen, dass sie doch gar nicht von einem medizinischen Denkmodell ausgehen. Es ist ihnen daran gelegen zu betonen, dass sie psychische Probleme nicht auf biologische oder genetische Ursachen zurückführen. Mit dem Begriff medizinisches Denkmodell meinen wir aber etwas anderes.

Gemeint ist die Vorstellung, dass der Arzt zunächst feststellt, was das Problem ist, um dann eine darauf zugeschnittene Maßnahme zu verordnen. Genau diesem Muster folgt ein großer Teil der Ausbildung in der klinischen Psychologie und psychologischen Beratung. Wie ein flüchtiger Blick in die auf diesem Gebiet maßgeblichen Lehrbücher zeigt, befassen sich die einzelnen Kapitel oft mit jeweils einem der sogenannten psychiatrischen Störungsbilder wie Depression, Angst, Schizophrenie, Zwang oder posttraumatischer Belastungsstörung und stellen die Behandlungsmethoden vor, die als die am besten geeigneten gelten. Dies ist das Schema, das wir mit dem Ausdruck medizinisches Denkmodell meinen: Es gibt bestimmte Probleme, die jeweils eine bestimmte Art von Therapie erfordern. Wenn wir uns ein Bein brechen, wollen wir nicht, dass der Arzt uns ein Abführmittel gibt, sondern dass er das gebrochene Bein versorgt. Wir wollen die unserem Problem angemessene Behandlung. Wenn Lehrbücher der klinischen Psychologie nach sogenannten psychischen Störungen gegliedert sind, steht dahinter dieselbe Vorstellung: Welche Behandlung ist bei dieser spezifischen Störung erforderlich? In diesem Kapitel werden wir darlegen, warum das medizinische Denkmodell zwar manchmal menschliches Leid gut erklären kann, für die Erklärung psychischer Probleme aber viel zu oft herangezogen wird und bei vielen Psychologen die falsche Überzeugung hat entstehen lassen, man müsse sich psychische Probleme analog zu medizinischen vorstellen. Wir sollten allerdings auch unmissverständlich klarstellen: Unsere Ablehnung des medizinischen Denkmodells bedeutet nicht, dass wir die Existenz psychischen Leids bestreiten. Wir lehnen nur eine bestimmte Sichtweise psychischen Leids ab.

Psychische Probleme können einen Menschen durch ihre Intensität und Dauer derart überfordern, dass er in extrem dysfunktionale und gefährliche Verhaltensweisen verfällt, die für ihn selbst oder auch für die Gesellschaft, in der er lebt, eigentlich ganz ungewöhnlich sind. Dies meinen wir, wenn wir von psychopathologischen Prozessen sprechen. Wir behaupten also nicht, dass es sie nicht gäbe. Natürlich gibt es sie – das Leiden vieler Menschen ist nur zu real. Die Frage ist, wie wir uns psychopathologische Prozesse erklären. Wir glauben, dass wir uns als Therapeuten einen schlechten Dienst erweisen, wenn wir uns das medizinische Denkmodell allzu bereitwillig zu eigen machen. Die personzentrierte Theorie sieht Depression, Ängste und andere Erscheinungsformen der Psychopathologie als Wege, die Menschen eingeschlagen haben, weil sie bestimmten Bewertungsbedingungen zu genügen versuchen. Das heißt, psychische Probleme haben im Wesentlichen immer dieselbe Ursache: Sie sind individueller Ausdruck einer Inkongruenz zwischen Selbst und Erfahrung. Auf spezifische Störungsbilder zugeschnittene Behandlungsmethoden sind deshalb nicht notwendig (siehe Bozarth, 1998).

Psychopathologie neu definieren: Eine Positive Psychologie der psychischen Gesundheit

Als Psychopathologie wollen wir daher all die Gedanken, Gefühle und Verhaltensweisen bezeichnen, die aus einer inneren Inkongruenz zwischen Selbst und Erfahrung entstehen. Diese personzentrierte Definition unterscheidet sich von dem Begriff, den viele von Psychopathologie haben: In der Psychologie und Psychiatrie ist es üblich, die verschiedenen Manifestationen der Psychopathologie anhand des *Diagnostischen und statistischen Manuals psychischer Störungen (DSM)* zu katalogisieren. Die zwei Denkweisen lassen sich insofern miteinander verknüpfen, als man die verschiedenen im *DSM* aufgeführten psychopathologischen Erscheinungsformen so auffassen kann, dass sie aus einer Inkongruenz hervorgehen. Doch in einiger Hinsicht entwirft der personzentrierte Ansatz ein grundsätzlich anderes Bild von psychopathologischen Prozessen. Zunächst einmal bezieht sich der Begriff psychopathologisch in ihm nicht nur auf die Extremformen menschlichen Verhaltens, sondern wird in einem wesentlich allgemeineren Sinn verwendet.

Kontinuität versus Diskontinuität

Psychopathologie ist ein Begriff, unter dem man psychische Probleme verschiedenster Art zusammenfasst. Die moderne Psychiatrie und Psychologie sind bemüht, psychopathologische Erscheinungsformen möglichst klar voneinander abzugrenzen. Psychiater haben ein Klassifikationssystem erstellt, in dem Hunderte von sogenannten psychiatrischen Störungsbildern aufgeführt sind (das *Diagnostische und statistische Manual psychischer Störungen*; American Psychiatric Association, 2000; dt. 2003).

Es mag zwar mit vielen Vorteilen verbunden sein, die Psychopathologie in dieser Weise aufzufassen, doch bleibt umstritten, wie die psychiatrischen Störungen im Einzelnen zu klassifizieren sind. Außerdem ist es sehr schwierig, eine klare Trennlinie zwischen »Normalität« und

»Abnormität« zu ziehen und zu sagen, wo die Psychopathologie beginnt. Welchen Grad muss die psychische Qual oder Funktionsstörung einer Person erreichen und wie lange muss sie anhalten, damit man von einer psychopathologischen Störung sprechen kann? In bestimmten Situationen ist es sicher völlig normal, dass wir psychisch unter Druck geraten, etwa wenn wir auf eine Bedrohung mit Anspannung reagieren oder eine gewisse Zeit brauchen, um einen Verlust zu verarbeiten – schließlich ist es ja nicht als abnorm zu bezeichnen, wenn wir vor einer wichtigen Prüfung nervös sind oder um einen geliebten Menschen trauern. Ist es aber pathologisch, wenn jemand in neuartigen sozialen Situationen immer extrem angespannt reagiert oder nach mehreren Jahren immer noch nicht über einen Verlust hinweg ist?

Die Antworten auf derartige Fragen hängen oft davon ab, wie wir uns die Entstehung psychischer Schwierigkeiten vorstellen. Sie sind zweifellos weit verbreitet. Nelson-Jones (1984) verweist darauf, dass die meisten von uns in ihrem Leben um Autonomie ringen. Maslow (1970) sprach von der »Psychopathologie des Durchschnittsmenschen«. Wir sprechen daher nicht nur dort von Psychopathologie, wo es um die Extreme menschlichen Verhaltens geht, auch wenn sie dort offensichtlicher ist. Im Rahmen des personzentrierten Modells lassen sich alle Gedanken, Gefühle und Verhaltensweisen, die einer Inkongruenz entspringen, als pathologisch auffassen. Das heißt, in jedem von uns laufen zu manchen Zeiten mehr oder weniger ausgeprägte psychopathologische Prozesse der einen oder anderen Art ab. Es gibt in diesem Konzept von Psychopathologie kein Entweder-oder, sondern nur ein Kontinuum (das heißt, die Psychopathologie ist in geringerem oder stärkerem Maße gegeben). Diese Ideen bilden, wie wir darlegen werden, die Grundlage dessen, was wir heute als »positive klinische Psychologie« bezeichnen (Maddux et al., 2004 b).

Normalität versus Abnormität

Die Kritik an einer Psychiatrie, die normale von abnormen Verhaltensweisen scheidet, hat eine lange Tradition. Rosenhan (1973, 1975) zeigte in einer mittlerweile klassischen Studie, wie schwer die Unterscheidung von »normalem« und »abnormem« Verhalten zu treffen sein kann. Er führte ein berühmtes Feldexperiment durch, das deutlich machte, in welchem Maße von Psychiatern gestellte Diagnosen vom sozialen Kontext abhängig sind.

Das Forschungsteam Rosenhans bestand aus acht »psychisch gesunden« Personen, die sich in zwölf verschiedenen psychiatrischen Kliniken vorstellten. Sie gaben an, sie hätten akustische Halluzinationen und hörten Stimmen Worte wie »trüb«, »dumpf« und »leer« sagen. In Wirklichkeit hörten sie keine Stimmen. Alle übrigen Fragen, die das medizinische Personal ihnen stellte, beantworteten sie wahrheitsgemäß. Die meisten von Rosenhans Mitarbeitern wurden in die jeweilige Klinik aufgenommen und als schizophren diagnostiziert. Sobald sich die Teammitglieder in der Klinik befanden (also zu Pseudopatienten geworden waren), bestand ihre Aufgabe darin, das Personal davon zu überzeugen, dass sie »psychisch gesund« waren. In der Klinik verhielten sich die Pseudopatienten »normal« und bestanden darauf, dass ihnen nichts fehle. Sie verbrachten zwischen 7 und 52 Tagen in der Klinik; die durchschnittliche Aufenthaltsdauer lag bei 19 Tagen. Sie wurden mit der Diagnose »Schizophrenie in Remission« entlassen. Während des Klinikaufenthalts wertete das Personal ihre »normalen« Verhaltensweisen als Indizien einer Schizophrenie*. Für einige Mitpatienten war interessanterweise aber klar erkennbar, dass sie es mit Pseudopatienten zu tun hatten.

Noch aufschlussreicher war allerdings die nächste Phase von Rosenhans Studie. Er unterrichtete psychiatrische Kliniken davon, dass sich während der folgenden Monate dort Pseudopatienten melden würden. Es wurden aber gar keine Pseudopatienten entsandt. Dennoch stufte das medizinische Personal in dieser Zeit etwa ein Fünftel der Personen, die sich vorstellten, als Pseudopatienten ein (Rosenhan, 1975). Rosenhans Studie wird oft als Beleg dafür angeführt, wie unzuverlässig Diagnosen sind und wie leicht es zu Fehlzuweisungen kommt, die dann zu sich selbst erfüllenden Prophezeiungen werden können.

Rosenhans Experiment wirft wichtige Fragen dazu auf, wer anhand welcher Kriterien entscheidet, was »normal« und was »abnorm« ist. Es liegen viele Untersuchungen vor, die zeigen, dass Vorstellungen von »Normalität« und »Abnormität« nicht wertfrei, sondern an den jeweiligen kulturellen und historischen Kontext gebunden sind (siehe

---

* »Anfang der 1970er-Jahre publizierte Studien [zeigten], dass beispielsweise in den USA sehr viel häufiger die Diagnose Schizophrenie und entsprechend seltener die Diagnose einer depressiven Erkrankung, Manie oder Persönlichkeitsstörung gestellt wurde als in Großbritannien« (Mathias Berger, *Psychische Erkrankungen: Klinik und Therapie*, München: Urban & Fischer, 2009, S. 412; A. d. Ü.).

Littlewood & Lipsedge, 1993). Gegner des medizinischen Psychopatho-logie-Modells sind daher der Ansicht, dass man Menschen mit der Diagnose einer psychiatrischen Störung Schaden zufügt. Für Maslow zeigt sich dies schon im Gebrauch des Worts »Patient«:

> Ich verabscheue das medizinische Modell, auf das sie sich beziehen, denn das medizinische Modell unterstellt, die Person, die zum Berater kommt, sei ein krankes, von Gebrechen und Leiden geplagtes Individuum, das nach einem Heilmittel verlangt. Wir hoffen natürlich, dass der Berater sich als jemand versteht, der die Selbstverwirklichung von Menschen fördert, und nicht als jemand, der eine Krankheit kurieren hilft.
>
> (Maslow, 1993, S. 49)

Schon in der Vergangenheit haben sich viele Autoren gegen ein medizinisch geprägtes Verständnis von Psychopathologie gewandt (siehe Sanders, 2005). Ähnlich denken heute viele Forscher, die der neuen Bewegung der Positiven Psychologie zuzurechnen sind und bezweifeln, dass das medizinische Modell dazu taugt, psychische Probleme zu begreifen (siehe Hubble & Miller, 2004; Maddux, 2002; Maddux, Gosselin & Winstead, 2004 a; Maddux et al., 2004 b; Yalom, 2001). Unlängst war in der Briefrubrik des *Psychologist*, der Mitgliederzeitschrift der British Psychological Society, zu lesen:

> Ich bin an der Wahrheit interessiert. Als Psychotherapeut werde ich tagtäglich mit der Erkenntnis konfrontiert, dass die evidenzbasierte Psychotherapie ein Märchen ist. Doch alle um mich herum preisen deren Vorzüge. Soll ich mich in Schweigen hüllen, weil die Wahrheit ungenießbar ist? Oder weil der National Health Service dann die Mittel für Psychotherapie kürzen wird oder irgendein anderer unliebsamer Effekt eintritt? Irvin Yalom schreibt in seinem klugen und hilfreichen Buch über Psychotherapie: »… wenn wir das *DSM*-Diagnosesystem zu ernst nehmen, dann setzen wir vielleicht das Menschliche, das Spontane, das Kreative und Ungewisse an einer Therapie aufs Spiel.« Psychotherapie ist ein kreatives Unterfangen voller Ungewissheiten. Wir sollten es nicht auf eine Ansammlung von Behandlungsmethoden für mythische Krankheiten reduzieren.
>
> (Marzillier, 2004, S. 625 f.; Yalom-Zitat aus Yalom, 2001; dt. 2002, S. 19)

Als Alternative zum medizinischen Denkmodell haben wir ein Konzept vorgeschlagen, in dessen Mittelpunkt die dem Menschen wesenseigene Aktualisierungstendenz steht, die Carl Rogers in seiner personzentrierten Psychologie beschreibt. Dieses Bild von der menschlichen Natur steht im Gegensatz zum medizinischen Krankheitsparadigma, auf das sich die heutige klinische Psychologie und psychologische Beratung weitgehend stützt. Für die Positive Psychologie ist das personzentrierte Modell deshalb von großem Interesse, weil es den Menschen nicht nur 1. unter der Perspektive der Entstehung und Linderung psychopathologischer Symptome betrachtet, sondern 2. auch die Entstehung und Förderung von Wohlbefinden in den Blick nimmt.

Die Positive Therapie, wie wir sie begreifen, läuft auf einen tief greifenden Umbruch der psychologischen Praxis hinaus, weil sie sich vom medizinischen Modell löst, das psychische Probleme beschreibt, als seien sie körperliche Erkrankungen, das heißt als eine Reihe umschriebener Störungsbilder, von denen jedes eine besondere Form der Behandlung erfordert. Wie wir später zeigen werden, findet das Paradigma der Positiven Therapie im Rahmen der Bestrebungen, eine sogenannte »positive klinische Psychologie« aufzubauen, starke Beachtung (Maddux et al., 2004b).

Positive Therapie und positive klinische Psychologie

Maddux et al. (2004b) legen in ihrer wegweisenden kritischen Analyse der weltanschaulichen Ursprünge der klinischen Psychologie und ihrem Entwurf einer »positiven klinischen Psychologie« dar, dass die bislang dominierende klinische Psychologie von einer Krankheitsideologie geprägt ist, die dieses Berufsfeld bereits in seinen ersten Anfängen maßgeblich beeinflusst hat.

Lightner Witmer gründete 1896 an der University of Pennsylvania die erste »psychologische Klinik« der USA (Reisman, 1991). Man kann hierin den Anfangspunkt der klinischen Psychologie in den USA sehen. Witmer und seine Kollegen arbeiteten allerdings vorwiegend mit Kindern, die Lern- oder Schulprobleme hatten – und nicht mit »Patienten«, die unter »psychischen Störungen« litten. Sie orientierten sich eher an der psychometrischen Theorie und der daraus abgeleiteten

Messmethodik als an der tiefenpsychologischen Theorie, in der die Konzepte von Psychopathologie und psychischer Erkrankung im Vordergrund stehen.

Freuds Gastvorlesungen an der Clark University im Jahr 1909 leiteten jedoch einen radikalen Wandel im Charakter der klinischen Psychologie ein. Ab diesem Punkt ging die Entwicklung dahin, dass in der klinischen Psychologie und Psychiatrie die psychoanalytische Theorie dominierte, die den Akzent auf verborgene intrapsychische Vorgänge und sexuelle und aggressive Triebregungen legt (Korchin, 1976). Darüber hinaus trugen noch weitere gewichtige Umstände dazu bei, dass die klinische Psychologie des 20. Jahrhunderts sich die medizinische Krankheitsideologie zu eigen machte:

Erstens wurden klinische Psychologen in der Regel in psychiatrischen Kliniken ausgebildet. Sie waren dort vor allem als Psychodiagnostiker tätig und Psychiatern unterstellt, das heißt psychoanalytisch ausgebildeten Medizinern. Die Situation bewirkte, dass die klinischen Psychologen die Methoden und Vorannahmen ihrer Psychiaterkollegen, die als Mediziner in der Anwendung des Krankheitsmodells geschult waren, mehr oder weniger ungeprüft übernahmen. (Das Krankheitsmodell mag für körperliche Leiden vollkommen angemessen sein, nicht aber, so meinen wir, für psychische Schwierigkeiten.)

Zweitens baute das Kriegsveteranenministerium der USA nach dem Zweiten Weltkrieg Ausbildungseinrichtungen für klinische Psychologen auf und entwickelte Richtlinien für dieses Berufsfeld, orientierte sich dabei aber vorwiegend an Gegebenheiten der Psychiatrie, die vom biologischen und psychoanalytischen Denken durchdrungen war. Auch in diesem Kontext hätten klinische Psychologen sich großen Ärger eingehandelt, wenn sie sich gegen das medizinische Modell und die damit verbundene Krankheitsideologie gewendet hätten.

Drittens konzentrierte das 1949 gegründete US-amerikanische National Institute of Mental Health (NIMH), obwohl es den Begriff Gesundheit in seinem Namen trägt, seine Forschungsgelder auf die Behandlung psychischer Erkrankungen und übte damit entscheidenden Einfluss auf die Orientierung und Praxis klinischer Psychologen aus. Wer sich gegen die medizinische Krankheitsideologie wandte, verbaute sich damit den Zugang zu Forschungsmitteln. Die Weiterentwicklung eigenständiger theoretischer Vorstellungen hätte also das berufliche Fortkommen vieler Psychologen gefährdet.

Viertens war die Entstehung der klinischen Psychologie in Großbritannien maßgeblich geprägt von Hans Eysenck, Professor am Londoner Institute of Psychiatry, der sich auf einer Reise durch die USA die dortigen Ausbildungsprogramme für klinische Psychologen angeschaut hatte (siehe Lavender, 2003). Das Institute of Psychiatry war stark beeinflusst von Ansätzen der kognitiven Verhaltenstherapie und vom Scientist-practitioner-Modell (nach dem der praktisch tätige Psychologe sich als Forscher versteht, der wissenschaftliche Methoden anwendet). Diese Konzepte waren also auch für die Ausbildung und Praxis der britischen klinischen Psychologie bestimmend und wurden mehr oder weniger unhinterfragt nach US-amerikanischem Vorbild gestaltet.

Fünftens gingen 1950 bei der Tagung der American Psychological Association in Boulder, Colorado, die Vorannahmen der Krankheitsideologie in die Ausbildungsrichtlinien für klinische Psychologen ein. Dies führte zur »unkritischen Übernahme des medizinischen Modells, das organzentrierte Erklärungen psychischer Störungen vorsieht, und zur Hegemonie der Psychiatrie mit ihren medizinischen Vorstellungen und Begriffen« und wurde zum »verhängnisvollen Fehler« des Scientist-practitioner-Modells, der »die Entwicklung der klinischen Psychologie seither deformiert und beeinträchtigt« (Albee, 2000, S. 247).

Die in diesem medizinisch-psychiatrischen historischen Kontext gründende Krankheitsideologie durchzieht die gesamte Begrifflichkeit der klinischen Psychologie, die von einem medizinischen Modell der Psychopathologie beherrscht ist. Die klinische Psychologie engt daher unsere Aufmerksamkeit auf das ein, was schwach und defizitär ist, und lässt uns das Vorteilhafte und Gesunde aus dem Blick verlieren. Sie konzentriert sich auf das Abnorme statt auf das Normale, auf Fehlanpassung statt auf gelungene Anpassung, auf Krankheit statt auf Gesundheit.

Die Krankheitsideologie schreibt eine bestimmte Perspektive auf psychische Probleme fest und gibt vor, auf welche Aspekte des menschlichen Verhaltens wir zu achten haben. Maddux et al. (2004a) beschreiben drei Hauptaspekte einer unkritischen Übernahme der Krankheitsideologie, die den Anwendungs- und Aufgabenbereich der klinischen Psychologie einengen. Erstens treibt diese Übernahme die Grenzziehung zwischen normalen und abnormen Verhaltensweisen, zwischen klinisch relevanten und nicht relevanten Problemen und zwischen klinischen und nicht klinischen Populationen voran. Zweitens verortet sie Fehlanpassungen im Individuum anstatt in dessen Interaktionen mit seiner Umwelt, mit soziokulturellen Wertvorstellungen und mit gesellschaftlichen Institutionen. Drittens stellt sie Menschen als Opfer intrapsychischer und biologischer Kräfte hin, die außerhalb ihrer Kontrolle liegen und sie somit zu passiven Objekten der Versorgung durch Experten machen.

Maddux et al. (2004) unterscheiden vier Grundannahmen, auf denen die medizinische Krankheitsideologie der klinischen Psychologie gründet:

■ *Annahme 1:* Die klinische Psychologie befasst sich mit *Psychopathologie* – mit abweichenden, abnormen und fehlangepassten Verhaltensweisen und psychischen Prozessen. Das Schwergewicht liegt also nicht auf der Förderung psychischer Gesundheit, sondern auf der Linderung psychischer Krankheit. Damit sind Millionen von Menschen ausgeschlossen, die mit alltäglichen Schwierigkeiten zu kämpfen haben, und es wird die wesentlich kleinere Zahl von Menschen bevorzugt, die unter massiven psychischen Problemen leiden.

■ *Annahme 2:* Psychopathologie, klinisch relevante psychische Probleme und Patientengruppen unterscheiden sich nicht nur graduell, sondern *in ihrer Art* von normalen Problemen, die Menschen im Alltag zu bewältigen haben, von nicht klinisch relevanten Problemen und von nicht klinischen Populationen und sind als abgegrenzte, eigenständige Entitäten zu betrachten. Diesem *kategorialen Modell* zufolge ist der Aufgabenbereich der klinischen Psychologie grundlegend verschieden vom Bereich normaler Lebensprobleme und erfordert daher andere Theorien als dieser.

■ *Annahme 3:* Psychische Störungen sind analog zu körperlichen Krankheiten, insofern sie Beeinträchtigungen darstellen, die dem Individuum und nicht seinen Interaktionen mit der Umwelt zuzurechnen sind.

■ *Annahme 4:* Aus dieser Analogie zu körperlichen Krankheiten folgt, dass die Aufgabe des klinischen Psychologen darin besteht, die Störung in der Person (dem Patienten) zu identifizieren (zu diagnostizieren) und eine Intervention (eine Behandlungsmethode) zu ermitteln, mit der die in der Person liegende Störung (die Krankheit) zu beseitigen (zu heilen) ist. In Abgrenzung zum oft erfolgreichen Eingreifen von Freunden, Angehörigen, Lehrern oder Geistlichen nennt man die Interventionen *Behandlung* oder *Therapie.*

Die positive klinische Psychologie weist, ebenso wie die Positive Therapie, diese impliziten Annahmen zurück und setzt die folgenden vier Annahmen dagegen (Maddux et al., 2004a):

- *Annahme 1:* Die positive klinische Psychologie befasst sich mit Lebensproblemen des Alltags ebenso wie mit den extremeren Formen psychischer Funktionsabläufe, die wir als Psychopathologie bezeichnen können. Die positive klinische Psychologie bemüht sich ebenso sehr um das Verständnis und die Steigerung des subjektiven Wohlbefindens und der psychischen Funktionen, wie sie innere Not und Fehlanpassungen des Einzelnen abzumildern versucht.

- *Annahme 2:* Psychopathologische Prozesse, klinisch relevante psychische Probleme und Klientengruppen unterscheiden sich *nur graduell*, nicht in ihrer Art von normalen Problemen, die Menschen im Alltag zu bewältigen haben, von nicht klinisch relevanten Problemen und von nicht klinischen Populationen und werden als miteinander im Zusammenhang stehende Entitäten betrachtet, die auf einem *Kontinuum* der psychischen Funktionen des Menschen liegen. Dieses *dimensionale Modell* sieht vor, dass wir die Aufmerksamkeit ebenso auf Gesundheit und volle Entfaltung richten wie auf Krankheit und Verzweiflung, weil sie miteinander verbundene Phänomene sind, die sich innerhalb derselben psychologischen Theorie beschreiben lassen. In diesem dimensionalen Modell liegen Normalität und Abnormität, Wohlbefinden und Krankheit, effektive und ineffektive psychologische Funktionsabläufe auf einem *Kontinuum* menschlicher Möglichkeiten. Sie sind keine verschiedenartigen, separaten Entitäten, sondern vielmehr die Extrempole normaler psychischer Phänomene.

- *Annahme 3:* Psychische Probleme sind *nicht* analog zu Organkrankheiten zu sehen. Vielmehr spiegeln sie Probleme in der Interaktion von Individuen mit ihrem Umfeld wider und sind nicht einfach nur Probleme innerhalb der Personen selbst. Außerdem stellt man sich die Probleme auch nicht als im Individuum, sondern als in seinen Interaktionen mit anderen und dem kulturellen Kontext lokalisiert vor. Deshalb ist es notwendig, das komplexe Wechselspiel von psychischen, gesellschaftlichen und kulturellen Faktoren, das auf die psychische Gesundheit des Individuums einwirkt, genauer zu untersuchen.

■ *Annahme 4:* Aus den ersten drei Annahmen folgt, dass in der Praxis die Aufgabe der positiven klinischen Psychologie darin besteht, Stärken und psychische Gesundheit des Einzelnen als Aktivposten zu fördern, die einer Schwächung und psychischem Leid vorbeugen. Die Menschen, die diese Art von Hilfe suchen, sind keine Patienten, sondern Klienten oder Schüler; die Personen, die die Hilfe anbieten, müssen nicht klinische Psychologen oder Ärzte, sondern können auch Lehrer, Berater, Coaches oder Aktivisten einer sozialen Bewegung sein. Die Strategien und Techniken, die sie einsetzen, sind keine Interventionen nach medizinischem Muster, sondern pädagogisch, in der zwischenmenschlichen Beziehung verankert, sozial und politisch. Außerdem sind die Einrichtungen, die solche Hilfe anbieten, nicht notwendigerweise Kliniken, sondern können auch Gemeindezentren, Schulen oder Kureinrichtungen sein.

Unsere Vorstellungen von Positiver Therapie decken sich mit den Grundannahmen der von Maddux et al. (2004 b) beschriebenen »positiven klinischen Psychologie«. Allerdings hat sich die positive klinische Psychologie das metatheoretische Konzept der Aktualisierungstendenz nicht (oder noch nicht) explizit zu eigen gemacht. Da aber die Grundannahmen von positiver klinischer Psychologie und Positiver Therapie vollständig übereinstimmen, bietet die Kombination dieser Ansätze für Therapeuten, die ein integratives Vorgehen im Sinne der Positiven Psychologie anstreben, eine einleuchtende und überzeugende Alternative zum medizinischen Denkmodell. Maddux et al. (2004 a, S. 332) kommen zu dem Schluss: »Die wesentliche Veränderung, die in der klinischen Psychologie ansteht, kann nicht durch neue Strategien und Taktiken, sondern nur durch Weitblick und Engagement zustande kommen.«

Der Anwendungsbereich des Ansatzes einer Positiven Therapie

Wir haben zu zeigen versucht, dass die personzentrierte Persönlichkeitstheorie eine Sichtweise der Psychopathologie anbietet, die eine Alternative zum medizinischen Modell darstellt. Wir haben auch darauf hingewiesen, dass diese Perspektive nicht nur für unseren Ansatz einer Positiven Therapie kennzeichnend ist, sondern auch für Bestrebungen, eine positive klinische Psychologie zu entwickeln (Maddux et al., 2004 b). Wir glauben, dass sich unter dem Blickwinkel der personzentrierten Persönlichkeitstheorie ein viel breiteres Spektrum psychopathologischer Phänomene untersuchen lässt, als man bislang annahm, doch ist uns bewusst, dass diese Behauptung auf Skepsis stoßen wird. Viele Psychiater sind – was aufgrund ihrer medizinischen Ausbildung nicht weiter verwunderlich ist – der Auffassung, dass bestimmte psychische Probleme wie Schizophrenie durch abnorme biologische Prozesse verursacht sind. Auch wenn wir ihnen nicht unbedingt beipflichten, möchten wir klarstellen: Wir behaupten nicht, dass die personzentrierte Persönlichkeitstheorie sämtliche psychopathologischen Erscheinungen erklären kann, sondern nur, dass wir sie auf ein wesentlich größeres Problemspektrum anwenden können als derzeit üblich (siehe Joseph & Worsley, 2005 a). Wir müssen das Augenmerk auf diese neuen Möglichkeiten richten und prüfen, wo die Grenzen des personzentrierten Ansatzes wirklich verlaufen.

Wir halten es in jedem Fall für denkbar, dass bestimmte Formen des Erlebens tatsächlich auf abnormen und ungeordneten physiologischen und kognitiven Prozessen beruhen. In diese Kategorie gehören zum Beispiel Schizophrenien, bipolare Störungen, Temporallappenepilepsie und organische Gehirnerkrankungen. Außerdem dürfte es einige spezifische psychische Probleme geben, die am besten mit speziell auf sie zugeschnittenen Interventionsformen zu behandeln sind. Seligman und Peterson (2003) führen als Beispiele die Applied-Tension-Technik bei Blut-Verletzungs-Katastrophen-Phobie (der Patient erlernt eine Anspannungstechnik, die einer möglichen Ohnmacht entgegenwirkt), die kognitive Therapie bei Panik und die Expositionsbehandlung bei Zwangsstörung an (einen Überblick hierzu gibt Seligman, 1994). Uns geht es hier aber darum, dass wir sorgfältig prüfen müssen, welche psychischen Probleme tatsächlich am besten mithilfe des medizinischen Modells zu begreifen sind. Wir sollten nicht einfach als selbstverständlich voraussetzen, dass sämtliche psychischen Probleme in den Geltungsbereich des medizinischen Modells fallen und daher eine differenzielle Behandlung mittels medizinischer, kognitiver oder neuropsychologischer Interventionsmethoden erfordern.

Unser Ansatz einer Positiven Therapie ist auf die meisten Formen psychischer Probleme anwendbar. Die Grundregeln dabei sind: 1. Die Aufgabe des Therapeuten besteht darin, den organismischen Bewertungsprozess des Klienten zu unterstützen. 2. Die Ziele der Therapie beschränken sich nicht darauf, dass der Klient symptomfrei wird, das heißt, dass eine bestimmte *DSM*-Diagnose irgendwann nicht mehr auf ihn zutrifft. Vielmehr geht der Therapeut von einem psychopathologischen Modell aus, das auf der Annahme einer angeborenen Aktualisierungstendenz gründet, und betrachtet es als Ziel seiner Arbeit, den organismischen Bewertungsprozess des Klienten zu fördern und die Steigerung seines Wohlbefindens zu ermöglichen. Denn wie wir gesehen haben, ist die Förderung von Wohlbefinden gleichbedeutend mit der Linderung von Leiden, falls man nicht das kategoriale medizinische Modell (nach dem wir entweder »krank« oder »nicht krank« sind) zugrunde legt, sondern ausgehend vom Konzept der Kongruenz ein Kontinuum betrachtet (auf dem Wohlbefinden mehr oder weniger stark ausgeprägt ist). Psychopathologische Prozesse abschwächen und Wohlbefinden fördern ist ein und dasselbe. Bei einem Vortrag im Jahr 1956 bemerkte Shlien dazu:

> Wenn die in der Arbeit des psychologischen Beraters entwickelten Fertigkeiten die konstruktiven Potenziale eines Menschen mit psychischen Funktionsstörungen freisetzen können, sodass er gesünder wird, dann sollte dieselbe Art von Hilfe auch für gesunde Menschen verfügbar sein, die ihre psychischen Funktionen *noch weiter entfalten wollen*. Falls wir jemals dazu übergehen werden, positive Gesundheitsziele anzustreben, wird für uns weniger wichtig sein, an welchem Punkt die Person zu Beginn steht, sondern es wird vor allem darum gehen, wie der durch die positiven Ziele vorgegebene erwünschte Zielpunkt zu erreichen ist. (Shlien, 2003b, S. 26)

Forschung

Das Thema Messoperationen ist für uns als forschend tätige Psychologen von einiger Bedeutung. Manchmal möchten wir auch die Ausprägung von Phänomenen einschätzen können, die mit diagnostischen Kategorien bezeichnet sind wie Depression, Ängste oder posttraumatische Belastung. Wir möchten zum Beispiel eine Untersuchung durchführen, um zu prüfen, ob eine bestimmte Therapieform bei einer dieser sogenannten »Störungen« wirkt. Es werden unzählige derartige

Studien durchgeführt, doch wie wir dargelegt haben, stehen manche Psychologen dieser Art von Forschung kritisch gegenüber, weil sie die Validität des *DSM*-Systems anzweifeln, dem die Störungskategorien entstammen. Andere wiederum geben zu bedenken, bei aller Skepsis seien für bestimmte Therapieformen Studien dieser Art in jedem Fall notwendig, damit sie sich in einem Gesundheitswesen, in dem der Wettbewerb um Ressourcen zunehmend härter wird, behaupten können. Wir selbst haben die Ideen der personzentrierten Psychologie schätzen gelernt, sind uns aber bewusst, dass sie derzeit nicht in Mode sind. Damit man sie ernst nimmt, sind unterstützende empirische Befunde notwendig. Es kann der personzentrierten Bewegung nur nützen, wenn sie mit qualitativ hochwertigen Studien zu belegen vermag, dass die verschiedenen sogenannten psychiatrischen Störungen mit klientenzentrierter Therapie wirksam zu behandeln sind. Die bereits erwähnte Studie von King et al. (2000), in der sich die klientenzentrierte Therapie in der Depressionsbehandlung als ebenso effektiv erwies wie die kognitive Verhaltenstherapie, hat der personzentrierten Bewegung in der Tat geholfen, im britischen National Health Service Fuß zu fassen.

Unsere Kritik richtet sich also nicht gegen die Forschung an sich – ganz im Gegenteil, da wir ja als an der Universität tätige Psychologen einen großen Teil unserer Zeit darauf verwenden, Studien durchzuführen und über sie zu berichten. Wahrheitsfindung ist eines der höchsten Ziele, nach denen wir als Wissenschaftler streben können. Für welche Forschungsgegenstände wir uns entscheiden, sagt aber etwas über uns selbst und unsere Wertvorstellungen aus. Forschung ist nie wertfrei. Wir haben gegen die Idee einer evidenzbasierten Praxis nichts einzuwenden, doch was derzeit als evidenzbasierte Praxis bezeichnet wird, gründet nach unserer Ansicht oft auf Missverständnissen, Fehlzitaten und irrigen Vorstellungen und hat mehr mit politischen Motiven als mit der Suche nach Wahrheit zu tun.

Die Forschung muss sich nicht auf Konstrukte beschränken, die aus dem *DSM* abgeleitet sind. Es gibt eine Vielzahl von Konstrukten der personzentrierten Theorie, die sich gleichermaßen als Untersuchungsobjekte eignen wie etwa Kongruenz, Authentizität, Bewertungsbedingungen oder Ort der Bewertung. Man kann sie messen und ihre statistischen Zusammenhänge mit anderen Variablen auf genau dieselbe Weise prüfen, wie das Forscher mit Konstrukten tun, die dem medizinischen Denkmodell entstammen. Wie bereits erwähnt, haben Vertreter der Selbstbestimmungstheorie eine Fülle von Belegen für ihre Konzepte der Autonomie, des Kompetenzerlebens und der Eingebundenheit sowie für deren Verknüpfung mit dem Wohlbefinden zusammengetragen. Welche Konstrukte wir untersuchen, hängt von unserem Forschungsinteresse ab. So haben wir, wie wir in Kapitel 7 erläutern werden, eine neue Theorie des organismischen Bewertungsprozesses entwickelt, die inneres Wachstum an Diskrepanzen bei posttraumatischer Belastung beschreibt. Sie ist vielversprechend, weil sie die Prinzipien der Positiven Psychologie und der personzentrierten Theorie auf die Untersuchung inneren Wachstums unter den schwierigen Umständen von posttraumatischem Stress überträgt. Wir versuchen den Begriff Störung möglichst zu vermeiden, sehen aber auch die Notwendigkeit, unsere Arbeit auf eine Weise darzustellen, die für Vertreter verschiedenster Berufsfelder zugänglich ist. Unsere Theorie kann nicht nur medizinisch orientierte Kliniker ansprechen, die vom Konzept psychischer Störungen ausgehen, sondern auch Therapeuten, die sich an der traditionelleren personzentrierten Theorie orientieren, sowie die Anhänger der Positiven Psychologie. Wir versuchen auf diese Weise, Brücken zwischen verschiedenen therapeutischen Perspektiven und Berufsgruppen zu schlagen.

Es bleibt noch viel zu tun, um unsere Theorie empirisch zu überprüfen. Dazu gehört auch das Zusammenführen von Messinstrumenten, mit denen man posttraumatischen Stress oder auch unbedingte Wertschätzung erfassen kann. Unsere Hypothese ist, dass die bedingungslose Wertschätzung, die eine Person vor einem traumatischen Ereignis erlebt hat, eine protektive Wirkung gegen die Entwicklung einer posttraumatischen Belastungsstörung hat und das innere Wachstum unter den schwierigen Umständen nach dem Trauma erleichtert. Wir werden dies gleich noch näher ausführen, doch im Moment wollen wir lediglich hervorheben, dass wir es als Psychologen mit einem wissenschaftlichen Selbstverständnis als unsere Pflicht sehen, Forschung zu betreiben, um unsere Behauptungen belegen zu können. Carl Rogers' Satz »Die Tatsachen sind freundlich« (1961; dt. 1992, S. 40) bedeutet nicht, dass Forschung dazu dienen soll, uns selbst und unsere Ansichten zu rechtfertigen, sondern vielmehr, dass wir uns auf das einlassen sollen, was die Daten uns sagen, um unsere Theorien im Licht unserer Beobachtungen und Resultate weiterzuentwickeln und unsere Vorstellungen fortwährend empirisch zu überprüfen und abzusichern. Dies ist das Ziel, das wir in unserer Arbeit anstreben, und deshalb liegt uns so viel daran, die Forschung zur Positiven Psychologie und Positiven Therapie voranzutreiben.

Wohlbefinden messen

Die Positive Psychologie ist eine noch junge Disziplin. Psychologen haben zwar viele Erhebungsinstrumente zur Verfügung, doch die meisten davon sind ausschließlich auf psychopathologische Aspekte gerichtet (z. B. Corcoran & Fischer, 2000). Es gibt Hunderte von Tests, die Konstrukte wie Angst, Depression oder Stress erfassen sollen, doch Kollegen, die mit dem Ansatz der Positiven Psychologie arbeiten, können nur auf vergleichsweise wenige Instrumente zurückgreifen (ein von Lopez & Snyder, 2003, herausgegebener Band zu Messverfahren der Positiven Psychologie steuert diesem Trend entgegen). Insbesondere sind nur wenige Verfahren verfügbar, die uns helfen können, die Praxis der Positiven Therapie und Phänomene des Wohlbefindens besser zu verstehen.

Die kurze Depressions-Glücks-Skala
Wir haben ein psychometrisches Erfordernis der angewandten Positiven Psychologie und Positiven Therapie aufgegriffen und einen kurzen Fragebogen zum Kontinuum zwischen Depression und Glück entwickelt, die kurze Depressions-Glücks-Skala (short depression-happiness scale, SDHS; siehe Tabelle 6.1; Joseph, Linley, Harwood, Lewis & McCollam, 2004). Die SDHS ist ein aus sechs Items bestehender Selbsteinschätzungsfragebogen. Drei Items sprechen positive Gedanken, Gefühle und körperliche Empfindungen an, bei den drei übrigen geht es um negative Gedanken, Gefühle und körperliche Empfindungen. Die Befragten sollen überlegen, wie es ihnen während der letzten sieben Tage ergangen ist, und auf einer vierstufigen Skala die Häufigkeit angeben, mit der jede Aussage zutrifft: *nie* (0 Punkte), *selten* (1), *manchmal* (2), *oft* (3). Bei den Items zu negativen Gedanken, Gefühlen und körperliche Empfindungen sind die Punktwerte umgekehrt angeordnet. Die mögliche Gesamtpunktzahl liegt zwischen 0 und 18. Höhere Werte zeigen eine größere Häufigkeit positiver Gedanken und Empfindungen und eine niedrigere Frequenz negativer Gedanken und Empfindungen an. Der Durchschnittswert liegt bei etwa 12 Punkten.

Tabelle 6.1: Die kurze Depressions-Glücks-Skala (SDHS)

Im Folgenden finden Sie einige Aussagen, mit denen Menschen ihr Befinden beschreiben. Lesen Sie jede Aussage und markieren Sie das Feld, das am besten beschreibt, wie oft Sie sich in den letzten sieben Tagen einschließlich heute so gefühlt haben. Die Aussagen beschreiben zum Teil positive, zum Teil negative Empfindungen. In den letzten sieben Tagen haben Sie, zu verschiedenen Zeiten, wahrscheinlich sowohl positive als auch negative Empfindungen erlebt.

	nie	selten	manch-mal	oft
1 Ich war mit meinem Leben unzufrieden				
2 Ich war glücklich				
3 Ich war trübsinnig				
4 Ich fand mich so, wie ich bin, in Ordnung				
5 Ich fand, dass das Leben schön ist				
6 Ich empfand das Leben als sinnlos				

Punkteschlüssel
Bei den Items 2, 4 und 5: nie = 0, selten = 1, manchmal = 2, oft = 3.
Bei den Items 1, 3 und 6: nie = 3, selten = 2, manchmal = 1, oft = 0.

Errechnen Sie mithilfe des Punkteschlüssels die Gesamtpunktzahl, die zwischen 0 und 18 liegen kann. Ein höherer Wert lässt auf einen höheren Grad an Glück schließen.
  Mit sinkender Punktzahl geht Glück in Unzufriedenheit und dann in Depression über.
  Je weiter der Punktwert unter 9 sinkt, desto wahrscheinlicher ist es Forschungsergebnissen zufolge, dass ein depressiver Zustand vorliegt.

Jenseits des Nullpunkts

Vom Konzept her ähnelt die SDHS der bekannten Gesichterskala von Andrews und Withey (1976), bei der die Befragten die eigene Verfassung anhand von sieben schematisch gezeichneten Gesichtern einschätzen, deren Ausdruck von sehr negativ (ein Gesicht mit herabgezogenen Mundwinkeln) bis sehr positiv (ein Gesicht mit nach oben gezogenen Mundwinkeln) reicht. Der Vorteil der SDHS gegenüber traditionellen Selbsteinschätzungsskalen zur Depression (siehe Corcoran & Fischer, 2000) besteht darin, dass sie uns Hinweise nicht nur auf das Nachlassen einer Depression gibt, sondern auch darauf, inwieweit sich der Klient in Richtung von mehr Zufriedenheit und Lebensglück bewegt. Mithilfe der SDHS kann der Therapeut oder Forscher Verschiebungen von depressiven hin zu glücklicheren Zuständen erfassen und dabei den Floor-Effekt vermeiden, der sich bei häufig verwendeten Depressionsfragebogen wie dem Beck-Depressions-Inventar (BDI) einstellen kann: Ein Punktwert von 0 im BDI zeigt zwar an, dass keine Depression vorliegt, muss aber nicht bedeuten, dass die Person glücklich und zufrieden ist. Weil die SDHS den Floor-Effekt im Gegensatz zu anderen Depressionsmaßen umgeht, kann sie für den Einsatz in der Therapie von großem Nutzen sein.

Der Entwicklung des Fragebogens gingen umfangreiche psychometrische Vorarbeiten voraus, mit denen wir sicherstellten, dass die Skala einfaktoriell strukturiert ist und ein akzeptables Maß der internen Konsistenz-Reliabilität und konvergenten Validität mit anderen Variablen aufweist (siehe Joseph & Lewis, 1998; Joseph et al., 2004). Mit dem Ausdruck Depression meinen wir in diesem Zusammenhang nicht das in der diagnostischen Kategorie des *DSM* beschriebene klinische Zustandsbild, sondern eine allgemeine Dämpfung der Affektivität und Vitalität. Für diejenigen, die an einem klinischen Einsatz der SDHS interessiert sind, sei angemerkt, dass laut unseren vorläufigen Daten das Risiko eines depressiven Zustands umso höher wird, je weiter der Punktwert unter 9 sinkt. Nach unserer Erwartung dürften die Werte der meisten Therapieklienten um diesen Wert herum liegen. Allerdings möchten wir darauf hinweisen, dass zum Zeitpunkt, da wir dieses Buch schrieben, weitere Untersuchungen, die Normierungsdaten für die SDHS erbringen sollten, noch ausstanden.

Der Fragebogen sollte kurz sein, damit Praktiker wie Forscher ihn nutzen können, um Zustände von Gedrücktheit und Glück rasch und auf einfache Weise zu erfassen. Dies ist insbesondere für Therapeuten wichtig, die die eigene Arbeit wissenschaftlich begleiten und evaluieren wollen, ohne ihre Klienten dabei mit dem Ausfüllen überlanger Fragebogen zu belasten. Über den Einsatz von Tests lässt sich, wie wir in Kapitel 5 gesehen haben, trefflich streiten. Bei Studien in einem klinischen

Setting ist es oft sinnvoll, dem Klienten im Therapieverlauf in regelmäßigen Abständen denselben Fragebogen vorzulegen, sodass ein großes Interesse daran besteht, dass der Fragebogen kurz und leicht auszufüllen ist. Die SDHS erfüllt diese Anforderungen.

Wir denken also, dass die SDHS für Praktiker und Forscher von Nutzen sein wird, die ein prägnantes, aber reliables und valides Instrument zur Einschätzung des Wohlbefindens brauchen. Die SDHS ist unseres Wissens die einzige Methode, mit der Kliniker Verschiebungen von depressiven hin zu glücklicheren Zuständen, die sich beim Klienten in einer Therapie vollziehen, rasch registrieren können. Mittlerweile stehen auch verschiedene Interventionsmethoden der Positiven Psychologie zur Verfügung, mit denen wir im Bereich der klinischen Psychologie und der Gesundheitspsychologie arbeiten können. Die SDHS wird sich, so hoffen wir, außerdem auch für Forscher als ein nützliches Instrument erweisen, mit dem sie die Wirksamkeit ihrer Interventionen einschätzen können.

Zusammenfassung

Die Positive Psychologie, wie wir sie verstehen, lehnt das kategoriale Modell der Psychopathologie ab, das in der heutigen klinischen Psychologie und im *DSM* bestimmend ist (Maddux, 2002; Maddux et al., 2004 b). Eine Alternative dazu bietet die personzentrierte Persönlichkeitstheorie, die psychopathologische Prozesse wie auch Phänomene des Wohlbefindens in den Blick nimmt. Sie geht von der Prämisse aus, dass Psychopathologie durch Inkongruenz entsteht, das heißt dadurch, dass das Handeln einer Person nicht im Einklang mit ihrem organismischen Bewertungsprozess steht. Wohlbefinden stellt sich in dem Maße ein, wie die Entscheidungen und Verhaltensweisen der Person dem eigenen organismischen Bewertungsprozess folgen. Außerdem stimmen die Grundannahmen der personzentrierten Persönlichkeitstheorie und der positiven klinischen Psychologie weitgehend, wenn nicht gar vollständig überein. Wir legen sie unserem Modell einer Positiven Therapie zugrunde.

Dieser integrative Ansatz geht davon aus, dass die verschiedenen Ausprägungen von psychopathologischen Prozessen und Zuständen des Wohlbefindens auf demselben Kontinuum liegen. Wir halten die kategoriale Unterscheidung in positive und negative Aspekte menschlichen Erlebens für untauglich, weil alle Aspekte Teile dieses einen zusammenhängenden Spektrums sind. Unter personzentrierten Therapeuten ist der Einsatz von Diagnose- und Messinstrumenten umstritten, weil viele von ihnen die Position vertreten, dass eine Diagnose überflüssig ist, wenn keine Notwendigkeit besteht, eine störungsspezifische Form der Behandlung zu bestimmen.

Wenn wir davon sprechen, wie wir in der therapeutischen Arbeit eine Entwicklung hin zu vermehrtem Wohlbefinden fördern können, mag bei manchen der Eindruck entstehen, die Positive Therapie eigne sich nur für diese Steigerung des Wohlbefindens und nicht dafür, Menschen mit gravierenden und chronischen psychischen Problemen zu helfen. Dies liegt daran, dass das Konzept der Aktualisierungstendenz in scharfem Gegensatz zum medizinischen Krankheitsmodell steht: Dem personzentrierten Paradigma zufolge entstehen psychische Probleme dann, wenn die Aktualisierungstendenz behindert wird. Die Besonderheiten der psychischen Probleme des einzelnen Klienten erschließen sich uns aus der Betrachtung des sozialen Umfelds, in dem er sich entwickelt, und aus den Wertvorstellungen und Überzeugungen, die er unter diesen Bedingungen verinnerlicht hat. Aus dem Konzept der Aktualisierungstendenz lässt sich ein ganzheitliches Bezugssystem ableiten, in dem sowohl psychopathologische Zustände als auch solche des Wohlbefindens Platz haben. Wenn der Therapeut die Aktualisierungstendenz des Klienten unterstützt, schwächt er damit zum einen psychopathologische Prozesse ab und fördert zum anderen das Wohlbefinden. Wir behaupten nicht, dass das medizinische Krankheitsmodell keinerlei Relevanz für psychische Probleme hat: Manche psychopathologischen Phänomene lassen sich möglicherweise am besten als »Störungen« auffassen und mit den von Psychiatern und klinischen Psychologen bevorzugten medizinischen Methoden behandeln. Die Vorstellung jedoch, *sämtliche* psychischen Probleme seien aus medizinischer Perspektive zu betrachten und erforderten jeweils eine störungsspezifische Behandlungsmethode, entbehrt jeder Grundlage. In der Positiven Therapie hat sie jedenfalls keinen Platz und wird auch von der Positiven Psychologie und der im Entstehen begriffenen positiven klinischen Psychologie zunehmend abgelehnt.

7. Verarbeitung bedrohlicher Situationen: Ein Modell aus Sicht der Positiven Psychologie

Ein zentrales Thema unserer Forschungstätigkeit ist, wie Menschen auf widrige Ereignisse reagieren. Es liegt eine Fülle empirischer Belege dafür vor, dass traumatische und belastende Einflüsse psychische Probleme verschiedener Art wie Depression, Ängste und posttraumatische Belastungssymptome auslösen können (Joseph, Williams & Yule, 1995, 1997). In den letzten Jahren haben wir ein Modell erarbeitet, mit dem sich die Auswirkungen von Traumata und anderen Stressfaktoren aus der Perspektive der Positiven Psychologie untersuchen lassen. Auf den ersten Blick mag es scheinen, als könne die Positive Psychologie an einem Forschungsprojekt dieser Art nur scheitern. In der Geschichte der Philosophie und der Literatur findet sich aber immer wieder der Gedanke, dass Leid für einen Menschen auch bereichernde Aspekte haben kann (Linley, 2003). Die Beobachtung, dass belastende und traumatische Ereignisse unter Umständen einen positiven psychischen Wandel in Gang setzen, findet sich nicht nur in den großen Religionen des Buddhismus, des Christentums, des Hinduismus, des Islam und des Judentums, sondern auch in der humanistischen und existenziellen Philosophie und Psychologie (z. B. Frankl, 1963; Jaffe, 1985; Kessler, 1987).

Auch in der Fachliteratur zu Stress und Bewältigungsstrategien (z. B. Antonovsky, 1987; Lazarus & Folkman, 1984; Taylor, 1983) und zu posttraumatischer Belastung (z. B. Finkel, 1975; Herman, 1992; Janoff-Bulman, 1992; Joseph et al., 1997; Lyons, 1991; Snape, 1997) findet sich immer wieder der Gedanke, dass belastende und traumatische Ereignisse dem Individuum Gelegenheiten bieten können, eine positive Neubewertung von Situationen vorzunehmen und sich weiterzuentwickeln. Doch erst seit relativ kurzer Zeit ist das innere Wachstum in widrigen Situationen ein Thema theoretischer und empirischer Untersuchungen (z. B. Joseph & Linley, 2005 b; Linley & Joseph, 2004 c, 2005; O'Leary & Ickovics, 1995; Tedeschi & Calhoun, 2004; Tedeschi, Park & Calhoun,

1998 a). In diesem Kapitel wollen wir unser eigenes theoretisches Modell eines positiven Wachstums an Diskrepanzen vorstellen. Wir greifen dabei auf eine eigene frühere Publikation zurück (Joseph & Linley, 2005 b), möchten hier aber die Gelegenheit nutzen, näher auf die therapeutischen Konsequenzen einzugehen, die sich aus unserer Theorie ergeben.

Inneres Wachstum nach traumatischen Erfahrungen und in widrigen Umständen

Beim inneren Wachstum in widrigen Umständen lassen sich drei Facetten unterscheiden. Erstens berichten Menschen oft, dass ihre zwischenmenschlichen Beziehungen in irgendeiner Weise an Bedeutung gewinnen, etwa dass sie nun ihren Freundeskreis und ihre Familie mehr zu schätzen wissen als vorher und anderen mehr Mitgefühl und altruistische Regungen entgegenbringen. Zweitens ändert sich das Selbstbild von Menschen, die ein Trauma zu verarbeiten haben, in der einen oder anderen Weise; sie haben beispielsweise das Empfinden, dass sie standfester, einsichtiger und stärker geworden sind, und können zudem die eigene Verletzlichkeit und die eigenen Grenzen besser akzeptieren. Drittens werden oft Veränderungen der Einstellung zum Leben berichtet. Menschen, die ein Trauma zu bewältigen hatten, sagen zum Beispiel häufig, dass sie jetzt jeden neuen Tag als ein Geschenk empfinden oder dass sich ihre Maßstäbe dafür, was ihnen wirklich wichtig ist, geändert haben, weil ihnen nun klar vor Augen steht, dass ihre Lebenszeit begrenzt ist (siehe Calhoun & Tedeschi, 1999; Linley, 2003; McMillen, 1999; Tedeschi, Park & Calhoun, 1998 b; Yalom, 1980; Yalom & Lieberman, 1991). Bei manchen spielen in die Veränderung der Lebenshaltung auch religiöse oder spirituelle Komponenten mit hinein (Calhoun, Cann, Tedeschi & McMillan, 2000; Koenig, Pargament & Nielsen, 1998; Shaw, Joseph & Linley, 2005).

Diese positiven Veränderungen des psychischen Wohlbefindens können in eine völlig neue Einstellung zum Leben münden, die den Grundgedanken der Positiven Psychologie entspricht (z. B. Linley, 2000, 2003; Seligman, 2003 a): Die Person lernt, jeden Tag so weit wie möglich auszukosten (Ebene des positiven subjektiven Erlebens). Sie hat das Empfinden, dass sie an Weisheit gewonnen hat oder altruistischer handelt als zuvor, also mehr für andere tut (Ebene der positiven individuellen Eigenschaften). Sie stellt ihre Energie in den Dienst gesellschaftlicher Erneuerung und engagiert sich für politische Ziele (Ebene positiver Institutionen und des Gemeinwesens). Die Selbstwahrnehmung verschiebt sich dergestalt, dass die Person sich nicht mehr als Opfer eines Traumas sieht, sondern als jemanden, der ein Trauma bewältigt hat. Diese positive, hoffnungsvolle Lebenshaltung ist aber mit einem Bewusstsein der tragischen Aspekte des Lebens verbunden. Die Person hat Höhen und Tiefen erlebt und weiß aus eigener Erfahrung um die Begrenztheit des menschlichen Lebens. Dieses Wissen spornt sie an, wahrhaftig und authentisch zu leben, ihr Trauma als eine wertvolle Chance zur Weiterentwicklung zu begreifen und etwas von dem Gewinn, den sie aus ihrer Erfahrung gezogen hat, an andere weiterzugeben.

Wachstum an Diskrepanzen

Mit dem Ausdruck »inneres Wachstum an Diskrepanzen« meinen wir eine typische Konstellation von positiven Veränderungen, die viele Menschen nach der Verarbeitung belastender und traumatischer Ereignisse berichten (Linley & Joseph, 2004 d). Andere Autoren, die dasselbe Phänomen beschreiben, sprechen zum Beispiel vom deutenden Konstruieren günstiger Wirkungen (construing benefits; Affleck & Tennen, 1996), von wahrgenommenen günstigen Wirkungen (perceived benefits; McMillen & Fisher, 1998), posttraumatischem Wachstum (Tedeschi & Calhoun, 1996), stressbezogenem Wachstum (stress-related growth; Armeli, Gunthert & Cohen, 2001; Park, 1998; Park, Cohen & Murch, 1996), transformativ wirkender Bewältigung (transformational coping; Aldwin, 1994) oder »Aufblühen« (thriving; Abraido-Lanza, Guier & Colon, 1998).

Auch wir selbst verwenden diese Begriffe zuweilen, ziehen aber meist den Ausdruck Wachstum an Diskrepanzen (adversarial growth) vor, weil er nach unserer Ansicht vollständiger als die anderen erfasst, was wir für die Essenz dieses Phänomens halten. Wie wir im Folgenden erläutern werden, scheint inneres Wachstum dann möglich zu werden, wenn das Erleben eines Menschen in Widerstreit mit seinen Annahmen über sich selbst und die Welt gerät. Der Konflikt zwischen unserer Welterfahrung und unserem Bild von der Welt erzeugt eine widerspruchsvolle Spannung, die uns zwingt, entweder unsere Annahmen über die Welt zu modifizieren, damit sie zu unserem Erleben passen, oder die eigenen Erfahrungen so umzudeuten, dass sie im Einklang mit unseren Annahmen stehen. Unsere These ist, dass inneres Wachstum sich dann vollziehen kann, wenn diese widerspruchsvolle Spannung uns dazu bringt, unsere Annahmen und Vorstellungen über uns selbst und die Welt zum Positiven hin abzuändern.

Wir bevorzugen den Ausdruck Wachstum an Diskrepanzen auch aus einem zweiten Grund: Inneres Wachstum kommt zwar oft durch lebensbedrohliche und traumatische Ereignisse in Gang, kann sich aber auch ohne traumatische Ereignisse vollziehen. Ein Begriff wie posttraumatisches Wachstum verleitet zu dem Missverständnis, Wachstum sei ohne ein Trauma nicht möglich. Außerdem ist »traumatischer Stress« ein störungsspezifischer Begriff des *DSM*, sodass manche gar annehmen, Voraussetzung für inneres Wachstum sei ein im Sinne des *DSM* definiertes »Trauma«. Doch in Wirklichkeit vermag jede Erfahrung, die in Konflikt mit den Annahmen über die eigene Person und die Welt gerät, zu innerem Wachstum zu führen. Eine schroffe, aber zutreffende Bemerkung eines Freundes oder Kollegen kann unsere Selbstwahrnehmung infrage stellen und damit inneres Wachstum in Gang bringen. Ein Ausdruck wie posttraumatisches Wachstum könnte auch so missverstanden werden, dass eine derartige Veränderung nur möglich ist, wenn die betreffende Person unter einer regelrechten posttraumatischen Belastungsstörung leidet. Mit dem Begriff Wachstum an Diskrepanzen versuchen wir diese Schwierigkeiten zu umgehen.

Messung inneren Wachstums
Das Spektrum von Ereignissen, die zum Auslöser von innerem Wachstum werden können, ist breit. Man hat positive Veränderungen der einen oder anderen Art zum Beispiel bei Menschen festgestellt, die den Verlust von Angehörigen, Unfälle, Naturkatastrophen, Krankheit, Krieg oder bewaffnete Konflikte, sexuelle Übergriffe oder sexuellen Missbrauch zu verkraften hatten (neuere Überblicke zum Thema finden sich bei Linley & Joseph, 2004 c, und Tedeschi & Calhoun, 2004 b). Man hat verschiedene Erhebungsinstrumente entwickelt, um persönliches Wachstum und positive Veränderungen durch Diskrepanzerleben zu erfassen. In unserer eigenen Forschungsarbeit haben wir den von Joseph, Williams und Yule (1993) entwickelten Fragebogen zur Veränderung der Lebensauffassung verwendet (Changes in outlook questionnaire, CiOQ; siehe Tabelle 7.1).

Tabelle 7.1: Fragebogen zur Veränderung der Lebensauffassung (Changes in outlook questionnaire, CiOQ)

Jede der folgenden Aussagen stammt von Menschen, die sich dazu äußerten, wie ein belastendes und traumatisches Ereignis in ihrem Leben sie verändert hatte. Überlegen Sie, wie Sie selbst sich seit einem solchen Ereignis verändert haben, lesen Sie jeden Satz und ziehen Sie einen Kreis um die Zahl, die angibt, in welchem Maße Sie dem Satz zum *gegenwärtigen Zeitpunkt* zustimmen oder nicht.

	Ist völlig unzutreffend	Ist unzutreffend	Ist eher unzutreffend	Trifft eher zu	Trifft zu	Trifft voll und ganz zu
1. Ich blicke nicht mehr zuversichtlich in die Zukunft.	1	2	3	4	5	6
2. Das Leben hat keinen Sinn mehr.	1	2	3	4	5	6
3. Ich habe nicht mehr das Gefühl, dass ich der Situation gewachsen bin.	1	2	3	4	5	6
4. Ich nehme das Leben nicht länger als etwas Selbstverständliches hin.	1	2	3	4	5	6
5. Meine Beziehungen zu anderen sind mir wichtiger geworden.	1	2	3	4	5	6
6. Ich glaube, dass ich jetzt mehr Lebenserfahrung habe.	1	2	3	4	5	6
7. Der Tod macht mir jetzt überhaupt keine Angst mehr.	1	2	3	4	5	6
8. Ich koste jetzt jeden Tag ganz aus.	1	2	3	4	5	6
9. Ich habe jetzt sehr große Angst vor dem Tod.	1	2	3	4	5	6

Tabelle 7.1 (*Fortsetzung*): Fragebogen zur Veränderung der Lebensauffassung (Changes in outlook questionnaire, CiOQ)

	Ist völlig unzu-treffend	Ist unzu-treffend	Ist eher unzu-treffend	Trifft eher zu	Trifft zu	Trifft voll und ganz zu
10. Ich sehe jeden Tag als etwas, das mir noch einmal geschenkt wird.	1	2	3	4	5	6
11. Ich habe das Gefühl, als könnte jeden Moment etwas Schlimmes passieren.	1	2	3	4	5	6
12. Ich bin jetzt verständnisvoller und toleranter.	1	2	3	4	5	6
13. Ich traue den Menschen jetzt mehr Gutes zu.	1	2	3	4	5	6
14. Ich nehme Menschen oder Dinge nicht mehr als selbst-verständlich hin.	1	2	3	4	5	6
15. Ich wünsche mir sehnlich, ich könnte die Uhr zu dem Zeitpunkt zurückdrehen, bevor es passiert ist.	1	2	3	4	5	6
16. Manchmal denke ich, es lohnt sich nicht, ein guter Mensch zu sein.	1	2	3	4	5	6
17. Ich habe jetzt sehr wenig Vertrauen in andere Menschen.	1	2	3	4	5	6
18. Ich fühle mich, als würde ich völlig in der Luft hängen.	1	2	3	4	5	6

▶

Tabelle 7.1 *(Fortsetzung):* Fragebogen zur Veränderung der Lebensauffassung (Changes in outlook questionnaire, CiOQ)

	Ist völlig unzutreffend	Ist unzutreffend	Ist eher unzutreffend	Trifft eher zu	Trifft zu	Trifft voll und ganz zu
19. Ich habe jetzt sehr wenig Vertrauen in mich selbst.	1	2	3	4	5	6
20. Ich spüre in mir eine größere Härte gegenüber anderen Menschen.	1	2	3	4	5	6
21. Ich bin gegenüber anderen jetzt weniger tolerant.	1	2	3	4	5	6
22. Meine Fähigkeit zur Verständigung mit anderen hat stark abgenommen.	1	2	3	4	5	6
23. Mir sind die anderen jetzt wichtiger.	1	2	3	4	5	6
24. Ich bin jetzt entschlossener, aus meinem Leben etwas zu machen.	1	2	3	4	5	6
25. Mir macht nichts mehr Freude.	1	2	3	4	5	6
26. Der Kopf funktioniert noch, aber der Körper fühlt sich wie tot an.	1	2	3	4	5	6

[Punktwerte …]
Anmerkung: Die Punkte für die Items 4, 5, 6, 7, 8, 10, 12, 13, 14, 23 und 24 werden zusammengezählt und ergeben einen Gesamtwert für die Skala positiver Verarbeitungsreaktionen. Die Punkte für die Items 1, 2, 3, 9, 11, 15, 16, 17, 18, 19, 20, 21, 22, 25 und 26 ergeben zusammen den Gesamtwert für die Skala negativer Reaktionen.

Dieser Selbsteinschätzungsfragebogen folgt den Prinzipien der Positiven Psychologie. Die Person soll angeben, inwieweit sie nach widrigen und traumatischen Erfahrungen bestimmte wie negative Veränderungen an sich festgestellt hat. Von den insgesamt 26 Items des Fragebogens betreffen 11 positive und 15 negative Veränderungen. Der Summenwert der 11 positiven Items liegt zwischen 11 und 66. Die 15 negativen Items ergeben einen Gesamtpunktwert zwischen 15 und 90.

Wir haben die psychometrischen Eigenschaften des Fragebogens ausgiebig untersucht und seine Reliabilität und Validität bestätigen können (siehe Joseph et al., 2005). Wir haben ihn bereits in einigen Studien eingesetzt, um persönliche Veränderungen zum Beispiel nach den Ereignissen des 11. September 2001 (Linley et al., 2003) oder bei Therapeuten, die mit traumatisierten Klienten arbeiten (Linley, Joseph & Loumidis, 2005), zu erfassen. In einer Studie diente er dazu, bei Patienten, die sich einer Krebstherapie unterzogen, positive Veränderungen zu verfolgen. Ein hoher Prozentsatz gab solche positiven Veränderungen an. Am häufigsten stimmten Patienten der Aussage zu, dass sie ihre Beziehungen zu anderen jetzt viel mehr zu schätzen wussten, am zweithäufigsten der Aussage, dass sie das Leben nicht länger als selbstverständlich hinnahmen (siehe Martin, Tolosa & Joseph, 2004; siehe Tabelle 7.2).

Tabelle 7.2: Prozentzahlen der nach einer Krebsbehandlung Befragten (n = 76), die den Aussagen der CiOQ-Teilskala positiver Verarbeitungsreaktionen zustimmte

	Trifft voll und ganz zu	Trifft zu	Trifft eher zu
Meine Beziehungen zu anderen sind mir wichtiger geworden.	53	35	9
Ich nehme das Leben nicht länger als etwas Selbstverständliches hin.	47	39	8
Ich glaube, dass ich jetzt mehr Lebenserfahrung habe.	39	38	18
Ich nehme Menschen oder Dinge nicht mehr als selbstverständlich hin.	37	39	16
Ich koste jetzt jeden Tag ganz aus.	36	41	14

▶

Tabelle 7.2 *(Fortsetzung)*: Prozentzahlen der nach einer Krebsbehandlung Befragten (n = 76), die den Aussagen der CiOQ-Teilskala positiver Verarbeitungsreaktionen zustimmte

	Trifft voll und ganz zu	Trifft zu	Trifft eher zu
Ich sehe jeden Tag als etwas, das mir noch einmal geschenkt wird.	45	26	17
Mir sind die anderen jetzt wichtiger.	32	41	15
Ich bin jetzt entschlossener, aus meinem Leben etwas zu machen.	37	25	21
Ich bin jetzt verständnisvoller und toleranter.	18	26	30
Ich traue den Menschen jetzt mehr Gutes zu.	12	23	36
Der Tod macht mir jetzt überhaupt keine Angst mehr.	18	12	23

Quelle: Martin et al., 2004

Der CiOQ ist ein vielversprechendes Instrument für die Arbeit mit Klienten, die widrige Umstände und Traumata zu verarbeiten haben. Für Praktiker, die ein kurzes und wenig zeitaufwendiges Messverfahren brauchen, haben wir eine Kurzversion des CiOQ entwickelt (Joseph, Linley, Shevlin, Goodfellow & Butler, 2006). Im Ansatz der Positiven Therapie tritt an die Stelle des medizinischen Krankheitsmodells das personzentrierte Modell, das uns verstehen hilft, dass traumatische Belastung im Normalfall nicht eine psychopathologische Entwicklung, sondern inneres Wachstum in Gang setzt. Im folgenden Abschnitt erläutern wir, wie die personzentrierte Theorie uns helfen kann, Reaktionen auf traumatische Ereignisse besser zu verstehen.

Organismischer Bewertungsprozess und Wachstum an Diskrepanzen

Die Forschung zum Wachstum an traumatisch erwartungswidriger Realität ist noch relativ jung, doch wie wir in Kapitel 3 gesehen haben, interessieren sich humanistische Psychologen seit Langem für die Charakteristika inneren Wachstums. Was wir Wachstum an Diskrepanzen nennen, lässt sich im Sinne einer Entwicklung hin zu der vollen Entfaltung psychischer Funktionen auffassen, von der Rogers (1959) sprach (siehe Joseph, 2003b, 2004, 2005). Die voll entwickelte Persönlichkeit zeichnet sich, wie wir in Kapitel 3 dargelegt haben, durch folgende Merkmale aus: Sie akzeptiert sich selbst, wie sie ist, betrachtet alle Aspekte ihrer selbst, also ihre Stärken wie ihre Schwächen, mit Wertschätzung, ist in der Lage, sich ganz und gar auf die Gegenwart einzulassen, erfährt das Leben als einen offenen, sinnhaften Prozess, strebt Authentizität bei sich selbst, anderen und gesellschaftlichen Organisationen an, legt Wert auf vertrauensvolle zwischenmenschliche Beziehungen, zeigt Mitgefühl gegenüber anderen, ist fähig, ihr Mitgefühl anzunehmen, und akzeptiert, dass Veränderung notwendig und unausweichlich ist. Die Merkmale der voll entwickelten Persönlichkeit decken sich mit denen des inneren Wachstums an Diskrepanzen. In beiden Fällen steht die Entwicklung nicht des subjektiven, sondern des psychologischen Wohlbefindens im Mittelpunkt (siehe auch Kapitel 2).

Rogers (1959) postulierte, dass ein Individuum eine angeborene Tendenz in sich trägt, die auf Aktualisierung seiner Potenziale drängt, und dass die Selbstaktualisierung, falls ein förderliches soziales Umfeld gegeben ist, in Richtung einer voll entwickelten Persönlichkeit verlaufen wird. Laut der personzentrierten Psychologie von Carl Rogers ist das soziale Umfeld, das für die Förderung der angeborenen Aktualisierungstendenz erforderlich ist, von bedingungsloser Wertschätzung gekennzeichnet. Rogers nahm an, dass Menschen in einem sozialen Umfeld mit bedingungsloser Wertschätzung ihre psychischen Abwehrmaßnahmen einstellen, sodass sie die Interaktion zwischen Person und Umwelt realitätsgerecht einzuschätzen vermögen. Realitätsgerechte Einschätzungsprozesse bahnen den Weg für eine Entwicklung hin zu einem optimalen psychischen Funktionsniveau. Wie wir in Kapitel 3 gesehen haben, weisen empirische Belege darauf hin, dass inneres Wachstum dann möglich wird, wenn die Person in Kontakt mit dem eigenen organismischen Bewertungsprozess kommt. Wir vertreten die Auffassung, dass im Menschen angeborene Neigungen und Tendenzen hin zu innerem Wachstum wirksam sind, die sich im organismischen Bewertungsprozess artikulieren. Im Zentrum eines personzentrierten Traumamodells steht der Gedanke, dass der natürliche Zielpunkt der Auseinandersetzung mit einem Trauma inneres Wachstum ist (Joseph, 2003 b, 2004, 2005; siehe auch Christopher, 2004).

Erschütterte Annahmen

Die Konfrontation mit einem schwer zu verkraftenden Ereignis bringt unsere Vorstellungswelt ins Wanken. Traumatische Erlebnisse zeigen uns, dass wir fragile Wesen sind, dass wir in eine ungewisse Zukunft gehen und dass das Leben nicht gerecht ist. Sie machen uns die Begrenztheit des Menschen deutlich und stellen unsere Annahmen über uns selbst und die Welt infrage (Janoff-Bulman, 1989, 1992). In der Phänomenologie der posttraumatischen Belastungsstörung (PBS), nämlich den Prozessen der Intrusion (Wiedererleben des Traumas) und der Vermeidung, äußert sich laut Horowitz (1982, 1986) und Janoff-Bulman (1992) das Bedürfnis, die neuen mit dem Trauma zusammenhängenden Informationen kognitiv und emotional zu verarbeiten und das Gefüge der eigenen Annahmen umzubauen und zu erneuern. Creamer, Burgess und Pattison (1992) deuten das PBS-Symptom Intrusion als Hinweis darauf, dass das Trauma durch intensive Verarbeitungsprozesse innerhalb neuronaler Netzwerke aufgelöst wird und die Person ganz davon in Anspruch genommen ist, die Erfahrung kognitiv zu verdauen. Die Theorie des organismischen Bewertungsprozesses erklärt Unterschiede in der Reaktion auf ein Trauma damit, wie stark jeweils die Disparität zwischen Trauma und existierenden Erwartungen und Überzeugungen des Individuums ausfällt. Der ausschlaggebende Faktor ist, so nimmt man an, wie die Person das Ereignis wahrnimmt.

Die Erholung von einem Trauma beruht nach dieser Theorie darauf, dass entweder eine Assimilation der Erinnerungen an das Trauma erfolgt oder dass bestehende kognitive Schemata an die neuen Informationen so angepasst werden, dass sie mit ihnen vereinbar sind. Aus Sicht der Theorie des organismischen Bewertungsprozesses liegt es in der Natur des Menschen, das Gefüge seiner Annahmen so umzubauen und zu erneuern, dass sich die neuen, auf das Trauma bezogenen Informationen als positive Elemente darin einbauen lassen. Das heißt, der

Mensch folgt einem intrinsischen Motiv, in seinen Erfahrungen einen Sinn zu finden und ihnen positive Seiten abzugewinnen; der natürliche Zielpunkt der Verarbeitung eines Traumas ist inneres Wachstum. Dies ist aber nicht immer möglich, denn das soziale Umfeld muss dafür auch die grundlegenden nährenden Bedingungen bereitstellen (siehe Kapitel 3).

Akkommodation versus Assimilation

Unsere Theorie der organismischen Bewertung beschreibt den Menschen als einen aktiven, auf Wachstum ausgerichteten Organismus. Er hat von Natur aus die Tendenz, seine kognitiven Strukturen so an seine psychischen Erfahrungen anzupassen, dass ein einheitliches Selbstbild und ein realistisches Bild von der Welt gewahrt bleibt. Der Prozess der kognitiven Akkommodation besteht darin, dass die Person ihre Vorstellungswelt im Licht ihrer Erfahrungen umstrukturiert. Beim Prozess der kognitiven Assimilation dagegen nimmt sie eine Bewertung ihrer Erfahrungen vor, die mit ihrer Vorstellungswelt im Einklang stehen. Inneres Wachstum ist so definiert, dass es nicht auf Assimilation, sondern auf Akkommodation beruht. Der Theorie zufolge ist in uns eine intrinsische Motivation zur Akkommodation vorhanden, die aber von extrinsischen Einflüssen aus dem sozialen Umfeld überlagert werden kann, sodass wir stattdessen assimilieren. Es liegen beispielsweise viele sozialpsychologische Untersuchungen dazu vor, wie Traumaopfer sich oft selbst die Schuld geben, um ihr Bild von einer gerechten und kontrollierbaren Welt aufrechtzuerhalten (siehe Joseph, 1999). Wenn ein schlimmes Ereignis ohne jeden Grund über uns hereinzubrechen scheint, kann dies höchst verstörend wirken. Es ist dann durchaus nachvollziehbar, wenn jemand mit einer solchen Situation zurechtzukommen versucht, indem er sich selbst dafür verantwortlich macht. Denn damit hat er immerhin eine Erklärung für das, was geschehen ist, auch wenn diese in mancher Hinsicht offenbar wenig hilfreich ist.

Welchen Reim wir uns auf das machen, was in unserem Leben geschieht, hängt natürlich auch von anderen Menschen ab. Sie nehmen Einfluss auf die in uns ablaufenden Bewertungsprozesse und sagen und tun Dinge, die den Prozess der Akkommodation entweder unterstützen oder hemmen. Vielleicht sind sie durch das Ereignis, das uns verstört hat, ebenfalls verunsichert, und bestärken uns mit ihren Hilfsbemühungen unwillkürlich darin, die Schuld bei uns selbst zu suchen, hemmen damit den Prozess der Akkommodation und beeinflussen uns dahingehend, die Erfahrung zu assimilieren. Unsere Erfahrung zu akkommodieren würde heißen, dass wir unsere Weltsicht umstrukturieren und ein klareres Bewusstsein davon entwickeln, dass verhängnisvolle Ereignisse manchmal zufällig und ohne irgendeinen Grund über uns hereinbrechen können. Diese Einsicht mag beunruhigend sein, entspricht aber der Wahrheit. Die Erfahrung zu assimilieren bedeutet, dass wir diese Wahrheit nicht an uns heranlassen.

Verstehen als kognitives Begreifen versus Verstehen als Zuschreiben einer positiven persönlichen Bedeutsamkeit
Die Theorie eines organismischen Bewertungsprozesses, der zu innerem Wachstum an Diskrepanzen führt, postuliert also eine intrinsische Motivation, die uns zur kognitiven Akkommodation an die mit einem Trauma verknüpften neuen Informationen anregt. Die Akkommodation erfordert eine Verschiebung von Bedeutungszuschreibungen, die in zwei unterschiedlichen Formen erfolgen kann, nämlich als bloßes Erfassen von Bedeutungszusammenhängen (meaning as comprehensibility) oder als Zuschreiben einer positiven persönlichen Bedeutsamkeit (meaning as significance; z. B. Davis, Nolen-Hoeksema & Larsen, 1998; Janoff-Bulman & McPerson Frantz, 1997). Kognitive Akkommodation besteht darin, dass wir unsere Zuschreibungen von persönlicher Bedeutsamkeit verändern. Diese Verschiebung erfolgt entweder in negativer oder positiver Richtung: Wir können die mit dem Trauma verknüpften neuen Informationen – zum Beispiel die eindringliche Wahrnehmung, dass es in der Welt Zufälle gibt und dass sich jederzeit schlimme Dinge ereignen können – auf negative Weise verarbeiten (zum Beispiel durch Gefühle von Hoffnungslosigkeit und Hilflosigkeit, die depressionserzeugend wirken) oder auf positive Weise, indem wir dem Ereignis eine persönliche Sinnhaftigkeit abgewinnen (und zum Beispiel beschließen, dass wir mehr im Hier und Jetzt leben sollten). Die intrinsische Motivation des Menschen zielt vermutlich nicht auf eine negative, sondern auf eine positive Akkommodation an die neuen, mit dem Trauma verknüpften Informationen, denn dies dürfte aus evolutionstheoretischer Sicht eine bessere Anpassung an die Umwelt ermöglichen. Christopher (2004) geht ausführlich auf die biologischen Aspekte von Reaktionen auf Traumata ein und stellt fest, dass evolutionspsychologisch gesehen ein Trauma kulturell erworbene Haltungen

aufbricht und damit die Möglichkeit neuer Bedeutungszuschreibungen und besser angepasster Reaktionen auf die Umwelt eröffnet.

Drei kognitive Resultate

Nach der hier vorgestellten Theorie weisen die für eine posttraumatische Belastungsstörung kennzeichnenden Prozesse von Intrusion und Vermeidung darauf hin, dass die Person dabei ist, mittels kognitiv-emotionaler Verarbeitungsvorgänge ihre Vorstellungswelt umzustrukturieren. Die PBS wird demnach in dem Maße abklingen, wie die neuen, mit dem Trauma verknüpften Informationen entweder durch Akkommodation oder durch Assimilation verarbeitet sind. Die Überwindung der mit dem Trauma zusammenhängenden psychischen Schwierigkeiten mittels Akkommodation oder Assimilation führt zu drei möglichen Ergebnissen:

Erstens kann die Erfahrung assimiliert werden (Festhalten an dem vor dem Trauma bestehenden kognitiven Bezugssystem), zweitens kann eine Akkommodation an die Erfahrung in negativer Richtung verlaufen (und psychopathologische Prozesse auslösen), und drittens kann eine Akkommodation in positiver Richtung erfolgen (und somit zu innerem Wachstum führen). Ein Bild dafür ist, wie wir mit den Scherben einer zerbrochenen Vase verfahren können. Wir können versuchen, die Vase genau in der Form wieder zusammenzufügen, die sie vorher hatte (Assimilation), doch ist sie dann zerbrechlicher, weil sie voller Risse ist und vielleicht nur von Klebeband zusammengehalten wird. Wir können die Scherben auch einfach wegwerfen (negative Akkomodation). Oder wir verwenden sie, um etwas Neues daraus zu machen, zum Beispiel ein hübsches Mosaik (positive Akkommodation).

Die Unterscheidung von drei möglichen Verläufen macht verständlicher, warum viele Traumaopfer gegenüber künftigen belastenden und traumatisierenden Ereignissen nicht widerstandsfähiger, sondern verletzlicher zu sein scheinen. Wir gehen davon aus, dass traumatisierte Menschen häufiger Assimilations- als Akkommodationsversuche unternehmen und an ihren Annahmen festhalten, obwohl ihre Erfahrungen eigentlich dagegensprechen. Sie entwickeln daraufhin rigidere Abwehrstrategien, sodass sie anfälliger dafür werden, nach einem künftigen Trauma Belastungssymptome zu entwickeln.

Die Theorie des organismischen Bewertungsprozesses postuliert

also eine intrinsische Motivation zum Umbau der eigenen Vorstellungswelt in einer Weise, die mit den neuen, auf das Trauma bezogenen Informationen im Einklang steht und zu einer Steigerung des psychischen,
aber nicht notwendigerweise des subjektiven Wohlbefindens führt. Laut
der Theorie setzt dies voraus, dass das soziale Umfeld die Bedürfnisse
des Individuums nach Autonomie, Kompetenzerleben und Eingebundensein erfüllt und damit den organismischen Bewertungsprozess fördert. Eine Theorie des Wachstums an Diskrepanzen im organismischen
Bewertungsprozess ist daher mit folgenden bereits diskutierten Aspekten vereinbar und bietet die Möglichkeit, sie zu integrieren: Erstens
stellt die Theorie des organismischen Bewertungsprozesses das psychische und nicht das subjektive Wohlbefinden in den Mittelpunkt. Zweitens geht sie von dem in Kapitel 1 erwähnten Vervollständigungsprinzip
aus, erweitert es aber dahingehend, dass sie es als eine Erscheinungs-
form der Aktualisierungstendenz betrachtet. Drittens steht sie im Einklang mit der Vorstellung, dass für inneres Wachstum nicht Assimilation, sondern Akkommodation notwendig ist. Viertens ist sie mit der
Idee vereinbar, dass inneres Wachstum weniger auf einem Verstehen als
kognitivem Begreifen als auf dem Zuschreiben einer positiven persönlichen Bedeutsamkeit beruht.

Die intrinsische Motivation zum Neuaufbau der Vorstellungswelt
nach einer traumatischen Erfahrung zielt in eine Richtung, die der
angeborenen Neigung zur Verwirklichung der eigenen Potenziale entspricht. Ein Aspekt dieses angeborenen Prozesses besteht in der Motivation, die Bedeutung des traumatischen Ereignisses und seine Konsequenzen für die eigene Existenz realitätsgerecht einzuordnen. Diese
Einordnung führt zu einem vermehrten psychischen Wohlbefinden.
Wir nehmen an, dass das Wachstum an Diskrepanzen ein Prozess ist, der
sich bei den meisten Menschen nach und nach über einen gewissen Zeit-
raum hinweg entfaltet und in dem sie kognitiv an die neuen, mit dem
Trauma verknüpften Informationen akkommodieren und den Verschiebungen, die sich dadurch ergeben, einen persönlichen Sinn abgewinnen.

Förderung des Wachstums durch Diskrepanz

Für die Praxis heißt das, dass Kliniker sich des Potenzials für positive
Veränderungen, über das ihre Klienten nach traumatischen Erfahrun-

gen verfügen, bewusst sein sollten. Positive Veränderungen lassen sich dann als Grundlage für die weitere therapeutische Arbeit nutzen und nähren die Hoffnung, dass das Trauma überwindbar ist (Calhoun & Tedeschi, 1999; Linley & Joseph, 2002 a; Tedeschi & Calhoun, 2004). Die meisten Interventionen bei posttraumatischen Belastungsstörungen tragen aber diesem Potenzial für Wachstum an Diskrepanzen nicht Rechnung. Calhoun und Tedeschi (1999) weisen warnend darauf hin, dass der Therapeut in diesem Fall mit seinen Hilfsbemühungen, ohne es zu wollen, die Möglichkeit inneren Wachstums unterbindet. Die Traumatheoretiker sind sich im Wesentlichen einig, dass die Erholung von einem Trauma irgendeine Form der kognitiven Restrukturierung voraussetzt (Foa & Kozak, 1986; Foa & Rothbaum, 1998). Zur Beschreibung dieses Prozesses verwendet man häufig die Begriffe Assimilation und Akkommodation, wenn auch nicht immer in einer theoretisch systematischen Weise. Unsere Hypothese ist, dass zwar die Linderung posttraumatischer Stresssymptome entweder durch Assimilation oder Akkommodation erfolgen kann, inneres Wachstum aber nur durch Akkommodation möglich ist. Die Akkommodation an die neuen, mit dem Trauma verknüpften Informationen ist aber nicht per se dem Wachstum förderlich, weil sie eine negative oder positive Form annehmen kann. Die Form hängt davon ab, inwieweit die Person in der Lage ist, in der Verarbeitung ihrer Erfahrungen ihrem organismischen Bewertungsprozess zu folgen.

Von entscheidender Bedeutung für die Förderung des Wachstums durch Diskrepanz ist laut der Theorie der organismischen Bewertung, dass wir dem Klienten helfen, die eigene innere Stimme der Weisheit zu vernehmen und sein Erleben zu artikulieren, damit er die auf das Trauma bezogenen Informationen nicht assimiliert, sondern an sie akkommodiert. Roth, Lebowitz & DeRosa (1997) schreiben:

> Forscher und Kliniker, die Sinnfindungsprozesse bei Traumaopfern untersuchen, müssen sich dem weisen und anpassungsfähigen Teil der Psyche widmen, der das Trauma in sich birgt und darauf wartet, dass sich ein Ort findet, an dem es in Frieden ruhen kann.
>
> (Roth, Lebowitz & DeRosa, 1997, S. 515)

Aus der Theorie des organismischen Bewertungsprozesses folgt, dass es von Vorannahmen und Arbeitsweise des Therapeuten abhängt, ob er dem Klienten helfen kann, die neuen, mit dem Trauma zusammenhängenden Informationen entweder zu assimilieren oder an sie zu akkommodieren. Ein Therapeut, der dem Klienten aufmerksam und aktiv zuhört und ihm hilft, die sich in ihm entwickelnden Bedeutungsstrukturen klarer zu artikulieren, fördert damit den organismischen Bewertungsprozess und unterstützt eine positiv gerichtete Akkommodation. Ein Therapeut dagegen, dessen Arbeitsstil eher die eigenen Wertmaßstäbe oder gesellschaftliche Konventionen widerspiegelt, gibt seinen Klienten Impulse, die eine Akkommodation in positiver, möglicherweise aber auch in negativer Richtung begünstigen, je nachdem, welche Wertmaßstäbe und Konventionen er vertritt und inwieweit diese mit dem organismischen Bewertungsprozess seiner Klienten kongruent sind.

Wir können bei einem Klienten aber auch Assimilationsprozesse fördern. Beispielsweise sind Menschen angesichts von Geschehnissen, die ihre Selbstachtung zu untergraben drohen, motiviert, diese dadurch aufrechtzuerhalten, dass sie andere für die Ereignisse verantwortlich machen. Eine Situation, die ihre Vorstellung ins Wanken bringt, dass es in der Welt gerecht zugeht, motiviert sie eher dazu, sich selbst die Schuld zu geben, damit ihrem Gerechtigkeitssinn Genüge getan ist. Damit ist angedeutet, mit welchen Kosten- und Nutzeffekten Schuldzuweisungen verbunden sind und wie sie genutzt werden können, um traumabezogene neue Informationen zu assimilieren (Joseph, 1999).

Wenn ein Therapeut, so legt unsere Theorie nahe, zwar die besten Absichten hat, dem Klienten zu helfen, aber nicht innerhalb von dessen Bezugsrahmen arbeitet und nicht darauf achtet, ihn in der Artikulation von Bedeutungszusammenhängen zu fördern, verleitet er ihn möglicherweise, ohne es zu wollen, zur Assimilation der traumabezogenen neuen Informationen oder gar zur negativen Akkommodation an sie. Eine Assimilation oder negative Akkommodation mag zwar, um es in den Begriffen der traditionellen klinischen Psychologie auszudrücken, eine Linderung der sogenannten Symptome einer posttraumatischen Belastungsstörung herbeiführen, kann aber nicht zu innerem Wachstum führen. Inneres Wachstum erfordert per Definition eine positive Akkommodation an traumabezogene Informationen. Die Ergebnisse, zu denen Assimilation oder negative Akkommodation bei PBS führen, mögen unter Umständen als befriedigend erscheinen, wenn man sie an *DSM*-Kriterien misst, lassen bei genauerem Hinsehen jedoch viel zu wünschen übrig. Eine negative kognitive Akkommodation wird eine neuerliche Manifestation psychopathologischer Prozesse nach sich ziehen. Je nach individueller Ausprägung der Akkommodation stehen dabei beispielsweise Wut, Aggression, Schuldgefühle oder Scham im Vordergrund. Andererseits werden Assimilationsprozesse, auch wenn sie zur Verringerung der nach *DSM*-Kriterien definierten Symptome einer PBS führen, vermutlich die psychische Fragilität der Person erhöhen, sodass sie anfälliger für eine neuerliche Traumatisierung wird. Diese Annahmen sollten möglichst bald empirisch überprüft werden.

Aus diesen theoretischen Erwägungen ergibt sich für uns die Frage, wie wir in der Praxis zu innerem Wachstum an Diskrepanzen beitragen können, indem wir mit personzentrierten Methoden den organismischen Bewertungsprozess unserer Klienten fördern (Joseph, 2004). Ein häufiger Auslöser für inneres Wachstum ist beispielsweise eine schwere Krankheit. Eine Anwendung der Prinzipien der Positiven Therapie auf die Gesundheitspsychologie scheint insbesondere bei einer lebensbedrohlichen Krankheit wie Krebs relevant zu sein. Bei Yalom heißt es:

> Eine wirkliche Konfrontation mit dem Tod führt gewöhnlich zu einer ernsthaften Überprüfung des bisherigen Lebens. Das gilt auch für die, die durch eine verhängnisvolle Krankheit mit dem Tod konfrontiert werden. Wie viele Menschen haben schon gejammert: »Warum habe ich erst jetzt, wo mein Körper vom Krebs zerfressen ist, begriffen, was Leben bedeutet?«
>
> (Yalom, 1989, S. 26; dt. 2001, S. 41)

In England wird bei einem von drei Menschen im Verlauf seines Lebens eine Krebserkrankung diagnostiziert (Department of Health, 2000). Diese Menschen dabei zu unterstützen, nach der Diagnose ein möglichst erfülltes Leben zu führen, ist für die Gesundheitspsychologie ein wichtiges Ziel. In einer vorläufigen Studie haben wir die Erfahrungen untersucht, die Krebspatienten, die nunmehr symptomfrei waren, in einer personzentrierten Gruppe machten. Joanne Martin, klinische Psychologin in Ausbildung, führte die Studie am Birmingham Cancer Centre unter der Supervision von Stephen Joseph und Inigo Tolosa durch (Martin, 2004). An der Gruppe nahmen acht Personen teil, vier Männer und vier Frauen zwischen 31 und 65 Jahren. Alle vier Frauen hatten eine Brustkrebserkrankung hinter sich; bei den Männern war

Hodenkrebs, Lungenkrebs oder ein Lymphom diagnostiziert worden. Die Diagnose lag ein bis fünf Jahre zurück. Die acht 90-minütigen Sitzungen fanden zweimal wöchentlich statt. Joanne ging personzentriert vor, das heißt, das Geschehen in den Sitzungen war ganz an den Teilnehmenden orientiert.

Einen Monat nach dem Ende der Gruppensitzungen wurden die Teilnehmenden interviewt. Die Themenanalyse der Interviewtranskripte ergab, dass die Teilnehmenden sich im Großen und Ganzen positiv über ihre Erfahrungen äußerten. Das häufigste Thema war, dass die Gruppe ihnen die Möglichkeit geboten hatte, Erfahrungen miteinander zu teilen, bei anderen Verständnis zu finden und sich mit dem, was sie erlebt hatten, nicht allein zu fühlen:

Es war gut, dass wir einfach unbefangen reden konnten, denn ich glaube, uns allen wurde irgendwie klar, dass es draußen zwar vielleicht Leute in der Familie oder im Freundeskreis gibt, die einem nahe sind, dass die aber ihre eigene Sicht der Dinge haben und einem nicht unbedingt Raum geben, darüber zu sprechen, was wirklich in einem vorgeht – es war also gut, dass wir so reden konnten.

Nun ja, wir saßen alle im selben Boot … und andere Leute können sich keine richtige Vorstellung davon machen.

Ich glaube, bei manchen Dingen, die dir so im Kopf herumgehen, merkst du, dass es nicht nur dir selbst so geht, dir wird wirklich klar, dass andere dieselben Gedanken und Empfindungen haben.

Die Daten aus dieser Pilotstudie sind vielversprechend und zeigen eine Richtung auf, die künftige Studien weiterverfolgen können. Wir müssen uns aber bewusst sein, dass personzentrierte Therapieansätze, darunter auch solche, die sich für Traumaopfer eignen, bislang kaum erforscht sind. Dagegen werden einige Techniken der kognitiven Verhaltenstherapie, die man empirisch überprüft hat, für die Behandlung der PBS als Methoden der Wahl empfohlen (siehe z. B. Foa, Keane & Friedman, 2000). Wir können aber, so möchten wir betonen, nicht davon ausgehen, dass sich die Erkenntnisse zur Symptomlinderung bei PBS einfach auf die Förderung inneren Wachstums übertragen lassen. Außerdem ist es notwendig, in der therapeutischen Arbeit bei PBS stets den Zusammenhang mit Akkommodations- und Assimilationsprozessen zu berücksichtigen, denn nach unserer Auffassung können traditionelle Behandlungsmethoden, auch wenn sie zu einer Symptomlinderung führen mögen, in anderer Hinsicht auch nachteilige Effekte ausüben.

Zusammenfassung

Wir haben in diesem Kapitel eine neue Theorie der positiven und negativen Anpassungsprozesse vorgestellt, die sich nach bedrohlichen und traumatischen Ereignissen vollziehen. Die Theorie des Wachstums an Diskrepanzen im organismischen Bewertungsprozess haben wir bereits in früheren Veröffentlichungen skizziert (z. B. Joseph & Linley, 2005 b). Sie beschreibt die Anpassung an das Trauma aus einer personzentrierten Perspektive und ist damit eines der ersten Beispiele dafür, wie sich der Ansatz der Positiven Therapie auf die therapeutische Praxis übertragen lässt: Im Wesentlichen geht es darum, bei Traumaopfern den organismischen Bewertungsprozess durch ein soziales Umfeld zu fördern, das ihren psychischen Bedürfnissen nach Autonomie, Kompetenzerleben und Eingebundenheit Genüge tut. Dies eröffnet ihnen die Möglichkeit einer positiven Akkommodation, bei der sie ihre Vorstellungen und Wahrnehmungsmuster an die durch das Trauma geschaffenen neuen Gegebenheiten anpassen. Wenn sie ihre Vorstellungswelt so umstrukturieren, dass sich eine größere Kongruenz mit dem organismischen Bewertungsprozess einstellt, führt diese positive Akkommodation zu einer Steigerung des psychischen, aber nicht notwendigerweise des subjektiven Wohlbefindens. Diese Steigerung des psychischen Wohlbefindens, die aus unserer Sicht auf innerem Wachstum an Diskrepanzen beruht, ist auch als Schritt in Richtung der voll entwickelten Persönlichkeit zu verstehen.

Dem Therapeuten kommt in diesem Prozess eine zentrale Rolle zu, denn gemäß der Theorie des Wachstums im organismischen Bewertungsprozess sollte er sein Tun ganz darauf ausrichten, den organismischen Bewertungsprozess des Klienten zu fördern, und nicht zulassen, dass seine eigenen Ziele, Wertvorstellungen und Überzeugungen das therapeutische Geschehen prägen. Wenn der Therapeut das Geschehen bestimmt, besteht die Gefahr, dass der Klient dazu neigt, die durch das Trauma geschaffenen neuen Gegebenheiten entweder zu assimilieren, sodass er gegenüber künftigen Belastungen verletzlicher wird, oder zur negativen Akkommodation an die Gegebenheiten überzugehen, sodass er in einen Zustand der Inkongruenz gerät. Wie es zu diesen verschiedenen Prozessen kommt, lässt sich aus unserem Ansatz einer Positiven Therapie ableiten, der beispielhaft in der Theorie des Wachstums an Diskrepanzen im organismischen Bewertungsprozess seinen Ausdruck findet. Am Ende dieses Kapitels haben wir kurz eine Erkundungsstudie vorgestellt, die zeigt, wie sich bei Menschen nach einer Krebserkrankung mithilfe des personzentrierten Ansatzes das innere Wachstum an Diskrepanzen fördern lässt. Außerdem stellten wir fest, dass weitere Forschung notwendig ist, um die verschiedenen Aspekte sowohl der Theorie des Wachstums im organismischen Bewertungsprozess auszuarbeiten als auch die Prinzipien der Positiven Therapie auf eine breitere Basis zu stellen.

Im letzten Kapitel möchten wir nun den Blick weiten, um auf die gesellschaftspolitischen Folgerungen zu sprechen zu kommen, die sich aus dem Ansatz der Positiven Therapie ergeben, auf einige Aspekte des soziokulturellen Kontextes einzugehen, in den unsere Arbeit eingebettet ist, sowie die Notwendigkeit einer offenen Reflexion unserer therapeutischen und beruflichen Praxis zu betonen.

8. Folgerungen: Reflexion, politischer Kontext, Ausblick

In diesem Kapitel wollen wir einige bereits angerissene Ideen weiter ausführen, insbesondere die gesellschaftspolitischen Erwägungen, die sich aus unserem Ansatz einer Positiven Therapie ergeben. Die erste Frage in diesem Zusammenhang ist, wessen Zielen unsere Arbeit folgt. Die Antwort hängt davon ab, von welchen weltanschaulichen Vorannahmen zum Wesen des Menschen und zum Zweck einer Therapie wir ausgehen. Wie wir gesehen haben, lässt sich die Welt der Psychotherapeuten unterteilen in die einen, die sich am medizinischen Krankheitsmodell orientieren, und die anderen, die humanistische und sozial-konstruktivistische Ansätze bevorzugen (O'Hara, 1997).

Als Psychologen befürworten wir eine evidenzbasierte therapeutische Praxis (Milne, 1999) und halten es dementsprechend für notwendig, das Feld der Positiven Therapie weiter zu erforschen. Unser Ansatz einer Positiven Therapie geht von der Vorstellung aus, dass der Klient der beste Experte in eigener Sache ist und dass dem Therapeuten die Rolle zukommt, dem Klienten dabei zu helfen, aufmerksamer auf die eigene Stimme zu hören und zu lernen, das eigene Erleben nicht von einem externen, sondern internen Ort der Bewertung aus zu betrachten. Dieses Modell wurzelt im personzentrierten Ansatz von Carl Rogers. Das Konzept der Aktualisierungstendenz bildet nach unserer Auffassung das theoretische Fundament der Positiven Therapie, deren Quintessenz in der klientenzentrierten Therapie verkörpert ist. Denn im Zentrum der klientenzentrierten Therapie steht das Vertrauen in die Selbstbestimmung des Klienten, aus dem sich eine nicht direktive Haltung des Therapeuten ableitet (Levitt, 2005b). Ob jemand sich dieses therapeutische Modell zu eigen macht, hängt letzten Endes, wie wir in diesem Buch immer wieder gesehen haben, davon ab, auf welche Vorannahmen zum Wesen des Menschen er das eigene Handeln gründet. Schmid (2005) schreibt dazu:

Nichtdirektivität ist also eine Sache von Grundüberzeugungen. Wer Direktivität in Therapie und Beratung für notwendig hält, der hat ein anderes Menschenbild, eine andere Vorstellung vom Umgang mit Wissen und eine andere ethische Grundhaltung als diejenigen, die mit ihren Klienten auf der Basis der Nichtdirektivität arbeiten. Weil es sinnlos ist, um Überzeugungen zu streiten (sie sind dem Handeln, dem Denken und der Forschung vorgeordnet), gibt es keine Möglichkeit zu entscheiden, wer letzten Endes recht hat.

(Schmid, 2005, S. 82)

Die klientenzentrierte Therapie ist ein Ansatz, der im Gegensatz zum medizinischen Denkmodell steht. Aus diesem Grund liegen, im Vergleich zu anderen Therapieformen, nur relativ wenige Studien vor, die nachweisen, dass sie eine Behandlungsform ist, die bei den im *DSM* aufgelisteten sogenannten psychiatrischen Störungen Wirkung zeigt. Ein Argument gegen die klientenzentrierte Therapie kann das aber nur in den Augen jener sein, die davon ausgehen, dass das medizinische Krankheitsmodell auf psychische Störungen übertragbar ist. Wie wir gesehen haben, stellen neben klientenzentrierten Therapeuten (z. B. Sanders, 2005) heute auch immer mehr Vertreter der Positiven Psychologie die Tauglichkeit des medizinischen Modells für die Psychologie infrage (siehe Maddux, 2002; Maddux et al., 2004 a). Klientenzentrierte Theoretiker stützen sich nicht auf das medizinische Modell, sondern auf das alternative Paradigma einer Aktualisierungstendenz, die von Bewertungsbedingungen überlagert wird.

Transformation der Person versus soziale Anpassung

In der Positiven Therapie besteht die Aufgabe des Therapeuten darin, dem Klienten zu helfen, die innere Stimme zu vernehmen. Wir sind uns darüber im Klaren, dass manche Anhänger der Positiven Psychologie die Rolle des Therapeuten anders sehen. Wir möchten daher betonen, dass im Mittelpunkt der Positiven Therapie, wie wir sie verstehen, der organismische Bewertungsprozess des Klienten steht. Uns ist völlig bewusst, dass diese Sichtweise in der Positiven Psychologie nicht allgemein anerkannt ist. Wie wir in diesem Buch immer wieder dargelegt haben, führt laut der personzentrierten Theorie die Unterstützung des organismischen Bewertungsprozesses zu einer Veränderung der Person, die das psychische Wohlbefinden steigert (weil sie zum Beispiel Autonomie, Sinnfindung, Zielbewusstsein, Kohärenzerleben und soziale Eingebundenheit fördert), was sich wiederum in gesteigertem subjektiven Wohlbefinden niederschlägt (Steigerung von Lebenszufriedenheit und Lebensglück, Abschwächung depressiver Aspekte usw.). Die Positive Therapie unterscheidet sich dadurch von anderen Ansätzen, dass ihr Anliegen die Transformation der Person ist. Die Transformation der Person ist letztlich eine politische Angelegenheit. Denn es geht darum, dass die Person sich in ihrem Leben weiterentwickelt, sich ihrer Entscheidungsmöglichkeiten klarer bewusst wird und über ihren Lebensweg selbst entscheidet, anstatt einem von anderen vorgezeichneten Pfad zu folgen. Wenn sie dabei auf Schwierigkeiten stößt, sind die Ursachen nicht in ihr selbst, sondern im gesellschaftlichen Kontext zu suchen.

Viele Psychologen sehen das Ziel ihrer Arbeit aber nicht in einer Transformation dieser Art, sondern in der Anpassung der Person an ihr soziales Umfeld. Viele der Probleme, mit denen Menschen in ihrem Leben ringen, beruhen auf gesellschaftlichen Faktoren, also etwa darauf, dass sie mit schlechten Wohnbedingungen zurechtkommen müssen, ein unbefriedigendes Berufsleben haben, sich in einer schwierigen finanziellen Lage befinden, von den Eltern vernachlässigt wurden, schlecht ausgebildet sind, nicht gelernt haben, mit Gefühlen umzugehen, und so weiter. Für diese Zusammenhänge gibt es eine unübersehbare Fülle von empirischen Belegen. Die Forschung zeigt seit über 40 Jahren immer wieder, welche psychischen Auswirkungen negative Lebensereignisse und widrige gesellschaftliche Bedingungen nach sich ziehen (Hagan & Smail, 1997a, 1997b; Smail, 2005). Psychologen und Psychiater beziehen solche gesellschaftlichen Faktoren natürlich ein, wenn sie die Probleme eines Klienten zu verstehen und zu beschreiben versuchen, und ergreifen in manchen Fällen auch Partei für den Klienten und gegen Einrichtungen des Sozialwesens oder andere Instanzen. Die meisten klinischen Psychologen und Psychiater beschränken sich aber bei der Anwendung therapeutischer Methoden oder der Verabreichung von Medikamenten auf die Ebene des Individuums und konzentrieren sich in ihren Hilfsbemühungen auf Kognitionen, Gefühle und Verhaltensweisen der Person, nicht aber auf ihre gesellschaftlichen Lebensbedingungen. Damit wird die »Bruchstelle« nicht in den Interaktionen der Person mit ihrer Umwelt, sondern in ihr selbst lokalisiert (vgl. Maddux et al., 2004a, 2004b).

Die Frage ist, inwieweit Psychiatrie und klinische Psychologie als Instanzen sozialer Kontrolle handeln, wenn sie Menschen helfen, sich an widrige Lebensbedingungen anzupassen, und so dazu beitragen, soziale Ungleichheit und Ungerechtigkeit aufrechtzuerhalten (siehe Proctor, 2005). Die meisten klinischen Psychologen und Psychiater nehmen ihre Arbeit sicherlich nicht so wahr – doch natürlich können sie nur auf diese Weise, sagen die Kritiker dieser Berufsstände, ihre Rolle als Handlanger der Unterdrückung aufrechterhalten. Klinische Psychologen und Psychiater legen es demnach nicht bewusst darauf an, als Akteure sozialer Kontrolle zu agieren, tun aber unweigerlich genau das, weil sie sich das medizinische Denkmodell zu eigen machen und die Ursachen von Psychopathologie nicht in gesellschaftlichen Zusammenhängen, sondern in der Person selbst suchen. Dasselbe lässt sich natürlich auch für viele psychologische Berater und niedergelassene Psychotherapeuten sagen. Der existenzialistische Psychotherapeut Rollo May schrieb dazu:»Psychotherapeuten werden zu Repräsentanten der Kultur, deren spezifische Aufgabe darin besteht, Menschen an die Kultur anzupassen: Psychotherapie wird zum Ausdruck der Fragmentierung der Epoche und ist nicht länger ein Bemühen, die Fragmentierung zu überwinden.« (May, 1994, S. 87) Andererseits gibt es aber viele Therapeuten aus allen Berufsgruppen, die sich dieses Problems durchaus bewusst und darauf aus sind, die Therapie zu politisieren und deutlich zu machen, welch entscheidende Rolle gesellschaftliche Zwänge in der Entstehung psychischen Leids zukommt (z. B. Hagan & Smail, 1997a, 1997b; Sanders, 2005; Smail, 1996, 2005).

Politisierung der Psychotherapie

Allzu lang herrschte die Auffassung vor, die Psychologie und insbesondere die Psychiatrie seien, abgesehen von einigen denkwürdigen Ausnahmen, mit einigem Erfolg um eine politisch neutrale Haltung bemüht (einen Überblick hierzu gibt Joseph, 2001). Uns ist bewusst, dass die Schriften von Carl Rogers zu persönlicher Freiheit und Verantwortlichkeit vor dem Hintergrund der McCarthy-Ära entstanden sind. Wir würden nicht von einem Rückfall in jene Zeit sprechen, doch nach unserem Eindruck hat der gesellschaftliche Wandel in den letzten zehn Jahren dazu geführt, dass unsere Freiheit geringer und der Konformitätsdruck größer geworden ist. Der personzentrierte Ansatz hebt sich heute wieder schärfer gegen seinen kulturellen Hintergrund ab, weil er den Akzent auf Beziehung, Echtheit und Respekt legt. Dies zeigt aber, dass es unmöglich ist, politisch neutral zu sein. Jedes Handeln gründet in bestimmten Wertvorstellungen und ist auf bestimmte Interessen ausgerichtet. Wenn wir uns in das Leben eines anderen Menschen hineindenken, um ihm zu helfen, dieses Leben gut zu leben, hat das sehr viel mit Moral und Politik zu tun. Auch wenn wir von uns sagen, dass wir keiner politischen Ideologie anhängen, sind wir dennoch *nicht* ideologiefrei. Außerdem schadet ein Therapeut, der jedwede weltanschauliche Ausrichtung bestreitet, seinem Klienten unter Umständen (Kearney, 1996). Um einige dieser Punkte ging es in einem Briefwechsel im *Psychologist*, der Verbandszeitschrift der British Psychological Society. Eine Leserin hatte erklärt, sie wolle keinem Berufsverband angehören, der sich in die Politik einmische. Kidner (2001) entgegnete darauf:

> Die Psychologie enthält, ob uns das gefällt oder nicht, wie jede Disziplin eine implizite politische Ideologie; zu schweigen oder sich herauszuhalten ist ebenso ein politischer Akt wie explizites politisches Handeln. Im ersteren Fall ist unser Beteiligtsein aber eine unbewusste Komplizenschaft mit den gesellschaftlichen Verfahrensweisen, die wir zu ignorieren versuchen. In seiner sorgfältigen Analyse des Aufstiegs der Psychologie im nationalsozialistischen Deutschland schreibt Ulfried Geuter: »Die Professionalisierung [der Psychologie] ... trat in Erscheinung als eine Bewegung zur Vereinigung der Psychologen für die Angelegenheiten ihres Faches, die sich in der Verfolgung ihrer Ziele relativ blind – wenn nicht affirmativ – gegenüber den sozialen und politischen Zusammenhängen verhielten, in denen sich die Professionalisierung vollzog. ... Was der eigenen Disziplin oder der eigenen Profession [damals] nutzte, wird von vielen [der von Geuter Interviewten] durchgängig als gut angesehen, unter welchen Bedingungen oder in wessen Dienst auch immer es dazu kam« (zitiert nach dem deutschen Original, 1984, S. 430, 432). Die Entscheidung, die wir zu treffen haben, ist deshalb nicht die zwischen Beteiligung oder Nichtbeteiligung, sondern

zwischen Bewusstsein oder Verleugnung unserer Beteiligung. Geuter stellt fest:»Begreift man die Anwendung von Psychologie als prinzipiell unparteiisch oder gar human, dann hat eine nicht weiter anzweifelbare Staatsloyalität bereits ins Wissenschaftsverständnis selber Eingang gefunden« (dt. S. 445).

(Kidner, 2001, S. 178)

Uns geht es hier darum, deutlich zu machen, dass die Praxis der Psychologie und Psychotherapie stets eine politische ist, und den Horizont für eine umfassendere berufliche Selbstreflexion zu weiten. Wir haben die Positive Therapie so definiert, dass sie auf persönliche Transformation und nicht auf soziale Anpassung ausgerichtet ist; sie fußt auf der Annahme, dass unsere Aufgabe darin besteht, dem Klienten zu helfen, seine innere Stimme deutlicher zu vernehmen. Demgegenüber dient, wie wir glauben, die heutige Psychologie weitgehend nicht diesem Ziel, sondern versucht Veränderungen zu fördern, deren Zielrichtung von außen vorgegeben ist. Wir behaupten nicht, dass die Psychologen, die so vorgehen, sich bewusst sind, dass sie dazu beitragen, einen politischen Status quo aufrechtzuerhalten und das Wachstumspotenzial ihrer Klienten zu hemmen. Denn sie orientieren sich bei der Arbeit ja nicht am personzentrierten Modell, das diese alternative Sichtweise ermöglicht, sondern bewegen sich innerhalb des medizinischen Denkmodells, das ihr Handeln angemessen und für den Klienten hilfreich erscheinen lässt.

Wir maßen uns nicht an, die Frage zu entscheiden, an welchen Interessen Psychologen und Therapeuten sich in ihrer Arbeit ausrichten sollten. Vielleicht ist es in bestimmten Fällen durchaus sinnvoll und begrüßenswert, wenn Psychologen als Vertreter sozialer Kontrolle auftreten. Wichtig ist uns nur, dass die Frage nicht ignoriert, sondern thematisiert wird. Erst wenn die Zielsetzungen der angewandten Psychologie explizit gemacht werden, können wir über sie diskutieren, sie kritisieren und nötigenfalls berichtigen.

Ein Zyniker könnte sagen: Je kongruenter die Interessen des umfassenderen sozialen Umfelds mit dem organismischen Bewertungsprozess der Person sind, desto eher werden sie zum Erfolg führen. So sind zum Beispiel Menschen, die mit ihrer Arbeit zufrieden sind, produktiver (Judge, Thoresen, Bono & Patton, 2001); wer am Arbeitsplatz seine persönlichen Stärken und Talente einsetzen kann, erwirtschaftet für den Arbeitgeber höhere Profite (Hodges & Clifton, 2004); das Coaching von Führungskräften ist dann am effektivsten, wenn es die inneren Ressourcen des Klienten nutzbar macht (Kauffman & Scoular, 2004); wenn man die Bedürfnisse und persönlichen Ziele von Straftätern aufgreift und ihnen hilft, rechtmäßige Mittel zu ihrer Umsetzung zu finden, sinkt die Häufigkeit neuerlicher Straftaten (Ward & Mann, 2004); gesundheitspsychologische Strategien greifen nur, wenn sie den Bedürfnissen der Zielpopulation zu einem gewissen Mindestmaß entsprechen (Huppert, 2004; Taylor & Sherman, 2004); Regierungen bleiben (zumindest in demokratischen Gesellschaften) nur dann an der Macht, wenn ihre politischen Maßnahmen von den Wählern als effektiv und angemessen betrachtet werden (Myers, 2004). Diese Befunde lassen sich auf den gemeinsamen Nenner bringen, dass die Zielsetzungen des praktischen Handelns, wenn sie den Interessen der Zielgruppe nicht entsprechen, weit weniger Chancen auf Verwirklichung haben, als wenn sie sich mit deren Vorstellungen decken.

Allerdings kann die Übereinstimmung der Interessen zum Beispiel von Fabrikarbeiter und Fabrikbesitzer immer nur sehr oberflächlich sein. Den oben angeführten Befunden zum Trotz mangelt es Psychologen nicht an Arbeit – zumal die Psychologie auch im umgekehrten Sinne, nämlich zur Durchsetzung bestimmter Interessen gegenüber anderen, eingesetzt werden kann. Ein offenkundiges Beispiel ist, dass manche Industriepsychologen dafür angestellt sind, das Konsumentenverhalten bei Produkten wie Zigaretten, die psychische Struktur des Glücksspiels oder Einkaufsgewohnheiten zu analysieren, und Erkenntnisse liefern sollen, mit denen sich der Zigarettenkonsum, die Ausgaben für Glücksspiel und materialistische Neigungen steigern lassen.

Auf die politischen Dimensionen, die sich in der Praxis der Psychotherapie verbergen können, haben natürlich auch schon andere Autoren hingewiesen. Jung ging davon aus, wie der Prozess der Individuation schließlich in die Erneuerung der Gesellschaft mündet (Donlevy, 1996). Rogers sprach von der »stillen Revolution« (1980; dt. 1981, S. 56), um zu beschreiben, wie persönlicher Wandel zu politischem und sozialem Wandel führt. Wenn Menschen sich in Richtung der voll entwickelten Persönlichkeit verändern, sich der Entscheidungen bewusster werden, die sie in ihrem Leben treffen, und beschließen, ihr Leben an ihren eigenen Wertvorstellungen auszurichten, werden sie laut Rogers Verhaltensweisen entwickeln, die gesellschaftlich gesehen konstruktiver sind, sie werden politisch aktiver und offener für das Leid anderer sein und eine größere Bereitschaft zu gesellschaftlichem und politischem Engagement an den Tag legen.

Kultur und Materialismus

In seinem Buch *Haben oder Sein* (1976) legt Erich Fromm dar, dass der Weg des »Seins« zu einem erfüllteren Leben führt als der Weg des »Habens«. In den meisten der Ideen, die wir hier aus Sicht der Positiven Psychologie vorgestellt haben, klingen auch Gedanken Fromms (1976) an. Seine eindrucksvollen Ausführungen zu gesellschaftlichen Fragen machen deutlich, dass eine materialistische Haltung dem Wohl der Menschheit abträglich ist (siehe auch Kasser, 2002). In seinen Schriften zeigt er, dass eine akzeptierende, wertschätzende Haltung und die Fähigkeit, ganz im Hier und Jetzt zu sein, ein erfüllteres Leben ermöglicht. Diese Sichtweise findet heute Bestätigung durch eine Fülle von empirischen Belegen aus der Forschung zur Positiven Psychologie (Brown & Ryan, 2004; Kasser, 2004).

Csikszentmihalyi und Rochberg-Halton (1981; dt. 1989, S. 240) unterscheiden zwischen terminalem Materialismus (Konsum um des Konsums willen) und instrumentellem Materialismus (Besitz von Objekten als Mitteln zur Erfüllung von persönlichen und gesellschaftlichen Zielsetzungen). Instrumenteller Materialismus leitet sich aus der intrinsischen Motivation des Individuums ab, ist sinnhaltig und führt zu Wohlbefinden, wohingegen terminaler Materialismus uns Schaden zufügt (siehe Kasser, 2002, 2004).

Diese Beispiele unterstreichen, wie sehr wir in unserer jeweiligen Kultur verwurzelt sind. Wir möchten an dieser Stelle betonen, dass sich Forschungsbefunde der Positiven Psychologie, zumindest soweit sie im westlichen Kontext eines liberalen Individualismus gewonnen wurden, nicht in prototypischer Form in Länder und Regionen »exportieren« lassen, die der kulturellen Identität unserer Moderne fernstehen. Dies ist nicht als Kritik an dieser Forschung gemeint, sondern im Sinne einer Haltung, die Geltungsbereich und Grenzen unserer Perspektive auf die Positive Psychologie offen reflektiert.

Erst das Bewusstsein, dass wir unweigerlich in einer bestimmten Kultur verwurzelt sind, ermöglicht ein tieferes Verständnis der Positiven Psychologie. Wenn wir uns über die Grenzen unserer Perspektive im Klaren sind, können wir Menschen mit anderen Traditionen und Denkweisen mit mehr Respekt und Toleranz begegnen, vor allem wenn wir erkennen, dass wir von ihnen ebenso viel zu lernen haben wie sie von uns. Für die Praxis ist dies von entscheidender Bedeutung, da sich die Positive Psychologie voraussichtlich auch in Europa und Asien stärker etablieren wird und da wir dabei sind, in unserer eigenen Gesellschaft die Anwendung der Positiven Psychologie auf verschiedene multikulturelle Settings auszuweiten (vgl. Eisenberg & Ota Wang, 2003; Lopez, Prosser, Edwards, Magyar-Moe, Neufeld & Rasmussen, 2002).

Die wertende Annahme der Positiven Psychologie, dass das »Positive« gut ist, ist selbst kulturell definiert (vgl. Christopher, 2003). Wie erwähnt unterscheiden Seligman und Csikszentmihalyi (2000) drei Ebenen der Positiven Psychologie: positive subjektive Erfahrungen, positive Merkmale des Individuums und positive Institutionen. Doch welche Wertepositionen liegen diesen drei Ebenen des »Positiven« zugrunde? Erstens sind, wie Christopher (1999) erläutert, viele westliche Wertvorstellungen von dem liberalen Individualismus durchdrungen, der im Westen unsere kulturelle Epoche prägt. Im westlichen Weltbild wird das Individuum meist getrennt von seinem sozialen Umfeld, seiner Kultur und dem Kosmos betrachtet, eine Sichtweise, die sich von der vieler nicht westlicher Kulturen stark unterscheidet (Shweder & Bourne, 1984). Zweitens legt die westliche Gesellschaft auf extrinsische Wertmaßstäbe größeres Gewicht als auf intrinsische. In unserer Kindheit und Jugend verinnerlichen wir Vorstellungen darüber, wie wir unser Leben führen und an welchen Wertvorstellungen wir uns orientieren sollen. In der westlichen Gesellschaft haben die meisten beispielsweise die Idee internalisiert, dass finanzieller Erfolg und materieller Wohlstand sehr wichtig sind. Im Allgemeinen wird jemand, der finanziell nicht erfolgreich oder nicht wohlhabend ist, weniger wertgeschätzt (siehe Kasser, 2002, 2004).

Therapie und Moral

Es liegt daher auf der Hand, dass die Antwort auf die Frage, wie wir Therapie treiben sollen, nicht unbedingt nur evidenzbasiert sein muss, sondern auch mit Wertvorstellungen und Moral zu tun hat:

Wenn wir als psychologische Berater mit Klienten interagieren, Forschung treiben oder eine Theorie ausarbeiten, nehmen wir einen Standpunkt ein. Dieser Standpunkt ist ein moralischer Standpunkt, der einen bestimmten moralischen Blickwinkel impliziert. Wir treten bei der Arbeit mit Klienten, ob wir uns dies eingestehen oder nicht, in ein Gespräch über das Gute ein. Psychologische Beratung ist letztlich Teil einer kulturellen Debatte über Ethik und Weltanschauung, über das gute Leben, den guten Menschen und Moralvorstellungen.

(Christopher, 1996, S. 24)

Wir finden die neuen Möglichkeiten, die der Ansatz der Positiven Psychologie zu eröffnen verspricht, sehr reizvoll und können uns durchaus ein ganz anderes Gesundheitswesen vorstellen, das vom Prinzip der Positiven Psychologie ausgeht. Nicht der Therapeut, sondern der Klient würde hier entscheiden, wohin der Weg führen soll.

Totton (2004) spricht davon, dass der Beruf des Therapeuten heute in zwei verschiedene Richtungen auseinanderzustreben scheint. Der erste Weg, den er den »Expertensystem-Ansatz« nennt, hat sich herausgebildet, um der Nachfrage nach »Expertenwissen« zu genügen, das der quantitativen Ergebnis- und Wirksamkeitsforschung entspringt. Der zweite Weg, den er als Ansatz des »lokalen Wissens« bezeichnet, hat sich entwickelt, um Klienten zu Einsicht, Weisheit und Selbsterkenntnis hinführen zu können:

… die Erkenntnis, dass wir uns (derzeit) zwar auf beiden Seiten alle Therapeuten nennen, aber eigentlich sehr unterschiedliche Dinge tun. Wir könnten uns, wenn wir wollten, gegenseitig vorwerfen, dass die anderen »keine echte Psychotherapie treiben«. Oder wir können uns klarmachen, dass wir durch einen historischen Zufall – genauer gesagt, durch das Aufklaffen einer Verwerfungslinie, die in der Praxis schon immer existiert hat – am Ende nun zwei verschiedenen Aktivitäten nachgehen, die denselben Namen tragen. Vielleicht wird die eine Seite die Bezeichnung aufgeben müssen. Doch sind die beiden Aktivitäten – die Praxis psychologischer Wahrheit und die Praxis psychologiegestützten Helfens – achtbar und wertvoll und sollten beide fortgesetzt werden.

(Totton, 2004, S. 8)

Aus unserer Sicht gründet die Verwerfungslinie, von der Totton spricht, in den in Kapitel 2 diskutierten Vorannahmen. Im vorliegenden Kapitel dürfte aber deutlich geworden sein, dass die Suche nach Wahrheit ein Akt der Hilfe, Helfen aber etwas anderes ist als Wahrheitssuche.

Reflexion der Praxis

Wir kommen nicht darum herum, über Fragen der Moral zu reflektieren. In den letzten Jahren waren Tendenzen erkennbar, mehr Gewicht auf die Reflexion der Praxis der Psychologie zu legen (siehe Proctor, 2005), doch muss diese Reflexion Fragen sowohl beruflicher als auch politischer Natur in den Blick nehmen, wenn wir in der Lage sein wollen, einen moralischen Standpunkt zu beziehen. Allzu oft wird die Psychologie angewandt, ohne dass wir uns über die ihr innewohnenden Vorannahmen, Wertvorstellungen und Perspektivierungen vollends im Klaren sind. Wir haben daher die Vorannahmen, Wertvorstellungen und Perspektivierungen zu umreißen versucht, die der Positiven Psychologie als einer Grundlagenwissenschaft und vor allem auch ihrer Umsetzung in die therapeutische Praxis zugrunde liegen.

Die Vorstellung, dass spezifische Störungen mit spezifischen Methoden zu behandeln sind, steht derzeit im Zentrum der psychologischen Ausbildung, doch wir haben gesehen, dass damit keineswegs alle Psychologen einverstanden sind (Bozarth, 1998; Bozarth & Motomasa, 2005). So betrachtet Mearns (1994) die Idee mit Skepsis, dass für die Arbeit mit bestimmten Klientengruppen oder in bestimmten Problembereichen eine eigens darauf zugeschnittene Ausbildung erforderlich ist. Auch wenn es sicherlich Situationen gibt, in denen Erfahrung von Nutzen ist, etwa bei der Arbeit mit Kindern, stimmen wir mit Mearns (1994) im Großen und Ganzen darin überein, dass die Ausbildung in Techniken für bestimmte psychische Probleme bislang überbetont wird und auf Kosten eines Erfahrungslernens geht, das unsere Authentizität fördert und unsere Fähigkeit, andere so zu akzeptieren, wie sie sind, sie auf einem Stück ihres Wegs zu begleiten und die Welt durch ihre Augen wahrzunehmen. Wie wir gesehen haben, beruhen Therapieerfolge größtenteils auf den eigenen Ressourcen des Klienten und auf seiner Beziehung zu einem Therapeuten, der sich als Katalysator dieser Ressourcen anbietet (Bozarth, 1998; Bozarth & Motomasa, 2005;

Hubble & Miller, 2004; Wampold, 2001). Deshalb sollte in der Ausbildung das Schwergewicht auf den Qualitäten des Therapeuten liegen, seiner Empathie und Kongruenz, und nicht so sehr auf den Techniken, die er einsetzt.

Die Positive Therapie wirft also Fragen zur Ausrichtung der therapeutischen Ausbildung auf. Die Schlussfolgerungen zum Wesen der Psychotherapie, zu denen wir gelangt sind, bestärken uns in der Auffassung, dass die derzeitige psychologische Ausbildung zu einem großen Teil in die falsche Richtung geht, weil sie Diagnose und Technik zu sehr betont. Uns ist daran gelegen, dass stattdessen die emotionale Intelligenz des Therapeuten und seine Fähigkeit, authentische Beziehungen aufzubauen, im Vordergrund steht. Die Ausbildung sollte sich daher auf die persönliche Entwicklung des Therapeuten konzentrieren.

Zusammenfassung

Zu Beginn dieses Buches haben wir gefragt, welche Folgerungen sich aus der Positiven Psychologie für die Psychotherapie ableiten lassen. Wir haben gesehen, dass die heutige Positive Psychologie Fragen zu unseren elementaren Annahmen über das Wesen des Menschen aufwirft. Wir vertreten den Ansatz einer Positiven Therapie, die auf dem Konzept der Aktualisierungstendenz als der Motivationskraft gründet, die eine optimale Entwicklung des Menschen vorantreibt. Dieser Therapieansatz wurzelt in der Tradition der humanistischen Psychologie und insbesondere im Werk von Carl Rogers und Abraham Maslow. Die Idee, dass in der individuellen Psyche naturgegebene oder inhärente Grundkräfte wirksam sind, die Wachstum, Integration und die Auflösung psychischer Inkonsistenzen und Konflikte fördern, ist also nicht neu. Sie steht indes weitgehend im Einklang mit den Prinzipien der Positiven Psychologie und wird durch neuere theoretische und empirische Erkenntnisse gestützt.

Manchem mag es erscheinen, als stehe unser Ansatz im Widerspruch zu einigen neueren Entwicklungen in der Positiven Psychologie, nämlich zu den in stärkerem Maße zielorientierten Interventionen, die auf Techniken der kognitiven Verhaltenstherapie zurückgreifen. Wir glauben aber nicht, dass hier notwendigerweise ein Gegensatz vorliegt, denn unser Ansatz ist auf einer anderen theoretischen Ebene angesiedelt als jene anderen, technikorientierten Ansätze. Der personzentrierte Ansatz ist kein Repertoire von Techniken, sondern eine Metatheorie der Persönlichkeit, der psychischen Funktionsabläufe und optimalen Entwicklung des Menschen, die ein Bezugssystem für die therapeutische Arbeit beschreibt, in dem ein breites Spektrum therapeutischer Stile koexistieren kann, vom klassisch klientenzentrierten Stil bis hin zu den integrativeren, prozessorientierten Ansätzen (siehe Sanders, 2004). Im personzentrierten Ansatz geht es weniger um das, was der Therapeut tut, sondern vielmehr darum, wie er es tut. Ein Therapeut, der den Klienten wertschätzt, in seiner Selbstbestimmung akzeptiert und als besten Experten in eigener Sache sieht, betreibt das, was wir als personzentrierte Positive Therapie bezeichnen.

Aus dem personzentrierten Ansatz einer Positiven Therapie ergeben sich revolutionäre Folgerungen, weil er dem Therapeuten die Aufgabe zuweist, dem Klienten dabei zu helfen, die eigene innere Stimme zu hören. Ein auf der Positiven Psychologie und auf personzentrierten Prinzipien aufbauendes Therapiekonzept muss, so glauben wir, eine Reflexion der eigenen Vorannahmen einschließen, ein ganzheitliches und integratives Bild der negativen wie auch positiven Seiten des menschlichen Erlebens entwerfen und das Bewusstsein für den gesellschaftlichen und politischen Kontext schärfen, in den es eingebettet ist. Schließlich ist zu sagen, dass noch viel Forschung vonnöten ist, die das Wesen einer angeborenen motivationalen Tendenz zu innerem Wachstum und Weiterentwicklung untersucht sowie die Bedingungen erkundet, die das soziale Umfeld bieten muss, damit diese innere Tendenz sich entfalten kann. Dies sind Fragestellungen von großer Tragweite, weil es um Einblicke in die elementaren Grundlagen des menschlichen Wesens aus Sicht der Positiven Psychologie geht.

Wir hoffen, dass die Reise, auf die wir Sie mitgenommen haben, Ihnen Freude gemacht hat und dass ein wenig von unserer Leidenschaft für den personzentrierten Ansatz und für die Positive Therapie und von dem Vertrauen in ihr Potenzial, das Leben von uns allen zu bereichern, auf Sie übergesprungen ist.

Literatur

Abraido-Lanza, A. F., Guier, C., & Colon, R. M. (1998). Psychological thriving among Latinas with chronic illness. *Journal of Social Issues, 54,* 405 – 424.

Ackerman, S. J., & Hilsenroth, M. J. (2003). A review of therapist characteristics and techniques positively impacting the therapeutic alliance. *Clinical Psychology Review, 23,* 1 – 33.

Adler, A. (1920). *Praxis und Theorie der Individualpsychologie. Vorträge zur Einführung in die Psychotherapie für Ärzte, Psychologen und Lehrer.* München & Wiesbaden: J. F. Bergmann.

Affleck, G., & Tennen, H. (1996). Construing benefits from adversity: Adaptational significance and dispositional underpinnings. *Journal of Personality, 64,* 899 – 922.

Affleck, G., Tennen, H., Croog, S., & Levine, S. (1987). Causal attribution, perceived benefits, and morbidity after a heart attack: An 8-year study. *Journal of Consulting and Clinical Psychology, 55,* 29 – 35.

Albee, G. W. (2000). The Boulder model's fatal flaw. *American Psychologist, 55,* 247 – 248.

Aldwin, C. M. (1994). Transformational coping. In C. M. Aldwin (Hg.), *Stress, coping, and development* (240 – 269). New York: Guilford.

American Psychiatric Association (1980). *Diagnostic and statistical manual of mental disorders. 3. Auflage.* Washington, DC: American Psychiatric Press. (Dt. *Diagnostisches und statistisches Manual psychischer Störungen: DSM-III.* Weinheim: Beltz, 1984)

American Psychiatric Association (1994). *Diagnostic and statistical manual of mental disorders. 4. Auflage.* Washington, DC: American Psychiatric Press. (Dt. *Diagnostisches und statistisches Manual psychischer Störungen: DSM-IV.* Göttingen: Hogrefe, 2001.)

American Psychiatric Association (2000). *Diagnostic and statistical manual of mental disorders. 4. Auflage, Textrevision.* Washington, DC: American Psychiatric Press. (Dt. *Diagnostisches und statistisches Manual psychischer Störungen: Textrevision; DSM-IV-TR.* Göttingen: Hogrefe, 2003)

Andrews, F. M., & Withey, S. B. (1976). *Social indicators of well-being: America's perception of life quality.* New York: Plenum.

Angyal, A. (1941). *Foundations for a science of personality.* New York: Commonwealth Fund.

Antonovsky, A. (1987). *Unravelling the mystery of health: How people manage stress and stay well.* San Francisco: Jossey-Bass.

Armeli, S., Gunthert, K. C., & Cohen, L. H. (2001). Stressor appraisals, coping, and post-event outcomes: The dimensionality and antecedents of stress-related growth. *Journal of Social and Clinical Psychology, 20,* 366 – 395.

Aspinwall, L. G., & Staudinger, U. M. (Hg.) (2003). *A psychology of human strengths: Fundamental questions and future directions for a positive psychology.* Washington, DC: American Psychological Association.

Assor, A., Roth, G., & Deci, E. L. (2004). The emotional costs of parents' conditional regard: A self-determination theory analysis. *Journal of Personality, 72,* 47 – 88.

Baker, N. (2004). Experiential person-centred therapy. In P. Sanders (Hg.), *The tribes of the person-centred nation: An introduction to the schools of therapy related to the person-centred approach* (67 – 94). Ross-on-Wye: PCCS Books.

Baltes, P. B., & Staudinger, U. M. (2000). Wisdom: A metaheuristic (pragmatic) to orchestrate mind and virtue toward excellence. *American Psychologist, 55,* 122 – 136.

Baltes, P. B., Gluck, J., & Kunzmann, U. (2002). Wisdom: Its structure and function in regulating successful lifespan development. In C. R. Snyder & S. J. Lopez (Hg.), *Handbook of positive psychology* (327 – 347). New York: Oxford University Press.

Barret-Kruse, C. (1994). Brief counseling: A user's guide for traditionally trained counsellors. *International Journal for the Advancement of Counselling, 17,* 109 – 115.

Barrett-Lennard, G. T. (1986). The relationship inventory now: Issues and advances in theory, method and use. In L. S. Greenberg & W. M. Pinsof (Hg.), *The psychotherapeutic process: A research handbook* (439 – 476). New York: Guilford.

Barrett-Lennard, G. T. (1998). *Carl Rogers' helping system: Journey and substance.* London: Sage.

Best, M., Streisand, R., Catania, L., & Kazak, A. E. (2001). Parental distress during pediatric leukemia and posttraumatic stress symptoms (PTSS) after treatment ends. *Journal of Pediatric Psychology, 26,* 299 – 307.

Bohart, A. C., O'Hara, M., & Leitner, L. M. (1998). Empirically violated treatments: Disenfranchisement of humanistic and other psychotherapies. *Psychotherapy Research, 8,* 141 – 157.

Bolt, M. (2004). *Pursuing human strengths: A positive psychology guide.* New York: Worth.

Bozarth, J. (1998). *Person-centred therapy: A revolutionary paradigm.* Ross-on-Wye: PCCS Books.

Bozarth, J. D. (1991). Person-centered assessment. *Journal of Counseling and Development, 69,* 458 – 461.

Bozarth, J. D., & Brodley, B. T. (1984). Client-centered/person-centered psychotherapy: A statement of understanding. *Person-centered Review, 1,* 262 – 265.

Bozarth, J. D., & Motomasa, N. (2005). Searching for the core: The interface of client-centred principles with other therapies. In S. Joseph & R. Worsley (Hg.), *Person-centred psychopathology: A positive psychology of mental health.* Ross-on-Wye: PCCS Books.

Bozarth, J.D., & Wilkins, P. (Hg.), (2001). *Rogers' therapeutic conditions: Evolution, theory and practice. Volume 3: Unconditional positive regard.* Ross-on-Wye: PCCS Books.

Brazier, D. (1993). Introduction. In D. Brazier (Hg.), *Beyond Carl Rogers: Towards a psychotherapy for the 21st century.* London: Constable.

Brazier, D. (1995). *Zen therapy.* London: Constable.

Bretherton, R., & Ørner, R. (2003). Positive psychotherapy in disguise. *The Psychologist, 16,* 136–137.

Bretherton, R., & Ørner, R.J. (2004). Positive psychology and psycho-therapy: An existential approach. In P.A. Linley & S. Joseph (Hg.), *Positive psychology in practice* (420–430). Hoboken, NJ: John Wiley & Sons.

Brickman, P., & Campbell, D.T. (1971). Hedonic relativism and planning the good society. In M.H. Appley (Hg.), *Adaptation-level theory: A symposium* (287–302). New York: Academic Press.

Brodley, B.T. (2005a). Client-centred values limit the application of research findings – an issue for discussion. In S. Joseph & R. Worsley (Hg.), *Person-centred psychopathology: A positive psychology of mental health* (310–316). Ross-on-Wye: PCCS Books.

Brodley, B.T. (2005b). About the non-directive attitude. In B.E. Levitt (Hg.), *Embracing non-directivity: Reassessing person-centred theory and practice in the 21st century* (1–4). Ross-on-Wye: PCCS Books.

Brown, K.W., & Ryan, R.M. (2003). The benefits of being present: mindfulness and its role in psychological well-being. *Journal of Personality and Social Psychology, 84,* 822–848.

Brown, K.W., & Ryan, R.M. (2004). Fostering healthy self-regulation from within and without: A self-determination theory perspective. In P.A. Linley & S. Joseph (Hg.), *Positive psychology in practice* (105–124). Hoboken, NJ: John Wiley & Sons.

Calhoun, L.G., & Tedeschi, R.G. (1999). *Facilitating posttraumatic growth: A clinician's guide.* Mahwah, NJ: Lawrence Erlbaum.

Calhoun, L.G., Cann, A., Tedeschi, R.G., & McMillan, J. (2000). A correlational test of the relationship between posttraumatic growth, religion, and cognitive processing. *Journal of Traumatic Stress, 13,* 521–527.

Cameron, K.S., Dutton, J.E., & Quinn, R.E. (Hg.) (2003). *Positive organizational scholarship: Foundations of a new discipline.* San Francisco: Berrett-Koehler.

Carr, A. (2003). *Positive psychology: The science of happiness and human strengths.* London: Brunner-Routledge.

Carver, C.S., & Baird, E. (1998). The American dream revisited: Is it *what* you want or *why* you want it that matters? *Psychological Science, 9,* 289–292.

Chan, R., & Joseph, S. (2000). Dimensions of personality, domains of aspiration, and subjective well-being. *Personality and Individual Differences, 28,* 347–354.

Chirkov, V., Ryan, R.M., Kim, Y., & Kaplan, U. (2003). Differentiating autonomy from individualism and independence: A self-determination perspective on internalization of cultural orientations, gender, and well-being. *Journal of Personality and Social Psychology, 84,* 97 – 110.

Christopher, J. C. (1996). Counseling's inescapable moral visions. *Journal of Counseling and Development, 75,* 17 – 25.

Christopher, J. C. (1999). Situating psychological well-being: Exploring the cultural roots of its theory and research. *Journal of Counseling and Development, 77,* 141 – 152.

Christopher, J. C. (2003, October). *The good in positive psychology.* Vortrag beim Second International Positive Psychology Summit, Washington, DC.

Christopher, M. (2004). A broader view of trauma: A biopsychosocial-evolutionary view of the role of the traumatic stress response in the emergence of pathology and/or growth. *Clinical Psychology Review, 24,* 75 – 98.

Collins, R. L., Taylor, S. E., & Skokan, L. A. (1990). A better world or a shattered vision? Changes in life perspectives following victimization. *Social Cognition, 8,* 263 – 285.

Compton, W. C. (2004). *An introduction to positive psychology.* Belmont, CA: Wadsworth.

Compton, W. C., Smith, M. L., Cornish, K. A., & Quails, D. L. (1996). Factor structure of mental health measures. *Journal of Personality and Social Psychology, 71,* 406 – 413.

Cooper, M. (2004). Existential therapies. In P. Sanders (2004), *The tribes of the person-centred nation: An introduction to the schools of therapy related to the person-centred approach* (95 – 124). Ross-on-Wye: PCCS Books.

Cooper, M. (2005). From self-objectification to self-affirmation: The ›I-me‹ and ›I-self‹ relation stances. In S. Joseph & R. Worsley (Hg.), *Person-centred psychopathology: A positive psychology of mental health* (60 – 74). Ross-on-Wye: PCCS Books.

Corcoran, K., & Fischer, J. (2000). *Measures for clinical practice. 2. Auflage.* New York: Free Press.

Cordova, M. J., Cunningham, L. L. C., Carlson, C. R., & Andrykowski, M. (2001). Posttraumatic growth following breast cancer: A controlled comparison study. *Health Psychology, 20,* 176 – 185.

Cornelius-White, J. H. D. (2002). The phoenix of empirically supported therapy relationships: The overlooked person-centered basis. *Psychotherapy: Theory/Research/Practice/Training, 39,* 219 – 222.

Creamer, M., Burgess, P., & Pattison, P. (1992). Reaction to trauma: A cognitive processing model. *Journal of Abnormal Psychology, 101,* 452 – 459.

Csikszentmihalyi, M. (1990). *Flow: The psychology of optimal experience.* New York: Harper & Row.

Csikszentmihalyi, M. (1997). *Finding flow: The psychology of engagement with everyday life.* New York: Basic Books. (Dt. *Lebe gut! Wie Sie das Beste aus Ihrem Leben machen.* Stuttgart: Klett-Cotta, 1999)

Csikszentmihalyi, M. (1999). If we are so rich, why aren't we happy? *American Psychologist, 54,* 821 – 827.

Csikszentmihalyi, M., & Rochberg-Halton, E. (1981). *The meaning of things. Domestic symbols and the self.* Cambridge, MA: Cambridge University Press. (Dt. *Der Sinn der Dinge: Das Selbst und die Symbole des Wohnbereichs.* München: Psychologie Verlags Union, 1989)

Curbow, B., Legro, M. W., Baker, F., Wingard, J. R., & Somerfield, M. R. (1993). Loss and recovery themes of long-term survivors of bone marrow transplants. *Journal of Psychosocial Oncology, 10,* 1 – 20.

Danoff-Burg, S., & Revenson, T. A. (2005). Benefit-finding among patients with rheumatoid arthritis: Positive effects on interpersonal relationships. *Journal of Behavioral Medicine, 28,* 91 – 103.

Davis, C. G., Nolen-Hoeksema, S., & Larson, J. (1998). Making sense of loss and benefiting from the experience: Two construals of meaning. *Journal of Personality and Social Psychology, 75,* 561 – 574.

DeCarvalho, R. (1991). *The founders of humanistic psychology.* New York: Praeger.

Deci, E. L., & Ryan, R. M. (1985). *Intrinsic motivation and self-determination in human behavior.* New York: Plenum.

Deci, E. L., & Ryan, R. M. (1991). A motivational approach to self: Integration in personality. In R. Dienstbier (Hg.), *Nebraska symposium on motivation, Volume 38: Perspectives on motivation* (237 – 288). Lincoln, NE: University of Nebraska Press.

Deci, E. L., & Ryan, R. M. (2000). The ›what‹ and ›why‹ of goal pursuits: Human needs and the self-determination of behavior. *Psychological Inquiry, 4,* 227 – 268.

Deci, E. L., & Vansteenkiste, M. (2004). Self-determination theory and basic need satisfaction: Understanding human development in positive psychology. *Ricerche di psicologia: Special issue in positive psychology, 27,* 23 – 40.

Deci, E. L., Koestner, R., & Ryan, R. M. (1999). A meta-analytic review of experiments examining the effects of extrinsic rewards on intrinsic motivation. *Psychological Bulletin, 25,* 627 – 668.

Delle Fave, A., & Massimini, F. (2004). Bringing subjectivity into focus: Optimal experiences, life themes, and person-centered rehabilitation. In P. A. Linley & S. Joseph (Hg.), *Positive psychology in practice* (581 – 597). Hoboken, NJ: John Wiley & Sons.

Department of Health (2000). *The NHS cancer plan.* London: Department of Health.

Deurzen, E. (1998). *Beyond psychotherapy. Psychotherapy Section Newsletter of the British Psychological Society, 23,* 4 – 18.

Diener, E. (2003, Oktober). *Critiques and limitations of positive psychology.* Gesprächsrunde beim Second International Positive Psychology Summit, Washington, DC.

Diener, E., & Seligman, M. E. P. (2004). Beyond money: Toward an economy of well-being. *Psychological Science in the Public Interest, 5,* 1 – 31.

Donlevy, J. G. (1996). Jung's contribution to adult development: The difficult and misunderstood path of individuation. *Journal of Humanistic Psychology, 36*, 92 – 108.

Draucker, C. (1992). Construing benefit from a negative experience of incest. *Western Journal of Nursing Research, 14*, 343 – 357.

Duncan, B., & Miller, S. (2000). *The heroic client: Doing client-directed, outcome informed therapy*. San Francisco: Jossey-Bass.

Edmonds, S., & Hooker, K. (1992). Perceived changes in life meaning following bereavement. *Omega, 25*, 307 – 318.

Eisenberg, N., & Ota Wang, V. (2003). Toward a positive psychology: Social developmental and cultural contributions. In L. G. Aspinwall & U. M. Staudinger (Hg.), *A psychology of human strengths: Fundamental questions and future directions for a positive psychology* (117 – 129). Washington, DC: American Psychological Association.

Elder, G. H., Jr., & Clipp, E. C. (1989). Combat experience and emotional health: Impairment and resilience in later life. *Journal of Personality, 57*, 311 – 341.

Epel, E. S., McEwen, B. S., & Ickovics, J. R. (1998). Embodying psychological thriving: Physical thriving in response to stress. *Journal of Social Issues, 54*, 301 – 322.

Farber, B. A., Brink, D. C., & Raskin, P. M. (Hg.) (1996). *The psychotherapy of Carl Rogers: Cases and commentary*. New York: Guilford.

Fava, G. A. (1997). Conceptual obstacles to research progress in affective disorders. *Psychotherapy and Psychosomatics, 66*, 283 – 285.

Fava, G. A. (1999). Well-being therapy. *Psychotherapy and Psychosomatics, 68*, 171 – 178.

Fava, G. A. (2000). Cognitive behavioral therapy. In M. Fink (Hg.), *Encyclopedia of stress* (484 – 497). San Diego, CA: Academic Press.

Fava, G. A., Rafanelli, C., Cazzaro, M., Conti, S., & Grandi, S. (1998 a). Well-being therapy: A novel psychotherapeutic approach for residual symptoms of affective disorders. *Psychological Medicine, 28*, 475 – 480.

Fava, G. A., Rafanelli, C., Grandi, S., Conti, S., & Belluardo, P. (1998 b). Prevention of recurrent depression with cognitive-behavioral therapy. *Archives of General Psychiatry, 55*, 816 – 820.

Fava, G. A., Ruini, C., Rafanelli, C., & Grandi, S. (2002). Cognitive behavior approach to loss of clinical effect during long-term antidepressant treatment. *American Journal of Psychiatry, 159*, 2094 – 2095.

Fava, G. A., Ruini, C., Rafanelli, C., Finos, L., Salmaso, L., Mangelli, L., & Sirigatti, S. (2005). Well-being therapy of generalized anxiety disorder. *Psychotherapy and Psychosomatics, 74*, 26 – 30.

Finkel, N. J. (1975). Stress, traumas and trauma resolution. *American Journal of Community Psychology, 3*, 173 – 178.

Foa, E. B., & Kozak, M. J. (1986). Emotional processing of fear: Exposure to corrective information. *Psychological Bulletin, 99*, 20 – 35.

Foa, E. B., & Rothbaum, B. O. (1998). *Treating the trauma of rape: Cognitive-behavioral therapy for PTSD*. New York: Guilford.

Foa, E. B., Keane, T. M., & Friedman, M. J. (Hg.) (2000). *Effective treatments for PTSD: Practice guidelines from the International Society for Traumatic Stress Studies.* New York: Guilford.

Follette, W. C., Linnerooth, P. J. N., & Ruckstuhl, L. E. (2001). Positive psychology: A clinical behavior analytic perspective. *Journal of Humanistic Psychology, 41,* 102–134.

Fontana, A., & Rosenheck, R. (1998). Psychological benefits and liabilities of traumatic exposure in the war zone. *Journal of Traumatic Stress, 11,* 485–505.

Ford, J. G. (1991). Rogerian self-actualization: A clarification of meaning. *Journal of Humanistic Psychology, 31,* 101–111.

Frankel, M., & Sommerbeck, L. (2005). Two Rogers and congruence: The emergence of therapist-centred therapy and the demise of client-centred therapy. In B. E. Levitt (Hg.), *Embracing nondirectivity: Reassessing person-centred theory and practice in the 21st century* (40–61). Ross-on-Wye: PCCS Books.

Frankl, V. (1946). … *trotzdem Ja zum Leben sagen (Drei Vorträge).* Wien: Deuticke.

Frazier, P. A., & Burnett, J. W. (1994). Immediate coping strategies among rape victims. *Journal of Counseling and Development, 72,* 633–639.

Frazier, P., Conlon, A., & Glaser, T. (2001). Positive and negative life changes following sexual assault. *Journal of Consulting and Clinical Psychology, 69,* 1048–1055.

Frazier, P., Tashiro, T., Berman, M., Steger, M., & Long, J. (2004). Correlates of levels and patterns of positive life changes following sexual assault. *Journal of Consulting and Clinical Psychology, 72,* 19–30.

Fredrickson, B. L. (1998). What good are positive emotions? *Review of General Psychology, 2,* 300–319.

Fredrickson, B. L. (2001). The role of positive emotions in positive psychology: The broaden-and-build theory of positive emotions. *American Psychologist, 56,* 218–226.

Fredrickson, B. L., & Levenson, R. W. (1998). Positive emotions speed recovery from the cardiovascular sequelae of negative emotions. *Cognition and Emotion, 12,* 191–220.

Friedli, K., King, M., Lloyd, M., & Horder, J. (1997). Randomised controlled assessment of non-directive psychotherapy versus routine general practitioner care. *Lancet, 350,* 1662–1665.

Fromm, E. (1976). *To have or to be?* New York: Harper & Row. (Dt. *Haben oder Sein: Die seelischen Grundlagen einer neuen Gesellschaft.* Stuttgart: DVA, 1976)

Fromm, K., Andrykowski, M. A., & Hunt, J. (1996). Positive and negative psychosocial sequelae of bone marrow transplantation: Implications for quality of life assessment. *Journal of Behavioral Medicine, 19,* 221–240.

Gable, S. L., & Haidt, J. (2005). What (and why) is positive psychology? *Review of General Psychology, 9,* 103–110.

Gendlin, E. T. (1996). *Focusing-oriented psychotherapy: A manual of the experiential method.* New York: Guilford. (Dt. *Focusing-orientierte Psychotherapie: Ein Handbuch der erlebensbezogenen Methode.* München: Pfeiffer, 1998)

Geuter, U. (1984). *Die Professionalisierung der deutschen Psychologie im National-sozialismus.* Frankfurt/Main: Suhrkamp.

Goldstein, K. (1934). *Der Aufbau des Organismus: Einführung in die Biologie unter besonderer Berücksichtigung der Erfahrungen am kranken Menschen.* Haag: Nijhoff.

Grant, B. (2004). The imperative of ethical justification in psychotherapy: The special case of client-centered therapy. *Person-Centered and Experiential Psychotherapies, 3,* 152–165.

Greenberg, L. S., Rice, L. N., & Elliott, R. (1993). *Facilitating emotional change: the moment by moment process.* New York: Guilford. (Dt. *Emotionale Veränderungen fördern: Grundlagen einer prozeß- und erlebnisorientierten Therapie.* Paderborn: Junfermann, 2003)

Greening, T. (2001). Commentary. *Journal of Humanistic Psychology, 41,* 4–7.

Grossman, P., Niemann, L., Schmidt, S., & Walach, H. (2004). Mindfulness-based stress reduction and health benefits. *Journal of Psychosomatic Medicine, 57,* 35–43.

Hagan, T., & Smail, D. (1997a). Power mapping – I. Background and basic methodology. *Journal of Community and Applied Social Psychology, 7,* 257–267.

Hagan, T., & Smail, D. (1997b). Power mapping – II. Practical application: The example of sexual abuse. *Journal of Community and Applied Social Psychology, 7,* 269–284.

Hansard, C. (2001). *The Tibetan art of living: Wise body, wise mind, wise life.* London: Hodder & Stoughton. (Dt. *Tibetische Lebensweisheit: Selbstheilungstechniken für Körper, Geist und Seele.* München: Goldmann, 2003)

Harlow, H. F. (1953). Mice, monkeys, men, and motives. *Psychological Review, 60,* 23–32.

Harter, S., Marold, D. B., Whitesell, N. R., & Cobbs, G. (1996). A model of the effects of parent and peer support on adolescent false self behavior. *Child Development, 67,* 360–374.

Harvey, J. H. (2001). The psychology of loss as a lens to positive psychology. *American Behavioral Scientist, 44,* 838–853.

Haugh, S., & Merry, T. (Hg.) (2001). *Rogers' therapeutic conditions: Evolution, theory and practice. Volume 2: Empathy.* Ross-on-Wye: PCCS Books.

Heelas, P., & Lock, A. (Hg.) (1981). *Indigenous psychologies: The anthropology of the self.* New York: Academic.

Hegel, G. W. F. (1807). *System der Wissenschaft. Erster Theil, die Phänomenologie des Geistes.* Bamberg/Würzburg: Verlag Joseph Anton Goebhardt.

Held, B. S. (2002). The tyranny of the positive attitude in America: Observation and speculation. *Journal of Clinical Psychology, 58,* 965–992.

Held, B. S. (2003, Oktober). *Critiques and limitations of positive psychology.* Gesprächsrunde beim Second International Positive Psychology Summit, Washington, DC.

Herman, J. L. (1992). *Trauma and recovery: From domestic abuse to political terror.*

London: Pandora. (Dt. *Die Narben der Gewalt: Traumatische Erfahrungen verstehen und überwinden*. München: Kindler, 1993)

Hodges, T. D., & Clifton, D. O. (2004). Strengths based development in practice. In P. A. Linley & S. Joseph (Hg.), *Positive psychology in practice* (256 – 268). Hoboken, NJ: John Wiley & Sons.

Horney, K. (1951). *Neurosis and human growth: The struggle toward self-realization*. London: Routledge & Kegan Paul. (Dt. *Neurose und menschliches Wachstum. Das Ringen um Selbstverwirklichung*. München: Kindler, 1975)

Horowitz, M. J. (1982). Psychological processes induced by illness, injury, and loss. In T. Millon, C. Green & R. Meagher (Hg.), *Handbook of clinical health psychology* (53 – 68). New York: Plenum.

Horowitz, M. J. (1986). *Stress response syndromes*. Northville, NJ: Jason Aronson.

Hubble, M. A., & Miller, S. D. (2004). The client: Psychotherapy's missing link for promoting a positive psychology. In P. A. Linley & S. Joseph (Hg.), *Positive psychology in practice* (335 – 353). Hoboken, NJ: John Wiley & Sons.

Huppert, F. A. (2004). A population approach to positive psychology: The potential for population interventions to promote well-being and prevent disorder. In P. A. Linley & S. Joseph (Hg.), *Positive psychology in practice* (693 – 709). Hoboken, NJ: John Wiley & Sons.

Jaffe, D. T. (1985). Self-renewal: Personal transformation following extreme trauma. *Journal of Humanistic Psychology, 25*, 99 – 124.

James, W. (1902). *The varieties of religious experience: A study in human nature*. New York: Longman, Green. (Dt. *Die Vielfalt religiöser Erfahrung*. Frankfurt/Main: Insel, 1997)

Janoff-Bulman, R. (1989). Assumptive worlds and the stress of traumatic events: Applications of the schema construct. *Social Cognition, 7*, 113 – 136.

Janoff-Bulman, R. (1992). *Shattered assumptions: Towards a new psychology of trauma*. New York: Free Press.

Janoff-Bulman, R., & McPherson Frantz, C. (1997). The impact of trauma on meaning: From meaningless world to meaningful life. In M. Power & C. R. Brewin (Hg.), *The transformation of meaning in psychological therapies*. Chichester: John Wiley & Sons.

Jork, K., & Peseschkian, N. *Salutogenese und positive Psychotherapie: Gesund werden – gesund bleiben*. Bern: Huber, 2003.

Joseph, S. (1999). Attributional processes, coping, and post-traumatic stress disorders. In W. Yule (Hg.), *Post-traumatic stress disorders: Concepts and therapy* (51 – 70). Chichester: John Wiley & Sons.

Joseph, S. (2001). *Psychopathology and therapeutic approaches: An introduction*. Houndmills: Palgrave Macmillan.

Joseph, S. (2003 a). Client-centred psychotherapy: Why the client knows best. *The Psychologist, 16*, 304 – 307.

Joseph, S. (2003 b). Person-centred approach to understanding posttraumatic stress. *Person-centred Practice, 11*, 70 – 75.

Joseph, S. (2004). Client-centred therapy, posttraumatic stress, and posttraumatic growth: Theoretical perspectives and practical implications. *Psychology and Psychotherapy: Theory, Research and Practice, 77,* 101 – 120.

Joseph, S. (2005). Understanding posttraumatic stress from the person-centred perspective. In S. Joseph & R. Worsley (Hg.), *Person-centred psychopathology: A positive psychology of mental health* (190 – 201). Ross-on-Wye: PCCS Books.

Joseph, S., & Lewis, C.A. (1998). The depression-happiness scale: Reliability and validity of a bipolar self-report scale. *Journal of Clinical Psychology, 54,* 537 – 544.

Joseph, S., & Linley, P.A. (2004). Positive therapy: A positive psychological theory of therapeutic practice. In P.A. Linley & S. Joseph (Hg.), *Positive psychology in practice* (354 – 368). Hoboken, NJ: John Wiley & Sons.

Joseph, S., & Linley, P.A. (2005a). Positive psychological approaches to therapy. *Counselling and Psychotherapy Research, 5,* 5 – 10.

Joseph, S., & Linley, P.A. (2005b). Positive adjustment to threatening events: An organismic valuing theory of growth through adversity. *Review of General Psychology, 9,* 262 – 280.

Joseph, S., & Worsley, R. (Hg.) (2005a). *Person-centred psychopathology: A positive psychology of mental health.* Ross-on-Wye: PCCS Books.

Joseph, S., & Worsley, R. (2005b). A positive psychology of mental health: The person-centred perspective. In S. Joseph & R. Worsley (Hg.), *Person-centred psychopathology: A positive psychology of mental health* (348 – 357). Ross-on-Wye: PCCS Books.

Joseph, S., Williams, R., & Yule, W. (1993). Changes in outlook following disaster: The preliminary development of a measure to assess positive and negative responses. *Journal of Traumatic Stress, 6,* 271 – 279.

Joseph, S., Williams, R., & Yule, W. (1995). Psychosocial perspective on Posttraumatic stress. *Clinical Psychology Review, 15,* 515 – 544.

Joseph, S., Williams, R., & Yule, W. (1997). *Understanding posttraumatic stress: A psychosocial perspective on PTSD and treatment.* Chichester: John Wiley & Sons.

Joseph, S., Linley, P.A., Harwood, J., Lewis, C.A., & McCollam, P. (2004). Rapid assessment of well-being: The short depression-happiness scale. *Psychology and Psychotherapy: Theory, Research, and Practice, 77,* 1 – 14.

Joseph, S., Linley, P.A., Andrews, L., Harris, G., Howie, B., Woodward, C., & Shevlin, M. (2005). Assessing positive and negative changes in the aftermath of adversity: Psychometric evaluation of the changes in outlook questionnaire. *Psychological Assessment, 17,* 70 – 80.

Joseph, S., Linley, P.A., Shevlin, M., Goodfellow, B., & Butler, L. (2006). Assessing positive and negative changes in the aftermath of adversity: A short form of the changes in outlook questionnaire. *Journal of Loss and Trauma 11,* 85 – 99.

Judge, T.A., Thoresen, C.J., Bono, J.E., & Patton, G.K. (2001). The job satisfaction-job performance relationship: A qualitative and quantitative review. *Psychological Bulletin, 127,* 376 – 407.

Jung, C. G., & Jacobi, J. (1971). *Mensch und Seele. Zitate von C. G. Jung aus dem Gesamtwerk 1905 bis 1961.* Olten: Walter.

Kahneman, D. (1999). Objective happiness. In D. Kahneman, E. Diener & N. Schwarz (Hg.), *Well-being: The foundations of hedonic psychology* (3 – 25). New York: Russell Sage Foundation.

Kasser, T. (2002). *The high price of materialism.* Cambridge, MA: MIT Press.

Kasser, T. (2004). The good life or the goods life? Positive psychology and personal well-being in the culture of consumption. In P. A. Linley & S. Joseph (Hg.), *Positive psychology in practice* (55 – 67). Hoboken, NJ: John Wiley & Sons.

Kasser, T., & Ryan, R. M. (1993). A dark side of the American dream: Correlates of financial success as a central life aspiration. *Journal of Personality and Social Psychology, 65,* 410 – 422.

Kasser, T., & Ryan, R. M. (1996). Further examining the American dream: Differential correlates of intrinsic and extrinsic goals. *Personality and Social Psychology Bulletin, 22,* 280 – 287.

Kasser, T., Ryan, R. M., Zax, M., & Sameroff, A. J. (1995). The relations of material and social environments to adolescents' materialistic and prosocial values. *Developmental Psychology, 31,* 907 – 914.

Kauffman, C. (2005). *You are just p.e.r.f.e.c.t. A positive psychology perspective of multiple resources.* Vortrag vor der American Psychological Association, Washington, DC.

Kauffman, C., & Scoular, A. (2004). Toward a positive psychology of executive coaching. In P. A. Linley & S. Joseph (Hg.), *Positive psychology in practice* (287 – 302). Hoboken, NJ: John Wiley & Sons.

Kearney, A. (1996). *Counselling, class and politics: Undeclared influences in therapy.* Ross-on-Wye: PCCS Books.

Kekes, J. (1995). *Moral wisdom and good lives.* Ithaca, NY: Cornell University Press.

Kessler, B. G. (1987). Bereavement and personal growth. *Journal of Humanistic Psychology, 27,* 228 – 247.

Keyes, C. L. M., & Haidt, J. (Hg.) (2002). *Flourishing: Positive psychology and the life well-lived.* Washington, DC: American Psychological Association.

Keyes, C. L. M., Shmotkin, D., & Ryff, C. D. (2002). Optimizing well-being: The empirical encounter of two traditions. *Journal of Personality and Social Psychology, 82,* 1007 – 1022.

Kidner, D. (2001). Silence is a political act: Letters to the editor. *The Psychologist, 14,* 178.

King, M., Sibbald, B., Ward, E., Bower, P., Lloyd, M., Gabbay, M., & Byford, S. (2000). Randomised controlled trial of non-directive counselling, cognitive behaviour therapy, and usual general practitioner care in the management of depression as well as mixed anxiety and depression in primary care. *British Medical Journal, 321,* 1383 – 1388.

Kirschenbaum, H. (2004). Carl Rogers's life and work: An assessment on the 100th anniversary of his birth. *Journal of Counseling and Development, 82,* 116 – 124.

Kirschenbaum, H., & Henderson, V.C. (Hg.) (1989). *The Carl Rogers reader*. Boston, MA: Houghton-Mifflin.

Koenig, H.G., Pargament, K.I., & Nielsen, J. (1998). Religious coping and health status in medically ill hospitalized older adults. *Journal of Nervous and Mental Disease, 186,* 513–521.

Korchin, S.J. (1976). *Modern clinical psychology*. New York: Basic Books.

Krupnick, L.J., Sotsky, S.M., Simmens, S., Moyer, J., Elkin, I., Watkins, J., & Pilkonis, P.A. (1996). The role of the therapeutic alliance in psychotherapy and pharmacotherapy outcome: Findings in the National Institute of Mental Health Treatment of Depression Collaborative Research Programme. *Journal of Consulting and Clinical Psychology, 64,* 532–539.

Laerum, E., Johnsen, N., Smith, P., & Larsen, S. (1987). Can myocardial infarction induce positive changes in family relationships? *Family Practice, 4,* 302–305.

La Guardia, J.G., Ryan, R.M., Couchman, C.E., & Deci, E.L. (2000). Within-person variation in security of attachment: A self-determination theory perspective on attachment, need fulfilment, and well-being. *Journal of Personality and Social Psychology, 79,* 367–384.

Lambert, M.J. (1992). Implications of outcome research for psychotherapy integration. In J.C. Norcross & M.R. Goldfried (Hg.), *Handbook of psychotherapy integration* (94–129). New York: Basic Books.

Larsen, J.T., Hemenover, S.H., Norris, C.J., & Cacioppo, J.T. (2003). Turning adversity to advantage: On the virtues of the coactivation of positive and negative emotions. In L.G. Aspinwall & U.M. Staudinger (Hg.), *A psychology of human strengths: Fundamental questions and future directions for a positive psychology* (211–225). Washington, DC: American Psychological Association.

Lavender, T. (2003). Redressing the balance: The place, history and future of reflective practice in training. *Clinical Psychology, 27,* 11–15.

Lazarus, R.S. (2003). Does the positive psychology movement have legs? *Psychological Inquiry, 14,* 93–109.

Lazarus, R.S., & Folkman, S. (1984). *Stress, appraisal, and coping*. New York: Springer.

Lehman, D.R., Davis, C.G., DeLongis, A., Wortman, C.B., Bluck, S., Mandel, D.R., & Ellard, J.H. (1993). Positive and negative life changes following bereavement and their relations to adjustment. *Journal of Social and Clinical Psychology, 12,* 90–112.

Levitt, B.E. (2005a). Non-directivity: The foundational attitude. In B.E. Levitt (Hg.), *Embracing non-directivity: Reassessing person-centred theory and practice in the 21st century* (5–16). Ross-on-Wye: PCCS Books.

Levitt, B.E. (2005b). *Embracing non-directivity: Reassessing person-centred theory and practice in the 21st century*. Ross-on-Wye: PCCS Books.

Linley, P.A. (2000). Transforming psychology: The example of trauma. *The Psychologist, 13,* 353–355.

Linley, P.A. (2003). Positive adaptation to trauma: Wisdom as both process and outcome. *Journal of Traumatic Stress, 16,* 601–610.

Linley, P. A., & Harrington, S. (2006). Playing to your strengths. *The Psychologist 19,* 86–89.

Linley, P. A., & Joseph, S. (2002a). Posttraumatic growth. *Counselling and Psychotherapy Journal, 13,* 14–17.

Linley, P. A., & Joseph, S. (2002b, Juni). *Posttraumatic growth: The positive psychology of trauma.* Vortrag bei der First European Positive Psychology Conference, Winchester, UK.

Linley, P. A., & Joseph, S. (2002c, Oktober). *Posttraumatic growth: The apotheosis of positive psychology.* Poster, vorgestellt beim First International Positive Psychology Summit, Washington, DC.

Linley, P. A., & Joseph, S. (2003). Putting it into practice. *The Psychologist, 16,* 143.

Linley, P. A., & Joseph, S. (Hg.) (2004a). *Positive psychology in practice.* Hoboken, NJ: John Wiley & Sons.

Linley, P. A., & Joseph, S. (2004b). Applied positive psychology: A new perspective for professional practice. In P. A. Linley & S. Joseph (Hg.), *Positive psychology in practice* (3–12). Hoboken, NJ: John Wiley & Sons.

Linley, P. A., & Joseph, S. (2004c). Toward a theoretical foundation for positive psychology in practice. In P. A. Linley & S. Joseph (Hg.), *Positive psychology in practice* (713–731). Hoboken, NJ: John Wiley & Sons.

Linley, P. A., & Joseph, S. (2004d). Positive change following trauma and adversity: A review. *Journal of Traumatic Stress, 17,* 11–21.

Linley, P. A., & Joseph, S. (2005). The human capacity for growth through adversity. *American Psychologist, 60,* 262–263.

Linley, P. A., Joseph, S., Cooper, R., Harris, S., & Meyer, C. (2003). Positive and negative changes following vicarious exposure to the September 11 terrorist attacks. *Journal of Traumatic Stress, 16,* 481–485.

Linley, P. A., Joseph, S., Harrington, S., & Wood, A. M. (2006). Positive psychology: Past, present, and (possible) future. *The Journal of Positive Psychology 1,* 3–16.

Linley, P. A., Joseph, S., & Loumidis, K. (2005). Trauma work, sense of coherence, and positive and negative changes in therapists. *Psychotherapy and Psychosomatics, 74,* 185–188.

Littlewood, R., & Lipsedge, M. (1993). *Aliens and alienists: Ethnic minorities and psychiatry. 3. Auflage.* London: Routledge.

Lopez, S. J., & Snyder, C. R. (Hg.) (2003). *Positive psychological assessment: A handbook of models and measures.* Washington, DC: American Psychological Association.

Lopez, S. J., Prosser, E. C., Edwards, L. M., Magyar-Moe, J. L., Neufeld, J. E., & Rasmussen, H. N. (2002). Putting positive psychology in a multicultural context. In C. R. Snyder & S. J. Lopez (Hg.), *Handbook of positive psychology* (700–714). New York: Oxford University Press.

Lyons, J. A. (1991). Strategies for assessing the potential for positive adjustment following trauma. *Journal of Traumatic Stress, 4,* 93–111.

Ma, S. H., & Teasdale, J. D. (2004). Mindfulness-based cognitive therapy for depression: Replication and exploration of differential relapse prevention effects. *Journal of Consulting and Clinical Psychology, 72,* 31 – 40.

Maddux, J. E. (2002). Stopping the ›madness‹: Positive psychology and the deconstruction of the illness ideology and the *DSM.* In C. R. Snyder & S. J. Lopez (Hg.), *Handbook of positive psychology* (13 – 25). New York: Oxford University Press.

Maddux, J. E., Gosselin, J. T., & Winstead, B. A. (2004a). Conceptions of psychopathology: A social constructionist perspective. In J. E. Maddux & B. A. Winstead (Eds.), *Psychopathology: Foundations for a contemporary understanding.* Mahwah, NJ: Lawrence Erlbaum.

Maddux, J. E., Snyder, C. R., & Lopez, S. J. (2004b). Toward a positive clinical psychology: Deconstructing the illness ideology and constructing an ideology of human strengths and potential. In P. A. Linley & S. Joseph (Hg.), *Positive psychology in practice* (320 – 334). Hoboken, NJ: John Wiley & Sons.

Marcus, G. E., & Fischer, M. M. J. (1986). *Anthropology as cultural critique: An experimental moment in the human sciences.* Chicago, IL: University of Chicago Press.

Martin, J. (2004). *Adversarial growth following cancer.* Doctor of clinical psychology thesis, University of Warwick.

Martin, D. J., Garske, J. P., & Davis, M. K. (2000). Relation of the therapeutic alliance with outcome and other variables: A meta-analytic review. *Journal of Consulting and Clinical Psychology, 68,* 438 – 450.

Martin, J., Tolosa, I., & Joseph, S. (2004). Adversarial growth following cancer and support from health professionals. *Health Psychology Update, 13,* 11 – 17.

Marzillier, J. (2004). Psychotherapy – is evidence the answer? Letters page. *The Psychologist, 17,* 625 – 626.

Maslow, A. H. (1954). *Motivation and personality.* New York: Harper & Row.

Maslow, A. H. (1968). *Toward a psychology of being.* New York: Van Nostrand. (Dt. *Psychologie des Seins: Ein Entwurf.* München: Kindler, 1973)

Maslow, A. H. (1970). *Motivation and personality. 2. Auflage.* New York: Harper & Row. (Dt. *Motivation und Persönlichkeit.* Olten: Walter, 1977)

Maslow, A. H. (1993). *The farther reaches of human nature.* New York: Penguin Arkana.

May, R. (1994). Contributions of existential psychotherapy. In R. May, E. Angel & H. F. Ellenberger (Hg.), *Existence* (37 – 91). Northvale, NJ: Jason Aronson. (Erstauflage 1958)

McGregor, I., & Little, B. R. (1998). Personal projects, happiness, and meaning: On doing well and being yourself. *Journal of Personality and Social Psychology, 74,* 494 – 512.

McMillen, J. C. (1999). Better for it: How people benefit from adversity. *Social Work, 44,* 455 – 468.

McMillen, J. C., & Fisher, R. H. (1998). The perceived benefit scales: Measuring perceived positive life changes after negative events. *Social Work Research, 22,* 173 – 187.

McMillen, C., Zuravin, S., & Rideout, G. (1995). Perceived benefits from child sexual abuse. *Journal of Consulting and Clinical Psychology, 63,* 1037–1043.

McMillen, C., Howard, M. O., Nower, L., & Chung, S. (2001). Positive by-products of the struggle with chemical dependency. *Journal of Substance Abuse Treatment, 20,* 69–79.

Mearns, D. (1994). *Developing person-centred counselling.* London: Sage.

Mearns, D., & Thorne, B. (1999). *Person-centred counselling in action. 2. Auflage.* London: Sage.

Mearns, D., & Thorne, B. (2000). *Person-centred therapy today: New frontiers in theory and practice.* London: Sage.

Mendola, R., Tennen, H., Affleck, G., McCann, L., & Fitzgerald, T. (1990). Appraisal and adaptation among women with impaired fertility. *Cognitive Therapy and Research, 14,* 79–93.

Merry, T. (1999). *Learning and being in person-centred counselling: A textbook for discovering theory and developing practice.* Ross-on-Wye: PCCS Books.

Merry, T. (2004). Classicial client-centred therapy. In P. Sanders (2004), *The tribes of the person-centred nation: An introduction to the schools of therapy related to the person-centred approach* (21–44). Rosson-Wye: PCCS Books.

Milam, J. E., Ritt-Olson, A., & Unger, J. (2004). Posttraumatic growth among adolescents. *Journal of Adolescent Research, 19,* 192–204.

Miles, M. S., Demi, A. S., & Mostyn-Aker, P. (1984). Rescue workers' reactions following the Hyatt Hotel disaster. *Death Education, 8,* 315–331.

Miller, W. R., & C'deBaca, J. (1994). Quantum change: Toward a psychology of transformation. In T. F. Heatherton & J. L. Weinberger (Hg.), *Can personality change?* (253–281). Washington, DC: American Psychological Association.

Milne, D. (1999). Editorial: Important differences between the ›scientist-practitioner‹ and the ›evidence-based practitioner‹. *Clinical Psychology Forum, 133,* 5–9.

Myers, D. G. (2000). The funds, friends, and faith of happy people. *American Psychologist, 55,* 56–67.

Myers, D. G. (2004). Human connections and the good life: Balancing individuality and community in public policy. In P. A. Linley & S. Joseph (Hg.), *Positive psychology in practice* (641–657). Hoboken, NJ: John Wiley & Sons.

Nelson-Jones, R. (1984). *Personal responsibility counselling and therapy: An integrative approach.* London: Harper & Row.

Norcross, J. C. (Hg.) (2001). Empirically supported therapy relationships: Summary of the Division 29 Task Force. *Psychotherapy* [Sonderheft], *38* (4).

Norem, J. K. (2003, October). *Critiques and limitations of positive psychology.* Gesprächsrunde beim Second International Positive Psychology Summit, Washington, DC.

O'Connell, B. (2001). *Solution focused stress counselling.* London: Continuum.

O'Connell, B. (2005). *Solution-focused therapy. 2. Auflage.* London: Sage.

O'Connor, A. P., Wicker, C. A., & Germino, B. B. (1990). Understanding the cancer patient's search for meaning. *Cancer Nursing, 13,* 167–175.

O'Hara, M. (1997). Emancipatory therapeutic practice in a turbulent transmodern era: A work of retrieval. *Journal of Humanistic Psychology, 37,* 7–33.

O'Leary, V. E., & Ickovics, J. R. (1995). Resilience and thriving in response to challenge: An opportunity for a paradigm shift in women's health. *Women's Health: Research on Gender, Behavior, and Policy, 1,* 121–142.

Parappully, J., Rosenbaum, R., van den Daele, L., & Nzewi, E. (2002). Thriving after trauma: The experience of parents of murdered children. *Journal of Humanistic Psychology, 42,* 33–70.

Pargament, K. I., & Mahoney, A. (2002). Spirituality: Discovering and conserving the sacred. In C. R. Snyder & S. J. Lopez (Hg.), *Handbook of positive psychology* (646–659). New York: Oxford University Press.

Pargament, K. I., Smith, B. W., Koenig, H. G., & Perez, L. (1998). Patterns of positive and negative religious coping with major life stressors. *Journal for the Scientific Study of Religion, 37,* 710–724.

Park, C. L. (1998). Stress-related growth and thriving through coping: The roles of personality and cognitive processes. *Journal of Social Issues, 54,* 267–277.

Park, C. L., Cohen, L. H., & Murch, R. (1996). Assessment and prediction of stress-related growth. *Journal of Personality, 64,* 71–105.

Parks, A. C. (2004, September–Oktober). *Treating depressive symptoms with a positive intervention.* Poster, vorgestellt beim International Positive Psychology Summit 2004.

Patterson, T., & Joseph, S. (2007). Person-centered personality theory: Support from self-determination theory and positive psychology. *Journal of Humanistic Psychology, 47 (Januar),* 117–139.

Pavot, W., & Diener, E. (2004). Findings on subjective well-being: Applications to public policy, clinical interventions, and education. In P. A. Linley & S. Joseph (Hg.), *Positive psychology in practice* (679–692). Hoboken, NJ: John Wiley & Sons.

Peseschkian, N., & Tritt, K. (1998). Positive psychotherapy: Effectiveness study and quality assurance. *European Journal of Psychotherapy, Counselling, and Health, 1,* 93–104.

Peterson, C., & Seligman, M. E. P. (2003). Values in action (VIA) classification of strengths. Entwurf (4. Januar 2003), abgerufen im Internet unter www.positivepsychology.org/strengths am 15. Januar 2003.

Peterson, C., & Seligman, M. E. P. (2004). *Character strengths and virtues: A handbook and classification.* Washington, DC: American Psychological Association.

Prilleltensky, I. (1994). *The morals and politics of psychology: Psychological discourse and the status quo.* Albany, NY: State University of New York Press.

Proctor, G. (2005). Clinical psychology and the person-centred approach: An uncomfortable fit. In S. Joseph & R. Worsley (Hg.), *Person-centred psychopathology: A positive psychology of mental health* (276–292). Ross-on-Wye: PCCS Books.

Prouty, G. (1990). Pre-therapy: A theoretical evolution in the person-centred/experiential psychotherapy of schizophrenia and retardation. In G. Lietaer, J. Rombauts & R. Van Balen (Hg.), *Client-centred and experiential psychotherapy in the nineties* (S. 645 – 658). Leuven: University of Leuven Press.

Prouty, G., Van Werde, D., & Portner, M. (2002). *Pre-therapy: Reaching contact-impaired clients.* Ross-on-Wye: PCCS books.

Rachman, S. (1980). Emotional processing. *Behaviour Research and Therapy, 18,* 51 – 60.

Rank, O. (1929). *Wahrheit und Wirklichkeit: Entwurf einer Philosophie des Seelischen.* Leipzig: Deuticke.

Raphael, B. (1986). *When disaster strikes.* Hutchinson: London.

Rathunde, K. (2001). Toward a psychology of optimal human functioning: What positive psychology can learn from the ›experiential turns‹ of James, Dewey, and Maslow. *Journal of Humanistic Psychology, 41,* 135 – 153.

Reeve, J., Nix, G., & Hamm, D. (2003). Testing models of the experience of self-determination in intrinsic motivation and the conundrum of choice. *Journal of Educational Psychology, 95,* 375 – 392.

Reisman, J. M. (1991). *A history of clinical psychology.* New York: Hemisphere.

Rennie, D. L. (1996). Fifteen years of doing qualitative psychotherapy process research. *British Journal of Guidance and Counselling, 24,* 317 – 327.

Rennie, D. L. (1998). *Person-centred counselling: An experiential approach.* London: Sage.

Resnick, S., Warmoth, A., & Serlin, I. A. (2001). The humanistic psychology and positive psychology connection: Implications for psychotherapy. *Journal of Humanistic Psychology, 41,* 73 – 101.

Rogers, C. R. (1942). *Counseling and psychotherapy: Newer concepts in practice.* Boston, MA: Houghton-Mifflin. (Dt. *Die nicht–direktive Beratung.* München: Kindler, 1972)

Rogers, C. R. (1951). *Client-centered therapy: Its current practice, implications and theory.* Boston, MA: Houghton-Mifflin. (Dt. *Die klient-bezogene Gesprächstherapie.* München: Kindler, 1973)

Rogers, C. R. (1957). The necessary and sufficient conditions of therapeutic personality change. *Journal of Consulting Psychology, 21,* 95 – 103. (Dt. Die notwendigen und hinreichenden Bedingungen für Persönlichkeitsentwicklung durch Psychotherapie. In C. R. Rogers & P. F. Schmid, *Person-zentriert. Grundlagen von Theorie und Praxis.* Mainz: Grünewald, 1991, 165 – 184)

Rogers, C. R. (1959). A theory of therapy, personality and interpersonal relationships, as developed in the client-centered framework. In S. Koch (Hg.), *Psychology: A study of a science, Vol. 3: Formulations of the person and the social context* (184 – 256). New York: McGraw-Hill. (Dt. *Eine Theorie der Psychotherapie, der Persönlichkeit und der zwischenmenschlichen Beziehungen.* München: Reinhardt, 2009)

Rogers, C. R. (1961). *On becoming a person.* Boston, MA: Houghton-Mifflin. (Dt. *Entwicklung der Persönlichkeit: Psychotherapie aus der Sicht eines Therapeuten.* Stuttgart: Klett-Cotta, 1992)

Rogers, C. R. (1963 a). The actualizing tendency in relation to ›motives‹ and to consciousness. In M. Jones (Hg.), *Nebraska symposium on motivation, Volume 11* (1–24). Lincoln: University of Nebraska Press. (Dt. Eine politische Basis: Die Selbstverwirklichungstendenz. In Rogers, *Die Kraft des Guten. Ein Appell zur Selbstverwirklichung.* München: Kindler, 1978)

Rogers, C. R. (1963 b). The concept of the fully functioning person. *Psychotherapy: Theory, Research, and Practice, 1,* 17–26. (Dt. Das Ziel: Die sich verwirklichende und voll handlungsfähige Persönlichkeit. In Rogers, *Lernen in Freiheit. Zur Bildungsreform in Schule und Universität.* München: Kösel, 1974, 268–286)

Rogers, C. R. (1964). Toward a modern approach to values: The valuing process in the mature person. *Journal of Abnormal and Social Psychology, 68,* 160–167. (Dt. Der Prozess des Wertens beim reifen Menschen. In Rogers & B. Stevens, *Von Mensch zu Mensch. Möglichkeiten, sich und anderen zu begegnen.* Paderborn: Junfermann, 1984, 37–55)

Rogers, C. R. (1969). *Freedom to learn.* Columbus, OH: Merrill. (Dt. *Lernen in Freiheit. Zur Bildungsreform in Schule und Universität.* München: Kösel, 1974)

Rogers, C. R. (1978). *Carl Rogers on personal power: Inner strength and its revolutionary impact.* London: Constable. (Dt. *Die Kraft des Guten. Ein Appell zur Selbstverwirklichung.* München: Kindler, 1978)

Rollnick, S., & Miller, W. R. (1995). What is motivational interviewing? *Behavioural and Cognitive Psychotherapy, 23,* 325–334.

Rosenhan, D. L. (1973). On being sane in insane places. *Science, 179,* 250–258.

Rosenhan, D. L. (1975). The contextual nature of psychiatric diagnosis. *Journal of Abnormal Psychology, 84,* 442–452.

Roth, S., Lebowitz, L., & DeRosa, R. R. (1997). Thematic assessment of posttraumatic stress reactions. In J. P. Wilson & T. M. Keane (Hg.), *Assessing psychological trauma and PTSD* (512–528). New York: Guilford.

Ruini, C., & Fava, G. A. (2004). Clinical applications of well-being therapy. In P. A. Linley & S. Joseph (Hg.), *Positive psychology in practice* (371–387). Hoboken, NJ: John Wiley & Sons.

Ryan, R. M. (1995). Psychological needs and the facilitation of integrative processes. *Journal of Personality, 63,* 397–427.

Ryan, R. M., & Deci, E. L. (2000). Self-determination theory and the facilitation of intrinsic motivation, social development, and well-being. *American Psychologist, 55,* 68–78.

Ryan, R. M., & Deci, E. L. (2001). On happiness and human potentials: A review of research on hedonic and eudaemonic well-being. *Annual Review of Psychology, 52,* 141–166.

Ryff, C. D. (1989). Happiness is everything, or is it? Explorations on the meaning of psychological well-being. *Journal of Personality and Social Psychology, 57,* 1069–1081.

Ryff, C. D., & Singer, B. H. (1996). Psychological well-being: Meaning, measurement, and implications for psychotherapy research. *Psychotherapy and Psychosomatics, 65,* 14 – 23.

Ryff, C. D., & Singer, B. (2003). Ironies of the human condition: Well-being and health on the way to mortality. In L. G. Aspinwall & U. M. Staudinger (Hg.), *A psychology of human strengths: Fundamental questions and future directions for a positive psychology* (271 – 287). Washington, DC: American Psychological Association.

Salovey, P., Mayer, J. D., & Caruso, D. (2002). The positive psychology of emotional intelligence. In C. R. Snyder & S. J. Lopez (Hg.), *Handbook of positive psychology* (159 – 171). New York: Oxford University Press.

Salovey, P., Caruso, D., & Mayer, J. D. (2004). Emotional intelligence in practice. In P. A. Linley & S. Joseph (Hg.), *Positive psychology in practice* (447 – 463). Hoboken, NJ: John Wiley & Sons.

Sanders, P. (2004). *The tribes of the person-centred nation: An introduction to the schools of therapy related to the person-centred approach.* Ross-on-Wye: PCCS Books.

Sanders, P. (2005). Principled and strategic opposition to the medicalisation of distress and all of its apparatus. In S. Joseph & R. Worsley (Hg.), *Person-centred psychopathology: A positive psychology of mental health* (21 – 42). Ross-on-Wye: PCCS Books.

Schmid, P. (2005). Facilitative responsiveness: Non-directiveness from anthropological, epistemological and ethical perspectives. In B. E. Levitt (Hg.), *Embracing nondirectivity: Reassessing person-centred theory and practice in the 21st century* (75 – 95). Ross-on-Wye: PCCS Books.

Schwartzberg, S. S. (1993). *Struggling for meaning: How HIV-positive gay men make sense of AIDS. Professional Psychology: Research and Practice, 24,* 483 – 490.

Sears, S. R., Stanton, A. L., & Danoff-Burg, S. (2003). The yellow brick road and the emerald city: Benefit finding, positive reappraisal coping, and posttraumatic growth in women with early-stage breast cancer. *Health Psychology, 22,* 487 – 497.

Seligman, M. E. P. (1994). *What you can change and what you can't.* New York: Knopf.

Seligman, M. E. P. (1999). The president's address. *American Psychologist, 54,* 559 – 562.

Seligman, M. E. P. (2001, Oktober). *Welcome to positive psychology.* Address to the Positive Psychology Summit, Washington, DC.

Seligman, M. E. P. (2002). Positive psychology, positive prevention, and positive therapy. In C. R. Snyder & S. J. Lopez (Hg.), *Handbook of positive psychology* (3 – 9). New York: Oxford University Press.

Seligman, M. E. P. (2003a). Positive psychology: Fundamental assumptions. *The Psychologist, 16,* 126 – 127.

Seligman, M. E. P. (2003b). *Authentic happiness: Using the new positive psychology to realize your potential for lasting fulfilment.* New York: Free Press. (Dt. *Der Glücksfaktor: Warum Optimisten länger leben.* Bergisch Gladbach: Ehrenwirth, 2003)

Seligman, M. E. P., & Csikszentmihalyi, M. (2000). Positive psychology: An introduction. *American Psychologist, 55,* 5 – 14.

Seligman, M. E. P., & Peterson, C. (2003). Positive clinical psychology. In L. G. Aspinwall & U. M. Staudinger (Hg.), *A psychology of human strengths: Fundamental questions and future directions for a positive psychology* (305 – 317). Washington, DC: American Psychological Association.

Seligman, M. E. P., Steen, T. A., Park, N., & Peterson, C. (2005). Positive psychology progress: Empirical validation of interventions. *American Psychologist, 60,* 410 – 421.

Shaw, A., Joseph, S., & Linley, P. A. (2005). Religion, spirituality and posttraumatic growth: A review. *Mental Health, Religion, and Culture, 8,* 1 – 11.

Sheldon, K. M., & Elliot, A. J. (1999). Goal striving, need satisfaction, and longitudinal well-being: The self-concordance model. *Journal of Personality and Social Psychology, 76,* 482 – 497.

Sheldon, K. M., & Houser-Marko, L. (2001). Self-concordance, goal attainment, and the pursuit of happiness: Can there be an upward spiral? *Journal of Personality and Social Psychology, 80,* 152 – 165.

Sheldon, K. M., & Kasser, T. (2001). Goals, congruence, and positive well-being: New empirical support for humanistic theories. *Journal of Humanistic Psychology, 41,* 30 – 50.

Sheldon, K. M., & King, L. (2001). Why positive psychology is necessary. *American Psychologist, 56,* 216 – 217.

Sheldon, K. M., & Luyubomirsky, S. (2004). Achieving sustainable new happiness: Prospects, practices, and prescriptions. In P. A. Linley & S. Joseph (Hg.), *Positive psychology in practice* (127 – 145). Hoboken, NJ: John Wiley & Sons.

Sheldon, K. M., & McGregor, H. A. (2000). Extrinsic value orientation and ›the tragedy of the commons‹. *Journal of Personality, 68,* 383 – 411.

Sheldon, K. M., Arndt, J., & Houser-Marko, L. (2003 a). In search of the organismic valueing process: The human tendency to move towards beneficial goal choices. *Journal of Personality, 71,* 835 – 886.

Sheldon, K. M., Joiner, T. E., Pettit, J. W., & Williams, G. (2003 b). Reconciling humanistic ideas and scientific clinical practice. *Clinical Psychology: Science and Practice, 10,* 302 – 315.

Shlien, J. M. (2003 a). A criterion of psychological health. In P. Sanders (Hg.), *To lead an honourable life: Invitations to think about clientcentred therapy and the person-centred approach* (15 – 18). Ross-on-Wye: PCCS Books. (Erstveröffentlichung 1956)

Shlien, J. M. (2003 b). Creativity and psychological health. In P. Sanders (Hg.), *To lead an honourable life: Invitations to think about clientcentred therapy and the person-centred approach* (19 – 29). Ross-on-Wye: PCCS Books.

Shweder, R. A., & Bourne, E. J. (1984). Does the concept of the person vary cross-culturally? In R. A. Shweder & R. A. LeVine (Hg.), *Culture theory: Essays on mind, self, and emotion* (158 – 199). New York: Cambridge University Press.

Siegel, K., & Schrimshaw, E. W. (2000). Perceiving benefits in adversity: Stress-related growth in women living with HIV/AIDS. *Social Science and Medicine, 51,* 1543 – 1554.

Smail, D. (1996). *How to survive without psychotherapy.* London: Constable.

Smail, D. (2005). *Power, interest and psychology: Elements of a social materialist understanding of distress.* Ross-on-Wye: PCCS Books.

Snape, M. C. (1997). Reactions to a traumatic event: The good, the bad and the ugly? *Psychology, Health and Medicine, 2,* 237 – 242.

Snyder, C. R. (Hg.) (2000). *Handbook of hope: Theory, measures, and applications.* San Diego, CA: Academic Press.

Snyder, C. R., & Lopez, S. J. (Hg.) (2002). *Handbook of positive psychology.* New York: Oxford University Press.

Snyder, C. R., & Lopez, S. J. (2006). *Positive psychology.* Thousand Oaks, CA: Sage.

Sternberg, R. J. (1998). A balance theory of wisdom. *Review of General Psychology, 2,* 347 – 365.

Sternberg, R. J., & Grigorenko, E. L. (2001). Unified psychology. *American Psychologist, 56,* 1069 – 1079.

Stewart, I. (1989). *Transactional analysis counselling in action.* London: Sage. (Dt. *Transaktionsanalyse in der Beratung: Grundlagen und Praxis transaktionsanalytischer Beratungsarbeit.* Paderborn: Junfermann, 1991)

Taylor, E. (2001). Positive psychology and humanistic psychology: A reply to Seligman. *Journal of Humanistic Psychology, 41,* 13 – 29.

Taylor, S. E. (1983). Adjustment to threatening events: A theory of cognitive adaptation. *American Psychologist, 38,* 1161 – 1173.

Taylor, S. E., & Sherman, D. K. (2004). Positive psychology and health psychology: A fruitful liaison. In P. A. Linley & S. Joseph (Hg.), *Positive psychology in practice* (305 – 319). Hoboken, NJ: John Wiley & Sons.

Taylor, S. E., Lichtman, R. R., & Wood, J. V. (1984). Attributions, beliefs about control, and adjustment to breast cancer. *Journal of Personality and Social Psychology, 46,* 489 – 502.

Taylor, S. E., Kemeny, M. E., Reed, G. M., & Aspinwall, L. G. (1991). Assault on the self: Positive illusions and adjustment to threatening events. In J. Strauss & G. R. Goethals (Hg.), *The self: Interdisciplinary approaches* (239 – 254). New York: Springer.

Teasdale, J. D., Segal, Z. V., Williams, J. M. G., Ridgeway, V. A., Soulsby, J. M., & Lau, M. A. (2000). Prevention of relapse/recurrence in major depression by mindfulness-based cognitive therapy. *Journal of Consulting and Clinical Psychology, 68,* 615 – 623.

Teasdale, J. D., Moore, R. G., Hayhurst, H., Pope, M., Williams, S., & Segal, Z. V. (2002). Metacognitive awareness and prevention of relapse in depression: Empirical evidence. *Journal of Consulting and Clinical Psychology, 70,* 275 – 287.

Tedeschi, R. G., & Calhoun, L. G. (1995). *Trauma and transformation: Growing in the aftermath of suffering.* Thousand Oaks, CA: Sage.

Tedeschi, R. G., & Calhoun, L. G. (1996). The posttraumatic growth inventory: Measuring the positive legacy of trauma. *Journal of Traumatic Stress, 9,* 455–471.

Tedeschi, R. G., & Calhoun, L. G. (2004). A clinical approach to posttraumatic growth. In P. A. Linley & S. Joseph (Hg.), *Positive psychology in practice* (405–419). Hoboken, NJ: John Wiley & Sons.

Tedeschi, R. G., Park, C. L., & Calhoun, L. G. (Hg.) (1998a). *Posttraumatic growth: Positive changes in the aftermath of crisis.* Mahwah, NJ: Lawrence Erlbaum.

Tedeschi, R. G., Park, C. L., & Calhoun, L. G. (1998b). *Posttraumatic growth: Conceptual issues.* In R. G. Tedeschi, C. L. Park & L. G. Calhoun (Hg.), *Posttraumatic growth: Positive changes in the aftermath of crisis.* Mahwah, NJ: Lawrence Erlbaum.

Tennen, H., Affleck, G., Urrows, S., Higgins, P., & Mendola, R. (1992). Perceiving control, construing benefits, and daily processes in rheumatoid arthritis. *Canadian Journal of Behavioral Science, 24,* 186–203.

Thompson, M. (2000). Life after rape: A chance to speak? *Sexual and Relationship Therapy, 15,* 325–343.

Thorne, B. (1992). *Carl Rogers.* London: Sage.

Thorne, B., & Lambers, E. (Hg.) (1998). *Person-centred therapy: A European perspective.* London: Sage.

Totton, N. (2004). Two ways of being helpful. *Counselling and Psychotherapy Journal, 15,* 5–9.

Truax, C. B., & Mitchell, K. M. (1971). Research on certain therapist interpersonal skills in relation to process and outcome. In A. E. Bergin & S. L. Garfield (Hg.), *Handbook of psychotherapy and behavior change* (299–344). New York: John Wiley & Sons.

Updegraff, J. A., Taylor, S. E., Kemeny, M. E., & Wyatt, G. E. (2002). Positive and negative effects of HIV infection in women with low socioeconomic resources. *Personality and Social Psychology Bulletin, 28,* 382–394.

Van Werde, D. (1998). ›Anchorage‹ as a core concept in working with psychotic people. In B. Thorne & E. Lambers (Hg.), *Person-centred therapy: A European perspective.* London: Sage.

Van Werde, D. (2005). Facing psychotic functioning: Person-centred contact work in residential psychiatric care. In S. Joseph & R. Worsley (Hg.), *Person-centred psychopathology: A positive psychology of mental health* (158–168). Ross-on-Wye: PCCS Books.

Veenhoven, R. (2004). Happiness as a public policy aim: The greatest happiness principle. In P. A. Linley & S. Joseph (Hg.), *Positive psychology in practice* (658–678). Hoboken, NJ: John Wiley & Sons.

Wampold, B. E. (2001). *The great psychotherapy debate: Models, methods, and findings.* Mahwah, NJ: Lawrence Erlbaum.

Wampold, B. E. (2010). Vorwort in: Flüchinger, C. et al. *Resource Activation. Using client's own strengths in psychotherapy and counseling.* Cambridge, MA und Bern: Hogrefe.

Ward, T., & Mann, R. (2004). Good lives and the rehabilitation of offenders: A positive approach to sex offender treatment. In P. A. Linley & S. Joseph (Hg.), *Positive psychology in practice* (598 – 616). Hoboken, NJ: John Wiley & Sons.

Warner, M. (2005). A person-centred view of human nature, wellness, and psychopathology. In S. Joseph & R. Worsley (Hg.), *Person-centred psychopathology: A positive psychology of mental health* (91 – 109). Ross-on-Wye: PCCS Books.

Waterman, A. S. (1993). Two conceptions of happiness: Contrasts of personal expressiveness (eudaemonia) and hedonic enjoyment. *Journal of Personality and Social Psychology, 64,* 678 – 691.

Weiss, T. (2002). Posttraumatic growth in women with breast cancer and their husbands: An intersubjective validation study. *Journal of Psychosocial Oncology, 20,* 65 – 80.

White, R. W. (1959). Motivation reconsidered: The concept of competence. *Psychological Review, 66,* 297 – 333.

Wilkins, P. (2005 a). Person-centred theory and ›mental illness‹. In S. Joseph & R. Worsley (Hg.), *Person-centred psychopathology: A positive psychology of mental health* (43 – 59). Ross-on-Wye: PCCS Books.

Wilkins, P. (2005 b). Assessment and ›diagnosis‹ in person-centred therapy. In S. Joseph & R. Worsley (Hg.), *Person-centred psychopathology: A positive psychology of mental health* (128 – 145). Ross-on-Wye: PCCS Books.

Williams, G. C., Cox, E. M., Heberg, V. A., & Deci, E. L. (2000). Extrinsic life goals and health-risk behaviors among adolescents. *Journal of Applied Social Psychology, 30,* 1756 – 1771.

Woodward, C., & Joseph, S. (2003). Positive change processes and posttraumatic growth in people who have experienced childhood abuse: Understanding vehicles of change. *Psychology and Psychotherapy: Theory, Research and Practice, 76,* 267 – 283.

Worsley, R. (2001). *Process work in person-centred therapy.* Basingstoke: Palgrave.

Worsley, R. (2004). Integrating with integrity. In P. Sanders (2004), *The tribes of the person-centred nation: An introduction to the schools of therapy related to the person-centred approach* (125 – 148). Ross-on-Wye: PCCS Books.

Worsley, R. (2005). The concept of evil as a key to the therapist's use of self. In S. Joseph & R. Worsley (Hg.), *Person-centred psychopathology: A positive psychology of mental health* (146 – 157). Ross-on-Wye: PCCS Books.

Wyatt, G. (Hg.) (2001). *Rogers' therapeutic conditions: Evolution, theory and practice. Volume 1: Congruence.* Ross-on-Wye: PCCS Books.

Wyatt, G., & Sanders, P. (Hg.) (2001). *Rogers' therapeutic conditions: Evolution, theory and practice. Volume 4: Contact and perception.* Ross-on-Wye: PCCS Books.

Yalom, I. (1980). *Existential therapy.* New York: Basic Books. (Dt. *Existentielle Psychotherapie.* Köln: Edition Humanistische Psychologie, 1989)

Yalom, I. (1989). *Love's executioner and other tales of psychotherapy.* London: Penguin. (Dt. *Die Liebe und ihr Henker und andere Geschichten aus der Psychotherapie.* München: Goldmann, 2001)

Yalom, I. (2001). *The gift of therapy: Reflections on being a therapist.* London: Piatkus. (Dt. *Der Panama-Hut oder was einen guten Therapeuten ausmacht.* München: Goldmann, 2002)

Yalom, I., & Lieberman, M. A. (1991). Bereavement and heightened existential awareness. *Psychiatry, 54,* 334–345.

Zeig, J. K. (1987). *The evolution of psychotherapy.* New York: Brunner/Mazel. (Dt. *Psychotherapie: Entwicklungslinien und Geschichte.* Tübingen: DGVT, 1991)

Zenmore, R., Rinholm, J., Shepel, L. F., & Richards, M. (1989). Some social and emotional consequences of breast cancer and mastectomy: A content analysis of 87 interviews. *Journal of Psychosocial Oncology, 7,* 33–45.

Renate Frank
Wohlbefinden fördern
Positive Therapie in der Praxis

Leben Lernen 227. 256 Seiten, broschiert, inkl. CD mit
Arbeitsblättern und Übersichten. ISBN 978-3-608-89091-4

»Wohlbefinden« ist ein wichtiges, doch bisher meist
unterschätztes Therapieziel. Gerade PatientInnen, die
gewohnt sind, unachtsam und genussfeindlich mit sich
selbst umzugehen, können von den Ansätzen und Übungen der Positiven Therapie profitieren. Mit zahlreichen
Praxisübungen und aktuellen Forschungsergebnissen
und Konzepten aus den USA.

Friederike Potreck-Rose / Gitta Jacob
**Selbstzuwendung, Selbstakzeptanz,
Selbstvertrauen**
Psychotherapeutische Interventionen zum
Aufbau von Selbstwertgefühl

Leben Lernen 163. 6. Auflage 2010. 239 Seiten, broschiert
ISBN 978-3-608-89016-7

»...Das Buch ist voll von Übungen und entsprechenden
Begründungen zur Stärkung des Selbstwertes, des
Selbstvertrauens und der Selbstakzeptanz. Ich mag
dieses Buch ...«
Martin Lenz, therapie kreativ